U0920923

2023
上海调查年鉴

SHANGHAI SURVEY YEARBOOK

国家统计局上海调查总队
上 海 市 统 计 局 编

Compiled by
SURVEY OFFICE OF THE NATIONAL BUREAU OF STATISTICS IN SHANGHAI
SHANGHAI MUNICIPAL STATISTICS BUREAU

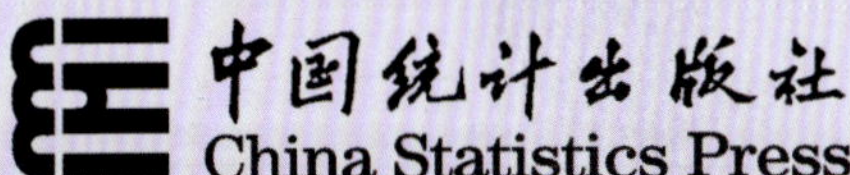

图书在版编目（CIP）数据

上海调查年鉴. 2023 = Shanghai Survey Yearbook 2023：汉英对照 / 国家统计局上海调查总队，上海市统计局编. -- 北京 ：中国统计出版社，2023.7
ISBN 978-7-5230-0147-9

Ⅰ. ①上… Ⅱ. ①国… ②上… Ⅲ. ①统计资料－上海－2023－年鉴－汉、英 Ⅳ. ①C832.51-54

中国国家版本馆 CIP 数据核字(2023)第 114420 号

上海调查年鉴 2023

作　者/国家统计局上海调查总队　上海市统计局
责任编辑/冯诗萌
执行编辑/戴伟慧
封面设计/张元元
出版发行/中国统计出版社有限公司
通信地址/北京市丰台区西三环南路甲 6 号　邮政编码/100073
发行电话/邮购（010）63376909　书店（010）68783171
网　址/http://www.zgtjcbs.com/
印　刷/上海万卷印刷股份有限公司
经　销/新华书店
开　本/890mm×1240mm　1/16
字　数/280 千字
印　张/15.75　　彩页 0.75
印　数/450 册
版　别/2023 年 7 月第 1 版
版　次/2023 年 7 月第 1 次印刷
定　价/280 元

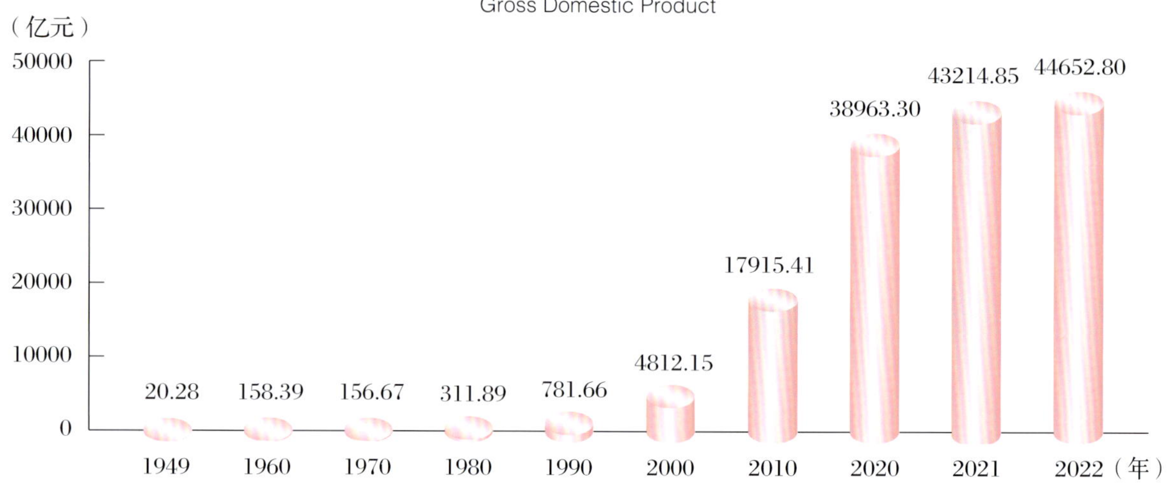
上海市生产总值
Gross Domestic Product
（亿元）
50000
40000
30000
20000
10000
0
20.28
158.39
156.67
311.89
781.66
4812.15
17915.41
38963.30
43214.85
44652.80
1949
1960
1970
1980
1990
2000
2010
2020
2021
2022（年）

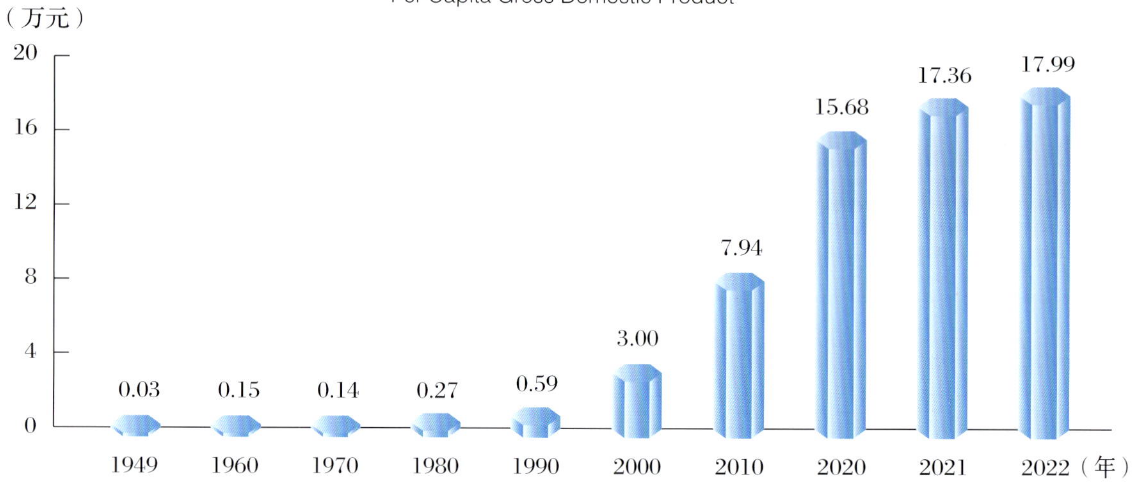
上海市人均生产总值
Per Capita Gross Domestic Product
（万元）
20
16
12
8
4
0
0.03
0.15
0.14
0.27
0.59
3.00
7.94
15.68
17.36
17.99
1949
1960
1970
1980
1990
2000
2010
2020
2021
2022（年）

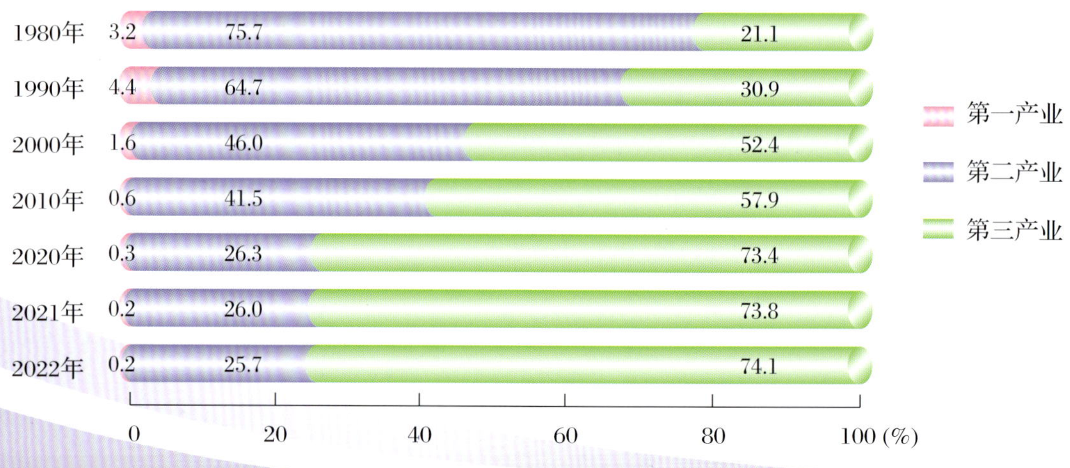
上海市生产总值结构
Composition of Gross Domestic Product
1980年 3.2 75.7 21.1
1990年 4.4 64.7 30.9
2000年 1.6 46.0 52.4
2010年 0.6 41.5 57.9
2020年 0.3 26.3 73.4
2021年 0.2 26.0 73.8
2022年 0.2 25.7 74.1
0
20
40
60
80
100 (%)
第一产业
第二产业
第三产业

上海市一般公共预算收入

General Budgetary Revenue

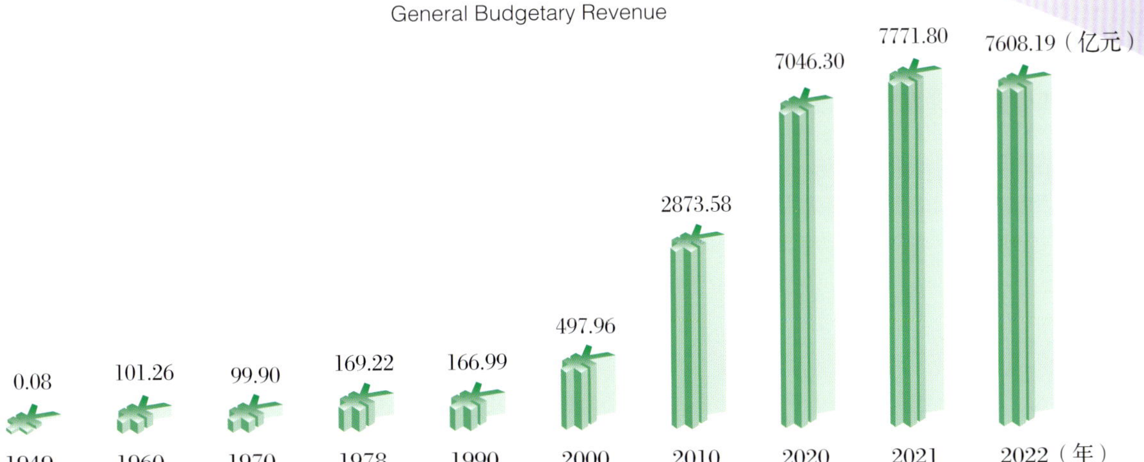

上海市税收总收入

Tax Revenue

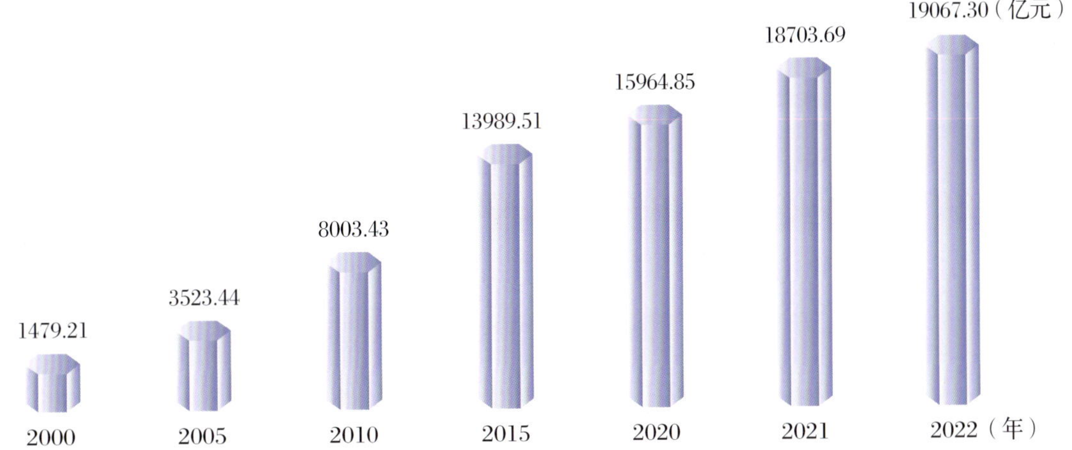

上海市金融市场成交总额

Turnover of Main Fanancial Market

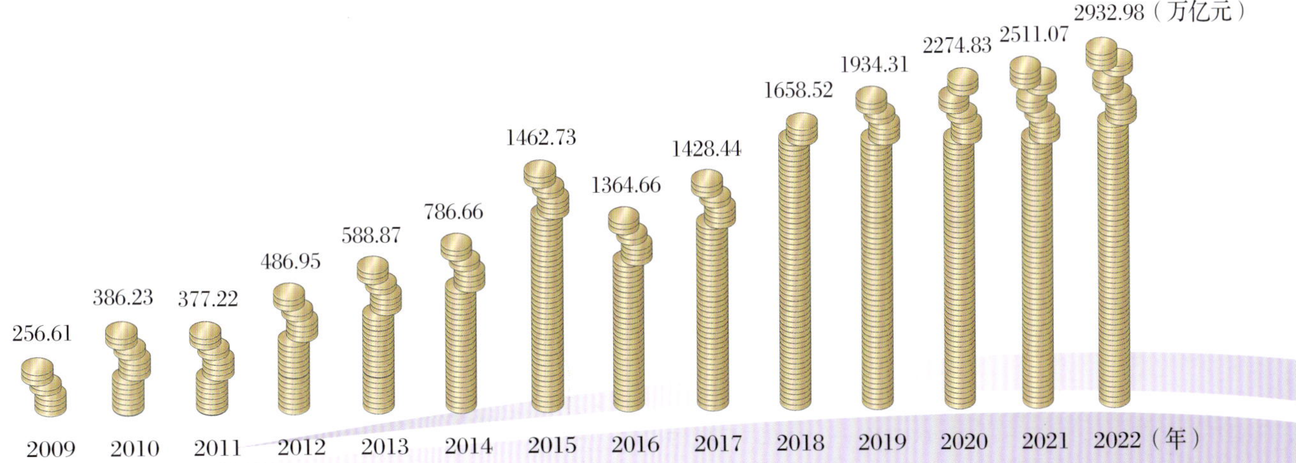

上海市常住人口
Year-end Resident Population

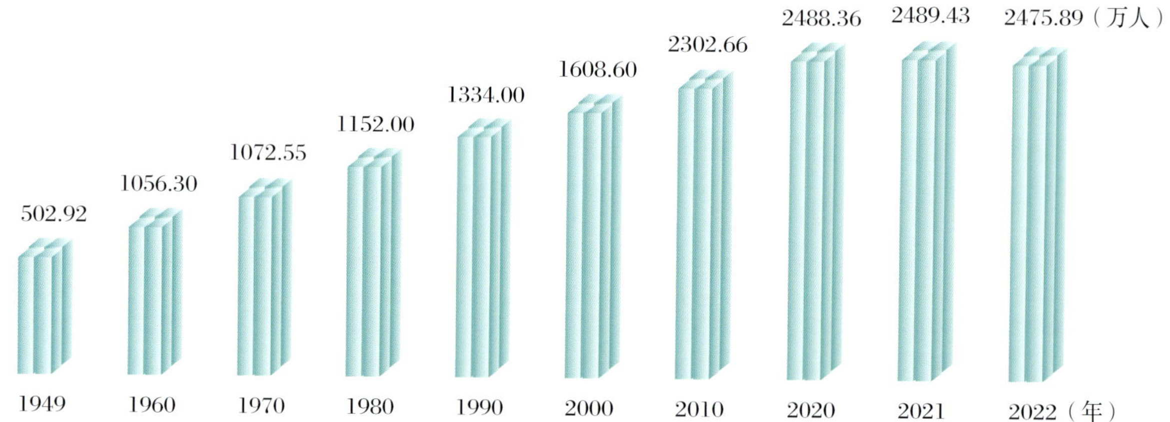

注：2020年为第7次全国人口普查初步汇总数；2010年为第六次全国人口普查数。

2022年上海市各区年末常住人口
Year-end Resident Population in Districts

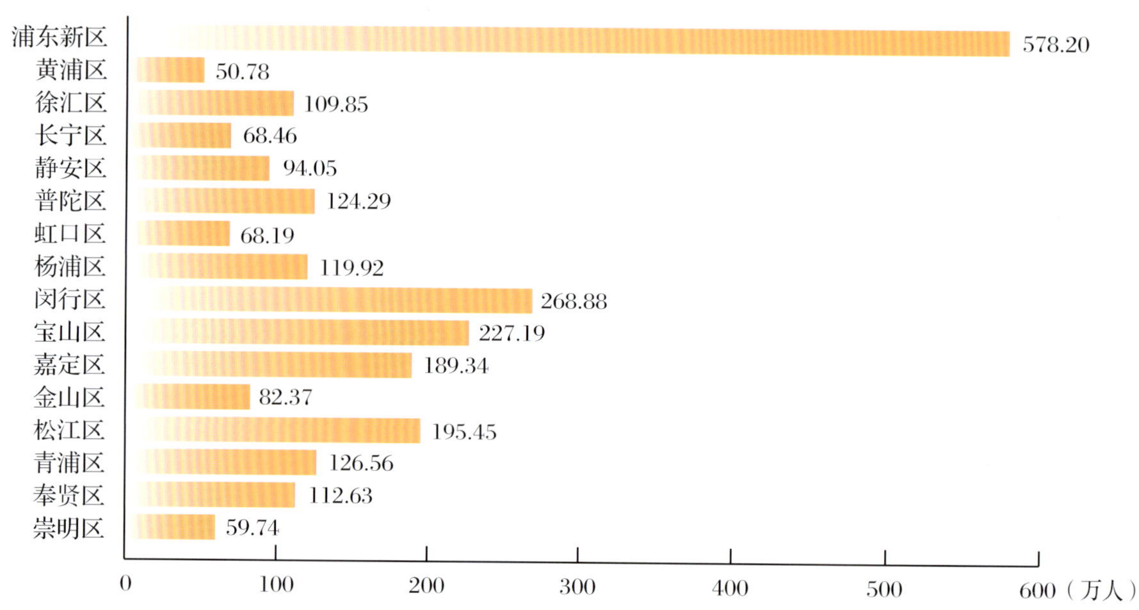

上海市户籍人口期望寿命
Life Expectancy at Birth of Registered Population in Shanghai

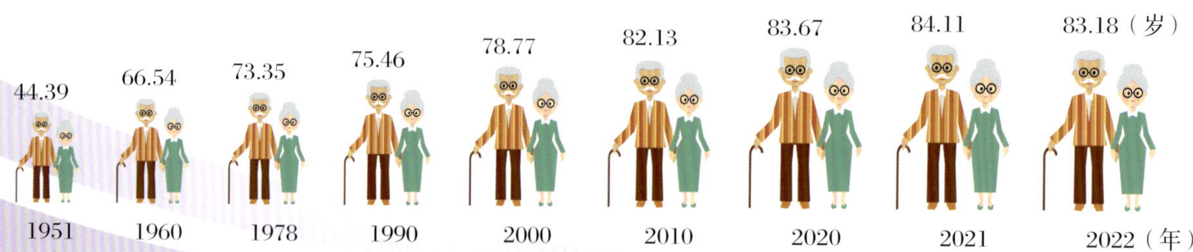

上海市职工工资最低标准
Minimum Standard of Wages of Staff and Workers

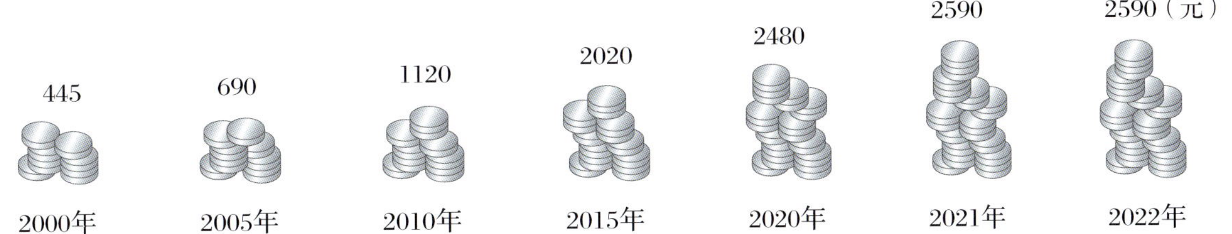

上海市城镇居民生活保障最低标准
Minimum Standard of Urban Living Security

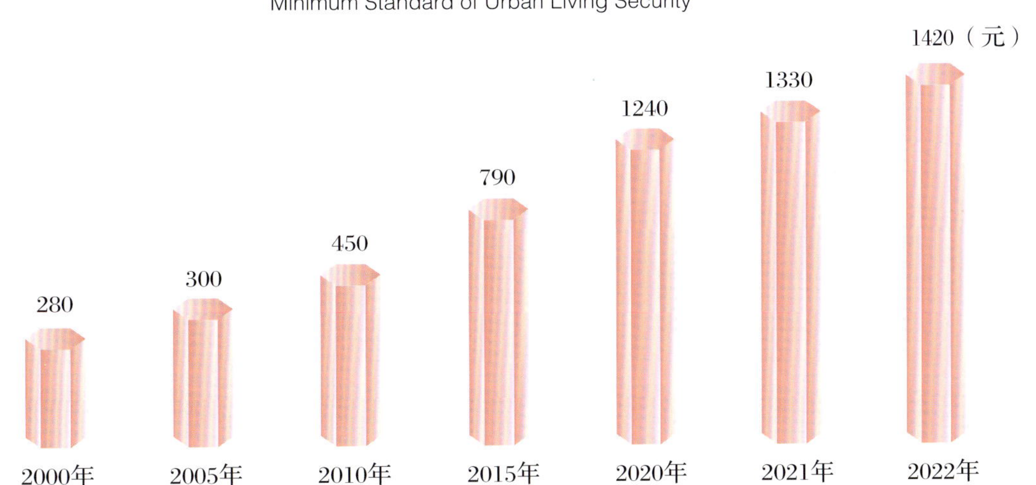

上海市城镇职工基本养老保险及城镇职工基本医疗保险参保人数
Urban Employee Basic Pension Insurance and Urban Employee Basic Medical Care Insurance Contributors

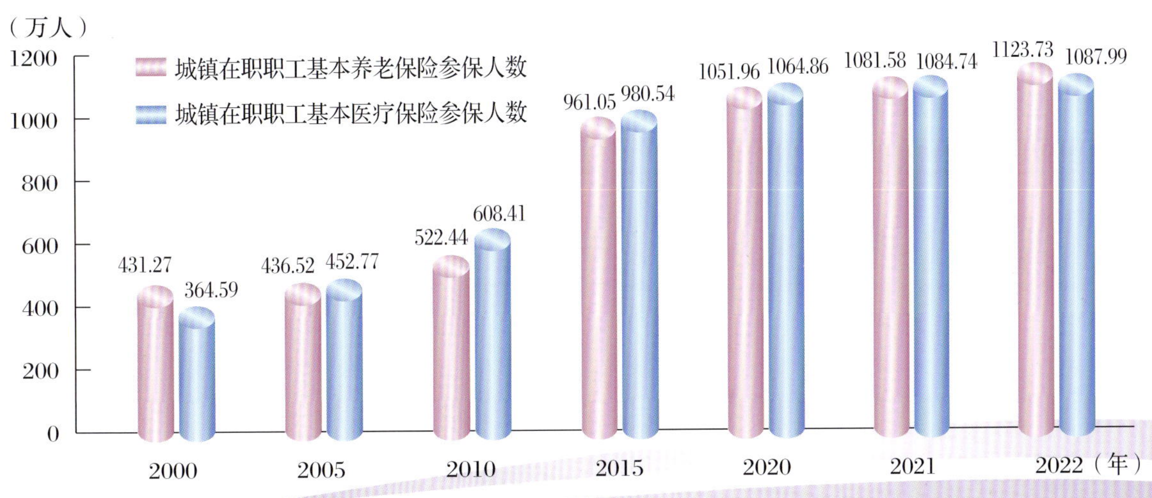

价格指数 Price Index

上海市居民消费价格指数（上年价格=100）

Consumer Price Index（preceding year=100）

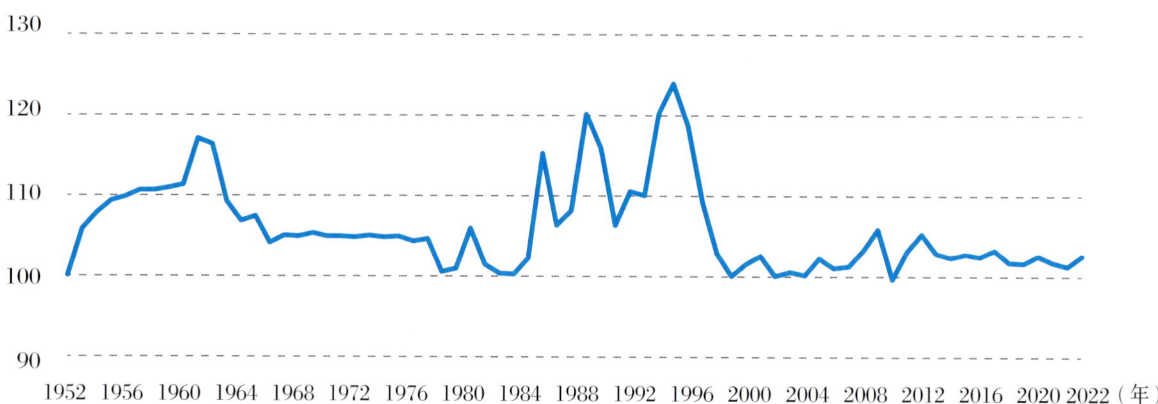

上海市工业生产者出厂价格及购进价格指数（上年价格=100）

Producer Price Index for Industrial Products and Purchasing Price Index for Industrial Producers (preceding year=100)

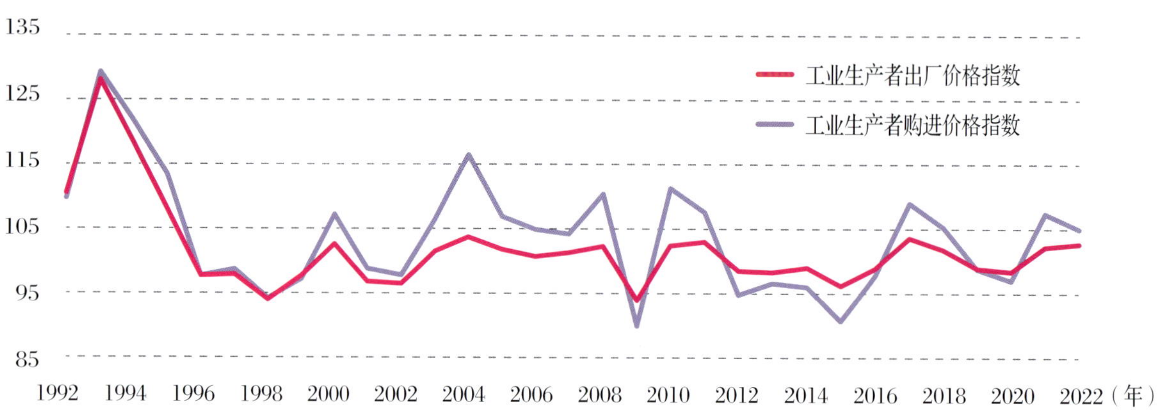

上海市新建商品住宅及二手住宅价格指数（上年价格=100）

Newly Built Commodity Residential Housing and Existing Residential Housing Price Indices (preceding year=100)

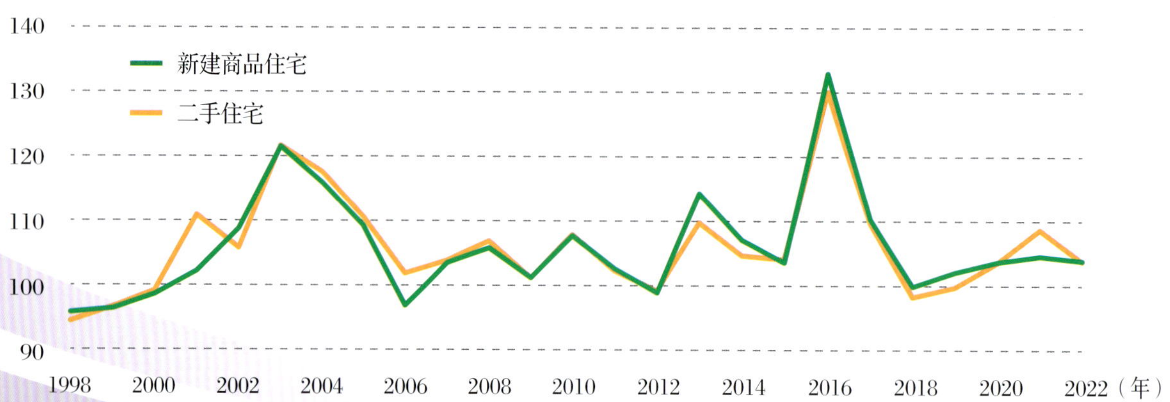

上海市居民人均可支配收入

Per Capita Disposable Income of Citywide Households

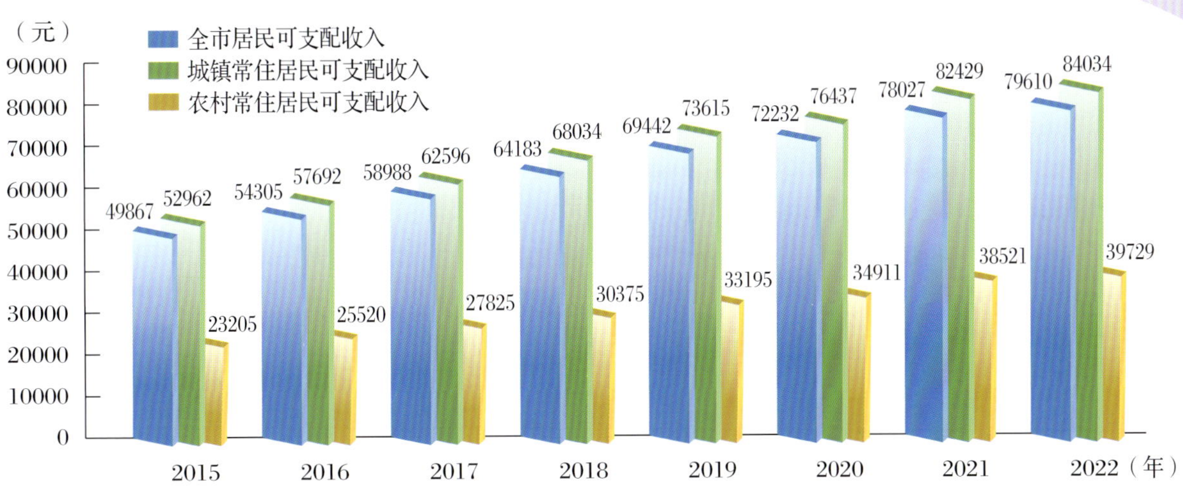

上海市居民人均消费支出

Per Capita Consumption Expenditure of Citywide Households

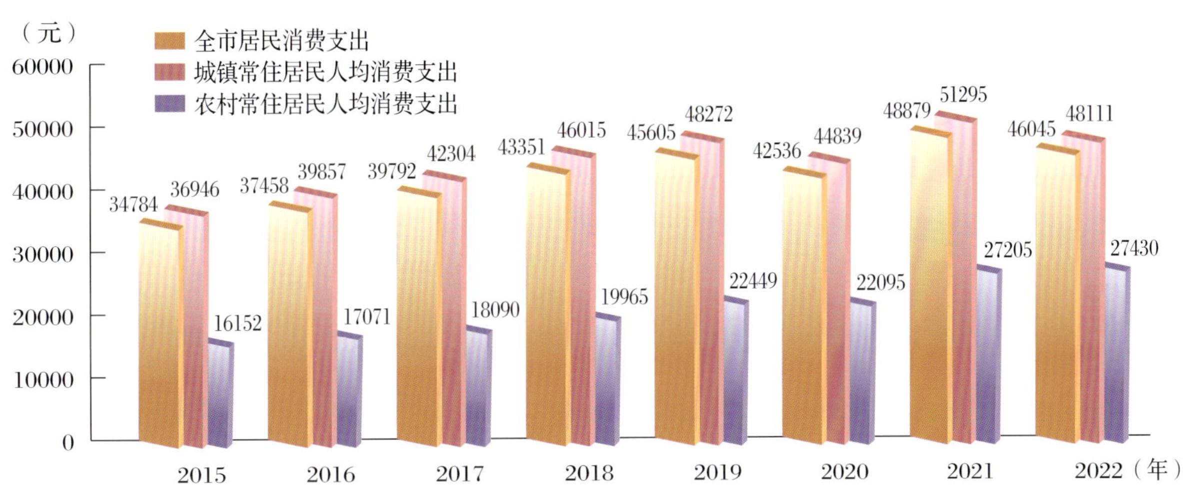

上海市2015年和2022年全市居民消费结构

Composition of Per Capita Consumption Expenditure of Citywide Households in 2015 and 2022

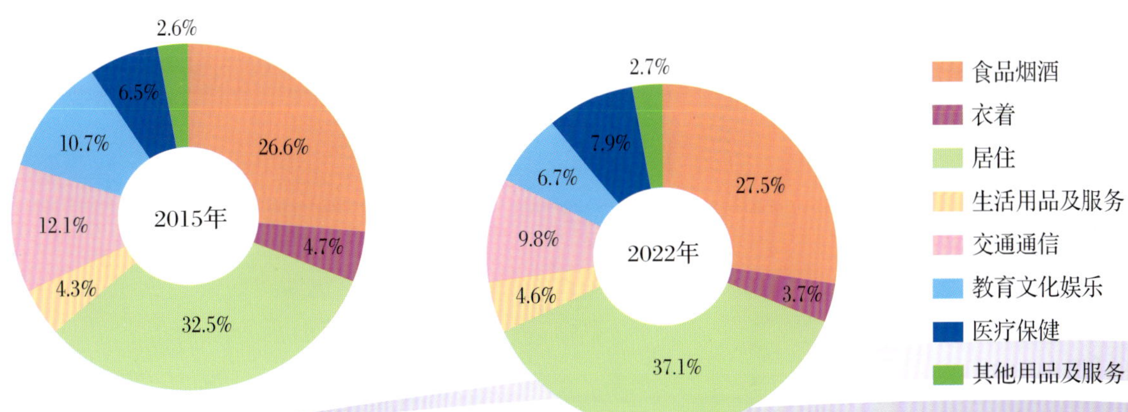

上海市轨道运营线路长度

Length of Operation Lines of Urban Metro

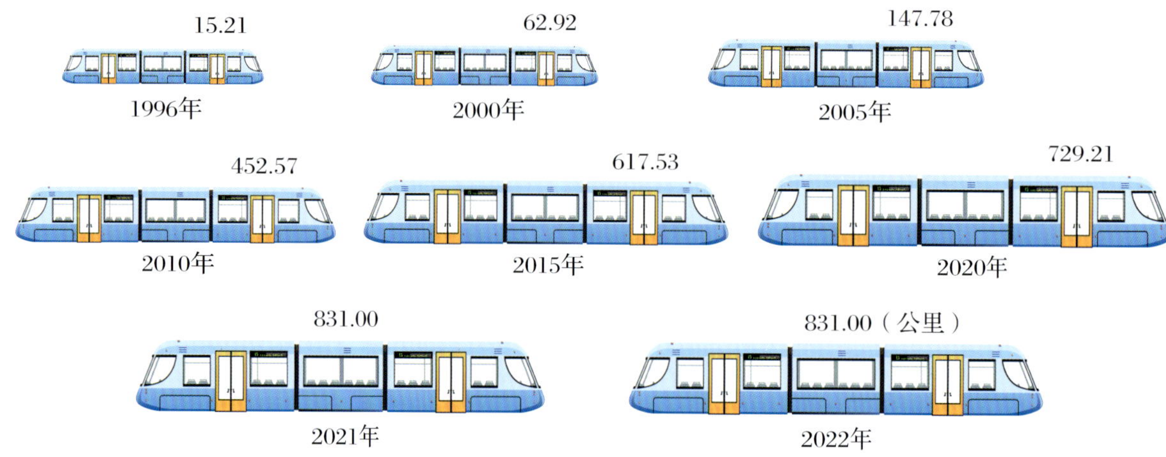

上海市森林覆盖率

Coverage Rate of Forest

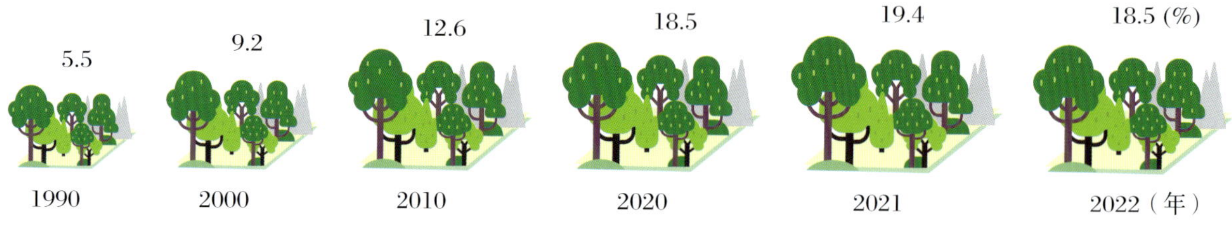

上海市城镇人均居住面积和城镇居民人均住房建筑面积

Per Capita Net Floor Space and Construction Area of Urban Residents

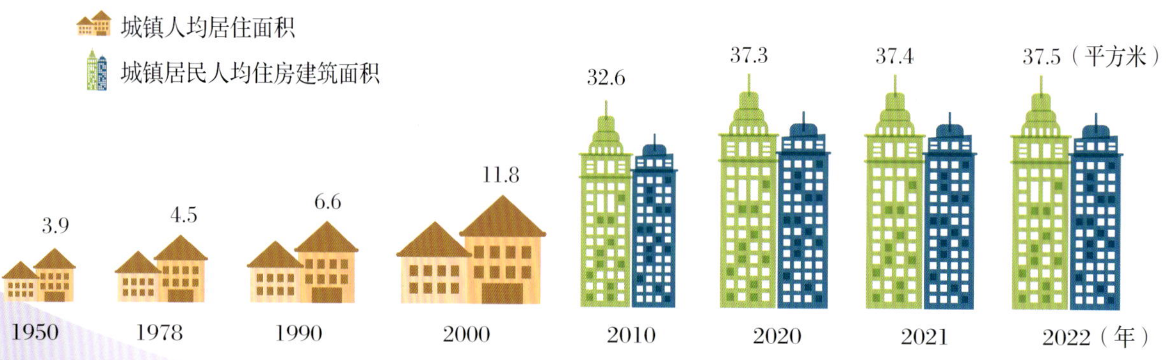

上海市医院床位数

Number of Hospital Beds

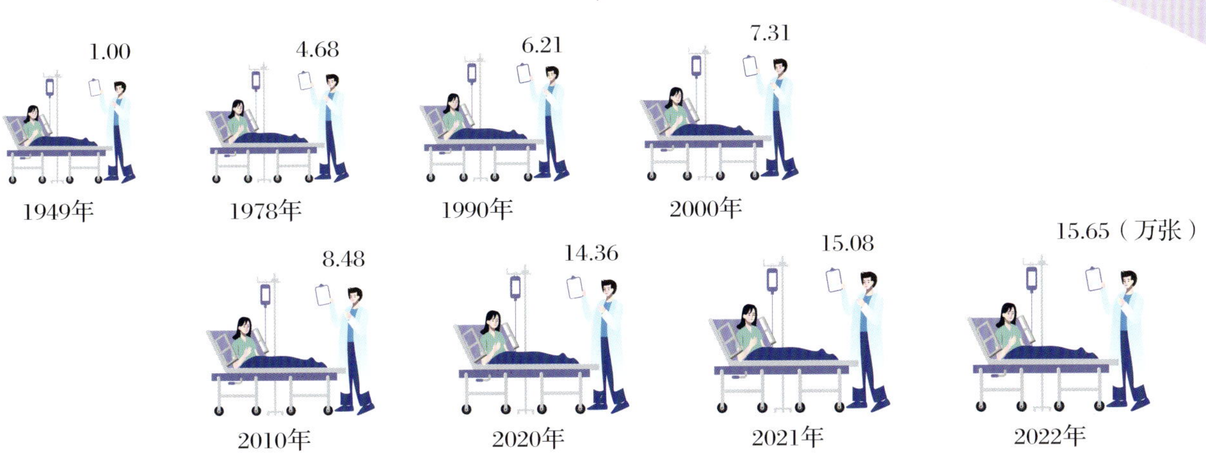

上海市孕产妇死亡率及婴儿死亡率

Mortality Rate Of Matemity Female and Children

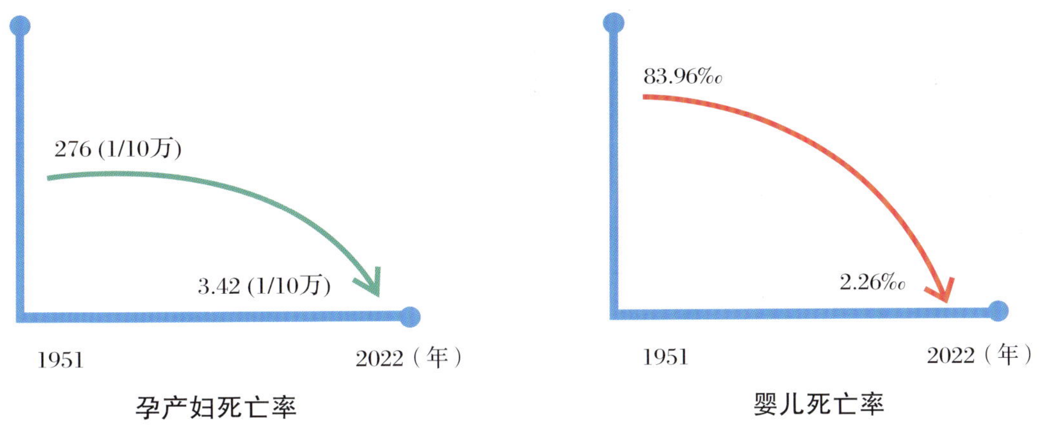

上海市各级学校在校学生数

Number of Enrolments of Formal Education by Type and Level

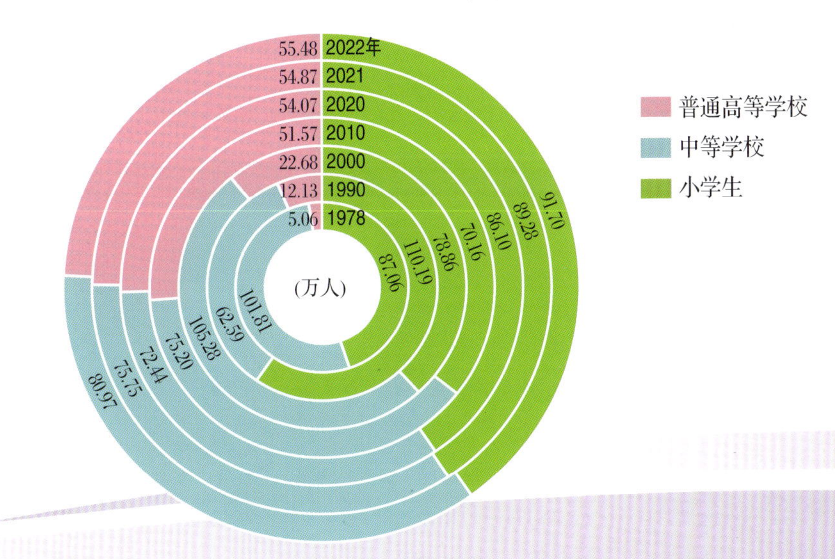

编者说明

一、《上海调查年鉴2023》是一本记录上海城乡居民生活质量、物价变动和农业生产等内容的资料工具书。本年鉴收录了历年上海城乡居民家庭收支，生产、流通、消费与房地产领域的价格变化和农业的统计调查数据，以及上述领域改革开放以来历年的主要统计调查数据；同时包括全国各省(自治区、直辖市)和主要城市价格统计比较数据资料。

二、年鉴共分七个部分：第一部分，综述；第二部分，城乡居民家庭收支；第三部分，价格指数；第四部分，农业；第五部分，全国及主要城市比较资料；第六部分，长三角主要经济发展指标；第七部分，从“十八大”到“二十大”特篇。为便于读者使用资料，各篇章前设有简要说明，对本篇章的主要内容、资料来源、统计范围和统计方法予以简要概述；篇末附有主要统计指标解释。

三、城乡居民家庭收支、价格和部分农业调查数据资料，是由国家统计局上海调查总队依据国家统计局统一制定的抽样调查方案实施抽样调查的结果。

四、年鉴中有关经济发展、城市居民生活质量与环境及部分农业调查数据资料等数据来源于上海市统计局。

五、年鉴中第五部分“全国及主要城市比较资料数据”来源于国家统计局城市司提供的统计资料。

六、年鉴中涉及到的历史数据，均以最新出版的本年鉴数据为准；年鉴中部分数据合计数或相对数由于单位取舍不同而产生的计算误差，未做调整。年鉴中2022年部分指标采用快报数口径。

七、年鉴符号使用说明：“空格”表示该项统计数据不详或无该项数据；“#”表示其中主要项；“…”表示数据不足本表最小计量单位数。

EDITOR'S NOTES

I. *SHANGHAI SURVEY YEARBOOK 2023* is an annual statistical publication, which reflects comprehensively the urban and rural residents' living conditions, price changes of production, circulation, consumption and real estate, and development of agriculture industry in Shanghai. It covers historical data and provides key statistics of the years since China adopted the reform and opening policy. It also lists price indices of the nation, other provinces (autonomous regions and municipalities) and major cities.

II. The yearbook contains seven chapters. 1.Statistical Communique; 2.Income and Expenditure of Urban and Rural Households; 3.Price Index; 4.Agriculture; 5.Comparative Information of the Nation and Major Cities; 6. Economic Development Indicators in Three Provinces and One City of the Yangtze River Delta; 7. Special Chapter on Economic and Livelihood Indicators from the 18th CPC National Congress to the 20th CPC National Congress. To facilitate readers, the Brief Introduction at the beginning of each chapter provides a summary of the main contents, data sources, statistical scope, statistical methods. At the end of each chapter, Explanatory Notes on Main Statistical Indicators are included.

III. The data information of urban and rural households' income and expenditures, prices and part of the agriculture data are collected through sample surveys carried out by the Survey Office of the National Bureau of Statistics in Shanghai, in accordance with the uniform sample survey scheme stipulated by the National Bureau of Statistics.

IV. Aggregated data about the economic development, city's resources, environment, urban residents' living quality, and part of the agriculture data are provided by Shanghai Municipal Statistics Bureau.

V. The data of Chapter 5 (Comparative Information of the Nation and Major Cities) are provided by the Department of Urban Surveys of the National Bureau of Statistics.

VI. Please refer to the newly published version of the yearbook for updated historical data. Statistical discrepancies on totals and relative figures due to rounding are not adjusted in the yearbook. Part of the 2022 indices in the yearbook takes the measure of quick estimation.

VII. Notations used in the yearbook: "blank space" indicates that the data are either unclear or not available; "#" indicates a major breakdown of the total; "..." indicates a figure not big enough to be rounded into the least unit of measurement in the chart.

目　　录
CONTENTS

第一篇　综　述　CHAPTER　1　STATISTICAL COMMUNIQUE

第二篇　城乡居民家庭收支
CHAPTER　2　INCOME AND EXPENDITURE OF URBAN AND RURAL HOUSEHOLDS

第三篇 价格指数 CHAPTER 3 PRICE INDEX

第四篇 农 业 CHAPTER 4 AGRICULTURE

第五篇 全国及主要城市比较资料
CHAPTER 5 COMPARATIVE INFORMATION OF THE NATION AND MAJOR CITIES

第六篇 长三角主要经济发展指标
CHAPTER 6 ECONOMIC DEVELOPMENT INDICATORS IN THREE PROVINCES AND ONE CITY OF THE YANGTZE RIVER DELTA

第七篇　从“十八大”到“二十大”特篇
CHAPTER 7 SPECIAL CHAPTER ON ECONOMIC AND LIVELIHOOD INDICATORS FROM THE 18TH CPC NATIONAL CONGRESS TO THE 20TH CPC NATIONAL CONGRESS

Chapter 1

第一篇

综 述

STATISTICAL COMMUNIQUE

2022年上海市国民经济和社会发展统计公报

2022年，面对国内外复杂严峻经济环境和疫情冲击等超预期因素的多重挑战，全市坚持以习近平新时代中国特色社会主义思想为指导，把学习贯彻习近平总书记考察上海重要讲话精神作为全部工作的鲜明主题和贯穿始终的突出主线，坚决贯彻落实党中央、国务院和中共上海市委、市政府的决策部署，统筹疫情防控和经济社会发展，加力落实稳经济各项政策举措，经济新动能持续发力，人民生活水平持续提升，创新驱动深入推进，城市核心功能稳定运行。

一、综　合

初步核算，全年实现地区生产总值(GDP)44652.80亿元，比上年下降0.2%(见图1)。其中，第一产业增加值96.95亿元，下降3.5%；第二产业增加值11458.43亿元，下降1.6%；第三产业增加值33097.42亿元，增长0.3%。第三产业增加值占地区生产总值的比重为74.1%。

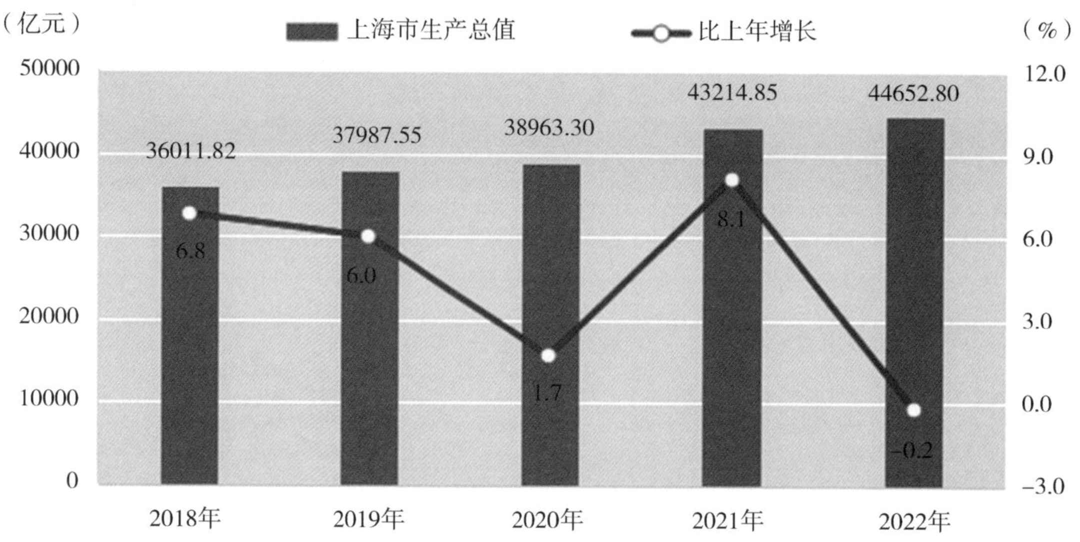

图1　2018~2022年地区生产总值及其增长速度

在地区生产总值中，公有制经济增加值20715.29亿元，比上年增长2.3%；非公有制经济增加值23937.51亿元，下降2.3%。非公有制经济增加值占地区生产总值的比重为53.6%。

全年战略性新兴产业增加值10641.19亿元，比上年增长8.6%。战略性新兴产业增加值占上海市生产总值的比重为23.8%(见表1)。

表1　2022年战略性新兴产业增加值及其增长速度

指　标	绝对值(亿元)	比上年增长(%)
战略性新兴产业增加值	**10 641.19**	**8.6**
工业战略性新兴产业增加值	3 741.92	6.6
服务业战略性新兴产业增加值	6 899.27	9.8

全年新设市场主体 41.46 万户，比上年减少 21.4%，新设市场主体注册资本(金)总量 1.85 万亿元，减少 32.8%。其中，新设企业 37.01 万户，减少 21.5%；新设个体工商户 4.43 万户，减少 20.3%；新设农民专业合作社 270 户，减少 16.4%。截至 2022 年 12 月 31 日，全市共有各类市场主体 328.39 万户，比上年增长 2.8%，市场主体注册资本(金)总量 40.45 万亿元，增长 4.0%。其中，企业 276.45 万户，增长 3.3%；个体工商户 50.89 万户，增长 0.2%；农民专业合作社 1.04 万户，减少 0.1%。

全年地方一般公共预算收入 7608.19 亿元，比上年下降 2.1%；非税收入占全市地方一般公共预算收入比重为 16.5%。地方一般公共预算支出 9393.16 亿元，增长 11.4%(见表 2)。全年税务部门组织的税收收入完成 15473.60 亿元(不含关税及海关代征税)，增长 1.0%。

表 2　2022 年地方一般公共预算收支及其增长速度

指　标	绝对值(亿元)	比上年增长(%)
地方一般公共预算收入	**7 608.19**	**-2.1**
#增值税	1 907.21	-23.3
个人所得税	949.98	10.4
企业所得税	1 917.80	13.2
契　税	320.14	-22.0
地方一般公共预算支出	**9 393.16**	**11.4**
#一般公共服务支出	452.60	18.3
公共安全支出	476.35	5.0
教育支出	1 122.57	8.0
科学技术支出	386.25	-8.6
社会保障和就业支出	1 120.47	9.4
卫生健康支出	1 308.26	106.6
节能环保支出	203.81	27.9
城乡社区支出	1 425.24	-0.4

全年全社会固定资产投资总额比上年下降 1.0%。其中，第二产业投资增长 0.6%；外商投资经济投资增长 24.8%(见表 3)。

表 3　2022 年全社会固定资产投资增长速度

指　标	比上年增长(%)
全社会固定资产投资总额	**-1.0**
按经济类型分	
国有经济	0.8
集体经济	-19.8
个体私营经济	-4.9
港澳台商投资经济	-9.9
外商投资经济	24.8

表 3 2022 年全社会固定资产投资增长速度(续表)

指 标	比上年增长(%)
按产业分	
第一产业	-61.5
第二产业	0.6
第三产业	-1.2
按行业分	
#工 业	0.6
交通运输、仓储和邮政业	-1.3
信息传输、软件和信息技术服务业	22.7
金融业	-0.3
教 育	0.8
卫生和社会工作	-11.9
文化、体育和娱乐业	-6.6

以上年价格为 100,全年居民消费价格指数为 102.5。其中,食品烟酒类价格指数为 104.5,居住类价格指数为 101.0,医疗保健类价格指数为 102.1(见表 4);工业生产者出厂价格指数为 102.6,工业生产者购进价格指数为 104.9。

以上年价格为 100,全年新建商品住宅销售价格指数为 103.8,二手住宅销售价格指数为 103.7。

表 4 2022 年居民消费价格指数

指 标	指数(以上年价格为 100)
居民消费价格指数	**102.5**
食品烟酒	104.5
衣 着	99.0
居 住	101.0
生活用品及服务	102.0
交通通信	104.4
教育文化娱乐	103.5
医疗保健	102.1
其他用品及服务	100.6

二、农 业

全年全市实现农业总产值 265.93 亿元,比上年下降 5.0%。其中,种植业 144.69 亿元,下降 4.7%;林业 6.87 亿元,下降 26.1%;牧业 45.11 亿元,增长 1.0%;渔业 51.25 亿元,增长 2.0%;农林牧渔专业及辅助性活动 18.01 亿元,下降 16.5%。

全年全市农作物播种面积 27.18 万公顷,比上年增长 1.9%。其中,粮食播种面积 12.28 万公顷,增长 4.6%;蔬菜播种面积 8.75 万公顷,增长 2.6%。全年全市粮食产量 95.57 万吨,比上年增长 1.7%;地产蔬菜产量255.36万吨，增长4.4%；生猪出栏99.24万头，增长9.9%；鲜奶产量30.22万吨，增长2.9%；水产品产量25.89万吨，下降0.1%（见表5）。

至年末，全市有效期内绿色食品企业数共987家，产品1902个，全年获证产量124.83万吨；地产农产品绿色食品认证率达30.9%；农产品地理标志16个。

全年新增建设高标准农田2200公顷；至年末，纳入统计范围的农民专业合作社2538家，其中市级农民合作社示范社240家，国家级农民合作社示范社90家；各类农业产业化重点龙头企业190家，其中市级以上龙头企业113家，国家级龙头企业26家；经农业农村部门认定的家庭农场3781家，其中市级示范家庭农场115家。

表5　2022年主要农副产品产量

产品名称	单　位	全市产量	比上年增长(%)
粮　食	万吨	95.57	1.7
地产蔬菜	万吨	255.36	4.4
生猪出栏	万头	99.24	9.9
鲜　奶	万吨	30.22	2.9
家禽出栏	万羽	454.04	-25.1
水产品	万吨	25.89	-0.1

三、工业和建筑业

全年实现工业增加值10794.54亿元，比上年下降1.5%。全年完成工业总产值42505.68亿元，下降2.2%。其中，规模以上工业总产值40473.68亿元，下降1.1%。在规模以上工业总产值中，国有控股企业总产值14600.90亿元，增长0.4%。

全年新能源、高端装备、生物、新一代信息技术、新材料、新能源汽车、节能环保、数字创意等工业战略性新兴产业完成规模以上工业总产值17406.86亿元，比上年增长5.8%（见表6），占全市规模以上工业总产值比重达到43.0%。

全年规模以上工业产品销售率为99.6%。规模以上工业企业主要产品中，太阳能电池产量36.19万千瓦，增长1.2倍；发电机组产量2618.08万千瓦，增长70.3%；新能源汽车产量98.86万辆，增长56.5%；电站用汽轮机产量1735.60万千瓦，增长40.6%（见表7）。

表6　2022年规模以上工业战略性新兴产业总产值及其增长速度

指　标	绝对值(亿元)	比上年增长(%)
工业战略性新兴产业总产值	**17 406.86**	**5.8**
#新能源	571.48	-4.9
高端装备	2 532.10	-0.4
生　物	1 727.50	5.9
新一代信息技术	5 992.03	4.7
新材料	2 998.93	-8.5
新能源汽车	2 888.25	56.9
节能环保	895.43	-10.4
数字创意	106.10	-21.4

表7 2022年规模以上工业企业主要产品产量及其增长速度

产品名称	单 位	产 量	比上年增长(%)
钢 材	万吨	1 920.90	-4.5
电站用汽轮机	万千瓦	1 735.60	40.6
工业机器人	万套	7.67	7.1
汽 车	万辆	302.45	6.8
#新能源汽车	万辆	98.86	56.5
发电机组(发电设备)	万千瓦	2 618.08	70.3
太阳能电池	万千瓦	36.19	1.2倍
笔记本计算机	万台	1 994.18	2.1
服务器	万台	37.68	-21.0
智能手机	万台	3 203.99	10.8
集成电路圆片	万片	981.32	5.5

全年规模以上工业企业实现利润总额2788.19亿元,比上年下降11.7%;实现税金总额1841.67亿元,增长0.5%。规模以上工业企业亏损面为25.3%。

全年实现建筑业总产值9273.90亿元,比上年增长0.4%;房屋建筑施工面积58203.12万平方米,增长6.2%;竣工面积8759.23万平方米,下降5.1%。

四、国内贸易

全年实现批发和零售业增加值5068.50亿元,比上年下降9.7%。

全年实现商品销售总额16.45万亿元,比上年下降7.1%。其中,零售业销售额1.26万亿元,下降6.8%。

全年实现社会消费品零售总额16442.14亿元,比上年下降9.1%(见表8)。其中,无店铺零售额3663.66亿元,下降4.5%。网上商店零售额3461.40亿元,下降3.9%,占社会消费品零售总额的比重为21.1%。

表8 2022年社会消费品零售总额及其增长速度

指 标	绝对值(亿元)	比上年增长(%)
社会消费品零售总额	**16 442.14**	**-9.1**
#批发和零售业	15 312.60	-7.9
住宿和餐饮业	1 129.54	-22.4
#国有及国有独资公司	181.75	-15.5
私 营	3 340.73	-12.5
股份有限公司	619.29	-12.4
港澳台商投资	4 889.10	-6.9
外商投资	3 597.22	-6.9
#无店铺零售额	3 663.66	-4.5
#网上商店零售额	3 461.40	-3.9

全年完成电子商务交易额3.33万亿元,比上年增长2.7%。其中,B2B交易额2万亿元,增长3.7%;网络购物交易额1.33万亿元,增长1.3%。网络购物交易额中,商品类网络购物交易额8359.8亿元,增长6.8%;

服务类网络购物交易额 4971. 8 亿元，下降 6. 8%。

五、交通和邮电

全年实现交通运输、仓储和邮政业增加值 1914. 53 亿元，比上年下降 8. 1%。

全年各种运输方式完成货物运输量 141373. 64 万吨，比上年下降 8. 9%。旅客发送量 8629. 55 万人次，下降 38. 6%（见表 9）。

表 9　2022 年货物运输量与旅客发送量及其增长速度

指　标	单　位	绝对值	比上年增长(%)
货物运输量	**万吨**	**141 373. 64**	**-8. 9**
铁　路	万吨	496. 65	0. 1
水　运	万吨	95 700. 53	-5. 6
公　路	万吨	44 846. 30	-15. 2
航　空	万吨	330. 17	-24. 4
旅客发送量	**万人次**	**8 629. 55**	**-38. 6**
铁　路	万人次	4 312. 65	-53. 5
水　运	万人次	1. 54	-84. 8
公　路	万人次	2 859. 95	93. 3
航　空	万人次	1 455. 41	-55. 5

全年完成港口货物吞吐量 73227. 16 万吨，比上年下降 5. 7%；集装箱吞吐量 4730. 30 万国际标准箱，增长 0. 6%。集装箱水水中转比例达 53. 9%，国际中转比例 12. 0%，分别比上年提高 4. 3 个百分点和下降 1. 0 个百分点。上海浦东、虹桥两大国际机场全年共起降航班 32. 70 万架次，下降 43. 7%；实现进出港旅客 2889. 00 万人次，下降 55. 8%。其中，国内航线进出港旅客 2754. 56 万人次，下降 56. 8%；国际及地区航线进出港旅客 134. 44 万人次，下降 19. 9%。

东西通道、武宁路快速化（主线）、沿江通道浦西段高速、安远路苏州河桥等项目建成。至年末，全市轨道交通运营线路 20 条，长度达到 831 公里，运营车站 508 个。至年末，地面公交运营车辆达 1. 73 万辆。其中，国 V 及以上和零排放公交车 1. 71 万辆，占全部公交运营车辆的 98. 9%。公交运营线路达 1589 条，运营线路长度 24886 公里；巡游出租车 2. 75 万辆，全年载客车次 1. 11 亿次。全年公共交通客运总量 31. 13 亿人次，日均 852. 96 万人次，比上年下降 38. 8%。其中，轨道交通客运量 22. 79 亿人次，下降 36. 2%；公共汽电车客运量 8. 19 亿人次，下降 45. 2%；轮渡客运量 1524. 40 万人次，下降 32. 8%。

全年完成邮政业务总量 1849. 85 亿元，比上年增长 9. 3%；电信业务总量 575. 43 亿元，增长 13. 2%。邮政业全年完成快递业务 28. 58 亿件，快递业务收入 1845. 43 亿元。

六、金融业

全年实现金融业增加值 8626. 31 亿元，比上年增长 5. 2%。

至年末，全市中外资金融机构本外币各项存款余额 192293. 06 亿元，比年初增加 16463. 21 亿元；贷款余额 103138. 91 亿元，比年初增加 7106. 78 亿元（见表 10）。

表 10　2022 年中外资金融机构本外币存贷款情况

指　标	绝对值(亿元)	比年初增减额(亿元)
各项存款余额	**192 293.06**	**16 463.21**
#住户存款	52 637.59	9 984.98
非金融企业存款	73 479.81	4 747.96
财政性存款	4 689.55	-47.81
机关团体存款	18 509.16	1 806.21
非银行业金融机构存款	33 970.04	57.16
各项贷款余额	**103 138.91**	**7 106.78**
#住户贷款	29 730.66	1 173.21
企(事业)单位贷款	67 491.75	5 728.36
非银行业金融机构贷款	552.98	163.26

全年金融市场交易总额达到 2932.98 万亿元,比上年增长 16.8%(见图 2)。上海证券交易所总成交额 496.09 万亿元,增长 7.6%。其中,股票成交额 96.26 万亿元,下降 15.6%;债券成交额 21.83 万亿元,增长 29.1%。全年通过上海证券市场股票筹资 8477.18 亿元,比上年增长 1.7%;发行公司债和资产支持证券共 43217.07 亿元,下降 14.0%。至年末,上海证券市场上市证券 30110 只,比上年末增加 3121 只。其中,股票 2213 只,增加 134 只。

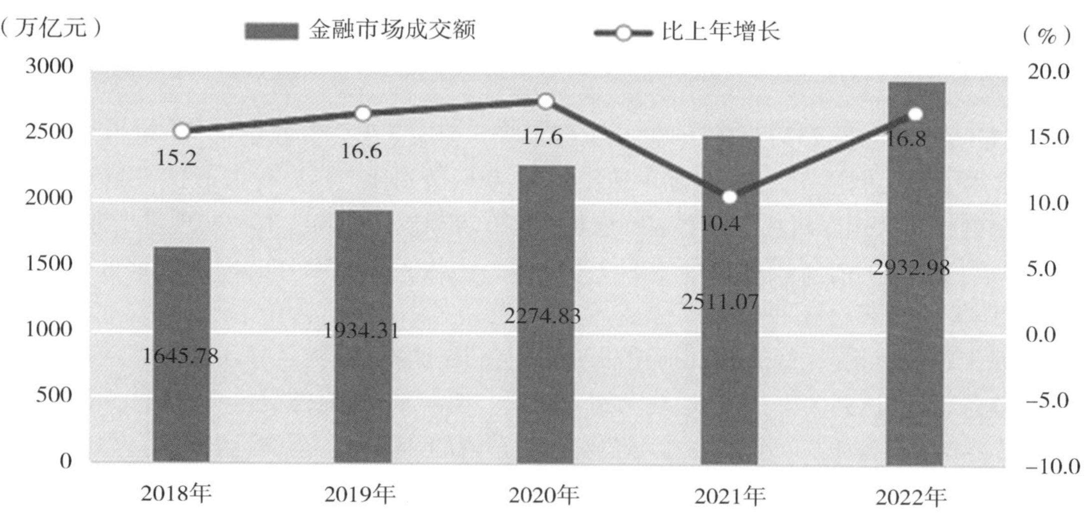

图 2　2018~2022 年金融市场交易总额及其增长速度

全年上海期货交易所总成交金额 181.30 万亿元,比上年下降 15.5%。中国金融期货交易所总成交金额 133.04 万亿元,增长 12.6%。银行间市场总成交金额 2114.04 万亿元,增长 23.8%。上海黄金交易所总成交金额 8.52 万亿元,下降 17.0%。

全年保险公司原保险保费收入 2095.01 亿元,比上年增长 6.3%。其中,财产险公司原保险保费收入 663.05 亿元,增长 4.9%;人身险公司原保险保费收入 1431.96 亿元,增长 7.0%。全年原保险赔付支出 654.55 亿元,下降 11.3%。

七、对外经济

全年上海关区货物进出口总额 77152.32 亿元,比上年增长 1.9%。其中,进口 31625.05 亿元,下降

1.4%;出口 45527.27 亿元,增长 4.3%。

全年上海市货物进出口总额 41902.75 亿元,比上年增长 3.2%。其中,进口 24768.53 亿元,下降 0.5%;出口 17134.21 亿元,增长 9.0%(见图 3、表 11)。高新技术产品出口占全市比重为 36.4%。按市场分,对欧盟进口 5112.93 亿元,下降 6.4%,出口 3146.68 亿元,增长 20.8%;对美国进口 2078.99 亿元,增长 4.3%,出口 3145.15 亿元,增长 1.9%;对东盟进口 3541.21 亿元,增长 1.6%,出口 2118.93 亿元,增长 11.7%;对日本进口 2593.01 亿元,下降 7.7%,出口 1344.11 亿元,增长 2.8%(见表 12)。

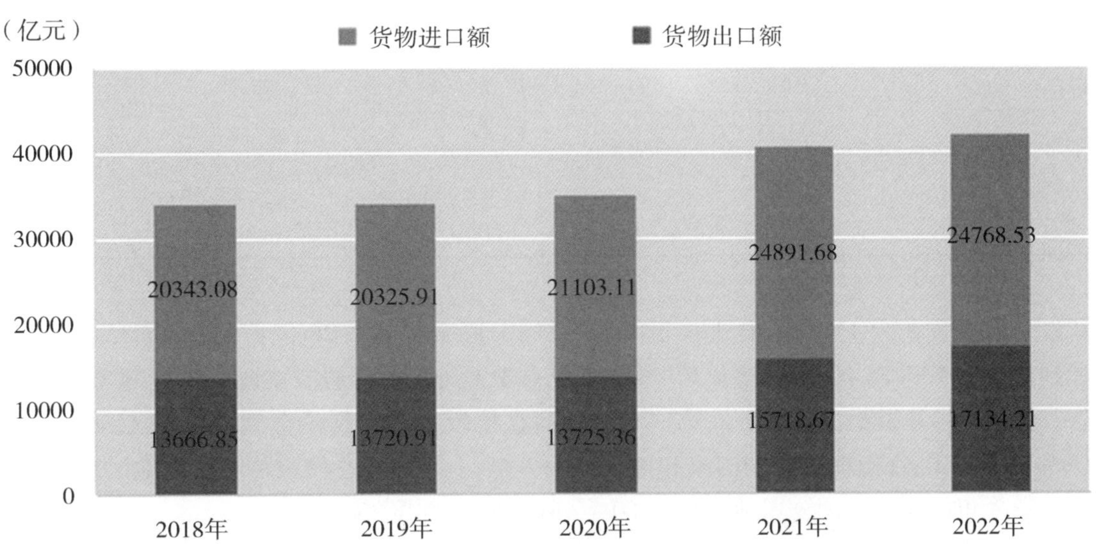

图 3　2018~2022 年上海市货物进出口总额

表 11　2022 年上海市货物进出口总额及其增长速度

指　标	绝对值(亿元)	比上年增长(%)
上海市货物进出口总额	**41 902.75**	**3.2**
上海市货物进口总额	**24 768.53**	**-0.5**
#国有企业	2 483.38	-12.0
外商投资企业	16 198.98	1.8
私营企业	6039.75	-0.7
#一般贸易	15 341.84	-0.2
加工贸易	2 320.80	-4.0
#机电产品	10 895.84	-2.8
#高新技术产品	7 446.64	0.1
上海市货物出口总额	**17 134.21**	**9.0**
#国有企业	1 467.75	-13.2
外商投资企业	9 385.41	3.0
私营企业	6 182.60	29.3
#一般贸易	9 277.09	17.4
加工贸易	4 674.54	-3.0
#机电产品	11 735.75	8.7
#高新技术产品	6 234.50	3.0

表 12 2022 年上海对主要国家和地区货物进出口总额及其增长速度

国家和地区	出口额(亿元)	比上年增长(%)	进口额(亿元)	比上年增长(%)
欧 盟	3 146. 68	20. 8	5 112. 93	-6. 4
美 国	3 145. 15	1. 9	2 078. 99	4. 3
东 盟	2 118. 93	11. 7	3 541. 21	1. 6
日 本	1 344. 11	2. 8	2 593. 01	-7. 7
中国香港	1 320. 68	-16. 9	97. 70	31. 7
中国台湾	880. 77	13. 8	1 875. 81	0. 5
韩 国	665. 49	-2. 6	1 522. 34	2. 0
俄罗斯	223. 68	6. 1	385. 21	28. 1

全年新设外商投资企业 4352 家,比上年下降 35. 1%;合同金额 402. 26 亿美元,下降 33. 4%;全年外商直接投资实际到位金额 239. 56 亿美元,增长 0. 4%。全年制造业外商直接投资实际到位金额 8. 75 亿美元,下降 9. 3%,占全市实际利用外资比重为 3. 7%;第三产业外商直接投资实际到位金额 230. 73 亿美元,增长 1. 0%,占比为 96. 3%。至年末,在上海投资的国家和地区达 192 个,上海市累计认定跨国公司地区总部 891 家,外资研发中心 531 家。年内新增跨国公司地区总部 60 家,外资研发中心 25 家。

全年备案对外直接投资项目 658 个;对外直接投资中方投资额 86. 2 亿美元,下降 56. 1%。新签对外承包工程合同金额 91. 6 亿美元,增长 15. 5%;完成营业额 93. 8 亿美元,下降 9. 6%。累计派出各类劳务人员 20648 人次,下降 32. 5%。

全年全市共举办各类展览及活动 21 个,展览面积 104. 9 万平方米。其中,举办国际展 7 个,展览面积 93. 2 万平方米;举办国内展 4 个,展览面积 5. 7 万平方米;举办活动 10 个,举办面积 6 万平方米。

成功举办第五届中国国际进口博览会。共有 145 个国家、地区和国际组织参展。按一年计意向成交金额 735. 2 亿美元,比上届增长 3. 9%。

八、中国(上海)自由贸易试验区建设

2022 年,中国(上海)自由贸易试验区贯彻《中共中央 国务院关于支持浦东新区高水平改革开放打造社会主义现代化建设引领区的意见》,贯彻新发展理念、构建新发展格局,克服疫情及国际大环境不利因素影响,首创性改革、引领性开放、集成化创新取得新进展,在上海及全国进一步发挥引领作用。

科技创新引擎功能更加凸显。上海光源二期光束线站基本建成,软 X 射线自由电子激光用户装置实现开放。交大张江科学园、张江数学研究院等一批重点项目启动运营。C919 大飞机取证交付,国内唯一由中国企业研发并获准上市的四臂腔镜手术机器人在自贸区诞生,中国首艘全球最大 24000TEU 超大型集装箱船交付。

改革系统集成全面推进。准入领域各项改革试点落地落实,“一业一证”改革 31 个试点行业已发放 3200 余张行业综合许可证,市场主体登记确认制试点已受理企业设立登记超 1 万户次,企业变更登记、备案、自主公示超过 2. 5 万余户次。率先试点以企业信用信息报告代替行政合规证明新机制,目前已办理 291 家企业的信用报告申请。引领区建设法治保障更加完善,在绿色金融、新型研发机构、智能网联汽车等领域出台 9 部浦东新区法规,累计达到 15 部;在商事调解、特色产业园区、存量产业用地等领域发布 12 部管理措施、累计达到 13 部。

开放型经济新体制进一步完善。推动外资设立理财子公司、证券、期货等金融机构,引入浦银理财、高盛

工银理财等一批标志性项目。外高桥 RCEP 企业服务咨询站正式启用。上海自贸试验区"一带一路"技术交流国际合作中心东南亚分中心、东亚分中心相继揭牌。上海市技术性贸易措施公共服务平台正式上线启动。上海国际贸易"单一窗口"上线 RCEP 最优关税查询系统、"海运电放提单在线交单系统"以及"进口危险品信息备案系统"。

全球资源配置功能不断增强。上海股权托管交易中心开展私募股权和创业投资份额转让试点,共计成交总金额约 13.11 亿元。上交所开展科创板做市交易业务,标的内容快速扩容至 83 只。截至 2022 年末,监管类金融机构达 1008 个,比上年增长 2.6%。

表 13 2022 年中国(上海)自由贸易试验区(浦东部分)主要经济指标及其增长速度

指 标	单 位	绝对值	比上年增长(%)
外商直接投资实际到位金额	亿美元	95.72	13.5
全社会固定资产投资总额	亿元	1 899.60	12.5
规模以上工业总产值	亿元	7 453.71	7.6
社会消费品零售额	亿元	2 374.13	-6.2
商品销售总额	亿元	62 958.73	-4.3
服务业营业收入	亿元	8 664.33	3.4

九、城市基础设施和房地产

全年城市基础设施建设投资比上年下降 7.9%。其中,电力建设投资下降 9.7%;交通运输投资持平;邮电通信投资增长 4.2%;公用事业投资下降 3.0%;市政建设投资下降 17.3%(见表 14)。

表 14 2022 年城市基础设施投资增长速度

指 标	比上年增长(%)
城市基础设施投资	**-7.9**
电力建设	-9.7
交通运输	0.0
邮电通信	4.2
公用事业	-3.0
市政建设	-17.3

至年末,全市公交专用道路长度 491.7 公里(不含有轨电车长度)。完成架空线入地 233.3 公里。完成燃气老旧立管改造 9.4 万户,完成隐患管道改造 53 公里和老化管道更新 253.8 公里,完成智能燃气表置换 44.1 万台。

全市自来水供水能力为 1229 万立方米/日。全年供水总量为 29.23 亿立方米,比上年下降 2.8%;售水总量为 23.89 亿立方米,比上年下降 3.6%。其中,工业用水量为 3.97 亿立方米,比上年下降 2.0%;居民生活用水量为 11.87 亿立方米,增长 2.6%。全年全市用电量 1745.55 亿千瓦时,比上年下降 0.2%(见表 15)。至年末,全市家庭液化气用户 196 万户,比上年下降 12.3%;家庭天然气用户 785 万户,增长 2.3%。

表 15 2022 年公用事业主要指标及其增长速度

指 标	单 位	绝对值	比上年增长(%)
自来水日供水能力	万立方米	1 229	平
自来水供水总量	亿立方米	29.23	-2.8
自来水售水总量	亿立方米	23.89	-3.6
#工业用水	亿立方米	3.97	-2.0
用电量	亿千瓦时	1 745.55	-0.2
#城乡居民生活用电	亿千瓦时	320.93	15.5
液化气销售总量	万 吨	22.0	-20.3
天然气销售总量	亿立方米	89.3	-4.1

全年完成房地产开发投资额比上年下降 1.1%。其中,住宅投资增长 3.7%;办公楼投资下降 9.4%;商业营业用房投资下降 18.6%。全年商品房施工面积 16678.19 万平方米,增长 0.3%;竣工面积 1676.40 万平方米,下降 38.8%。全年商品房销售面积 1852.88 万平方米,下降 1.5%。其中,住宅销售面积 1561.51 万平方米,增长 4.8%。全年商品房销售额 7467.53 亿元,增长 10.0%。其中,住宅销售额 6937.77 亿元,增长 13.6%。全年二手存量房买卖登记面积 1613.96 万平方米,比上年下降 44.0%。

全年完成剩余二级旧里以下房屋改造 20 万平方米,受益居民 1.1 万户。至年末,开工实施旧住房更新改造 1295 万平方米;完成既有多层住宅加装电梯 2303 台;新增建设筹措保障性租赁住房 18 万套(间)。

十、城市信息化

至年末,千兆光网接入能力已覆盖 961 万户家庭。家庭宽带用户平均接入带宽达 377.84Mbps;互联网省际出口带宽 56800Gbps,比上年末增加 26220Gbps;互联网国际出口带宽 9257.32Gbps,比上年末增加 355Gbps。IPTV 用户数 560.82 万户,比上年末增加 1.29 万户。5G 用户数 1523.88 万户,比上年末增加 495.47 万户。至年末,累计建设超 6.8 万个 5G 室外基站、27 万个室内小站,实现全市域 5G 网络基本覆盖。在智能制造、健康医疗、智慧教育等十大领域累计推进 800 余项 5G 应用项目。

至年末,“一网通办”总门户已接入 3600 项服务事项,其中 2934 项可实现全程网办。全年日均办事 29 万件,实际网办率达 84.01%,实际全程网办率达 72.08%,分别比上年提升 6.98 个和 2.78 个百分点。“一网通办”实名用户数达 7884 万,同比增长 27.2%;法人用户超 301 万。总客服解决率和满意率分别达到 99.03%和 80.08%。推出“随申码”支持疫情防控,用码人数超 7818 万,累计使用超 185.6 亿次。推进长三角三省一市 30 类电子证照共享互认,实现 140 项服务事项跨省通办。拓展长三角“一网通办”线下专窗,开通 895 个线下专窗办理点,全程网办办件 642.29 万余件。

十一、教育和科学技术

2022 学年,全市共有研究生培养单位 49 家,研究生在校生 24.49 万人;普通高等学校 64 所,普通本专科在校生 55.48 万人;普通中学 888 所,普通高中在校生 19.29 万人,普通初中在校生 52.44 万人;普通中等职业学校 75 所,中职在校生 11.26 万人;普通小学 671 所,普通小学在校生 91.70 万人;特殊教育学校 31 所,特殊教育在校生 0.54 万人(见表 16)。

全市共有独立设置成人高校 12 所,成人本专科在校生 13.51 万人。共有网络(开放)本专科在校生 14.47 万人。成人职业技术培训机构 426 所,结业生 62.54 万人次。老年教育机构 289 所。

2022 学年,全市共有民办普通高校 19 所,在校学生 13.48 万人;民办普通中学 131 所,在校学生 9.49 万人;民办小学 57 所,在校学生 9.77 万人。

表 16 2022 学年各级各类学校学生情况及其增长速度

类 别	在校学生数(万人)	比上学年增长(%)	毕业学生数(万人)	比上学年增长(%)
研究生培养单位	24.49	5.0	6.27	11.8
博 士	5.13	9.1	0.75	15.4
硕 士	19.36	3.9	5.52	11.5
普通本专科	55.48	1.1	14.73	8.5
普通中等学校	82.99	6.3	19.88	12.2
普通中学	71.73	6.7	16.24	11.8
高 中	19.29	10.5	5.35	3.5
初 中	52.44	5.4	10.89	16.3
中等职业学校	11.26	3.4	3.64	14.1
普通小学	91.70	2.7	15.47	3.9
特殊教育学校	0.54	1.9	0.08	-11.1

全年研究与试验发展(R&D)经费支出相当于地区生产总值的比例为 4.2%左右(见图 4)。

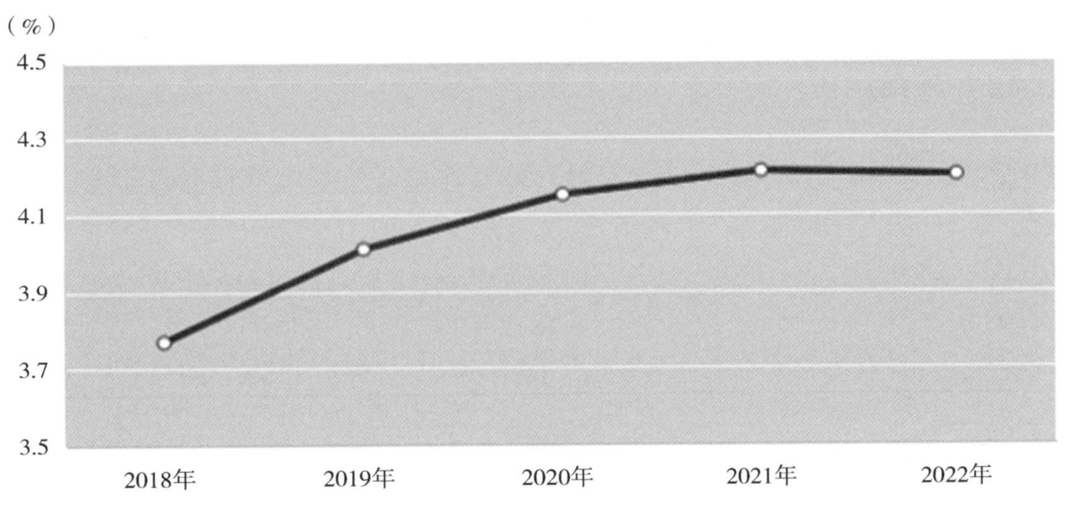

图 4 2018~2022 年 R&D 经费支出相当于地区生产总值的比例

全市新增科技“小巨人”企业和“小巨人”培育企业 155 家,累计超 2600 家。年内新认定高新技术企业 9956 家,有效期内高新技术企业数突破 2.2 万家。全年共落实研发费用加计扣除上年度减免税额 2622.14 亿元,享受企业数 35686 家;落实高新技术企业减免所得税额 243 亿元,享受企业数 3221 家;新认定技术先进型服务企业 186 家,有效期内 211 家。落实技术先进型企业减免所得税额 10.19 亿元,享受企业数 143 家。全年共认定高新技术成果转化项目 751 项,其中,电子信息、生物医药、新材料、先进制造与自动化等重点领域项目占 84.3%。至年末,累计认定高新技术成果转化项目 15092 项。

全年专利授权量为 17.83 万件。其中,发明专利授权 3.68 万件,比上年增长 12.0%;实用新型专利授权 11.85 万件,下降 2.0%;外观设计专利授权 2.31 万件,下降 9.9%。全年 PCT 国际专利申请量为 5591 件,比上年增长 15.8%。至年末,全市有效专利达 80.11 万件。其中,有效发明专利 20.20 万件,比上年增长 17.4%;有效实用新型专利 49.37 万件,增长 19.9%;有效外观设计专利 10.55 万件,增长 13.5%。每万人口高价值发明专利拥有量达 40.9 件,较上年增加 6.7 件。

全年商标申请量为 40. 31 万件，比上年下降 27. 9%；商标注册量为 35. 07 万件，下降 16. 7%；商标活跃度（每新增 1 户市场主体同时新增注册商标）达到 0. 85 件，增长 6. 3%。至年末，有效注册商标量为 242. 75 万件，比上年增长 14. 7%；商标集聚度（每万户市场主体的平均有效注册商标拥有量）为 7392 件，增长 11. 4%。至年末，全市共有地理标志商标 18 件，地理标志产品 8 件。

全年经认定登记的各类技术交易合同 38265 件，比上年增长 3. 4%；合同金额 4003. 51 亿元，增长 45. 0%。

深入推进科创板注册制试点，至年末累计上市企业 501 家，共募集资金 7800 亿元。科创板上海上市企业 78 家，融资额 2033. 40 亿元，总市值 1. 42 万亿元。

十二、文化旅游、卫生健康和体育

至年末，全市共有市、区级公共图书馆 20 个，总流通人次 580 万人次；文化馆 19 个；备案博物馆 159 个。全年实现旅游产业增加值 874. 02 亿元，比上年下降 42. 3%。

至年末，全市共有星级宾馆 165 家，旅行社 1885 家，A 级旅游景区 134 个，红色旅游基地 34 个（见表 17）。

表 17　2022 年旅游设施情况

指　标	单　位	绝对值
星级宾馆	家	165
#五星级	家	61
四星级	家	55
旅行社	家	1 885
#经营出境旅游业务的旅行社	家	294
A 级旅游景区	个	134
#5A 级景区	个	4
4A 级景区	个	68
红色旅游基地	个	34
#全国红色旅游基地	个	12
旅游咨询服务中心	个	61

全年接待来沪入境旅游者 63. 18 万人次，比上年减少 38. 8%。其中，入境外国人 38. 69 万人次，减少 31. 7%；港、澳、台同胞 24. 49 万人次，减少 47. 5%。在入境旅游者中，入境过夜旅游者 62. 58 万人次，减少 39. 1%。全年接待国内旅游者 18816. 17 万人次，减少 36. 0%，其中外省市来沪旅游者 7569. 00 万人次，减少 46. 8%。全年入境旅游外汇收入 17. 22 亿美元，减少 52. 0%；国内旅游收入 2080. 14 亿元，减少 41. 2%。

至年末，全市共有卫生机构 6421 所，卫生技术人员 24. 62 万人（见表 18）。全年全市医疗机构共完成诊疗人次数 2. 32 亿人次。上海地区婴儿死亡率 2. 26‰，上海地区孕产妇死亡率 3. 42/10 万。全市危重孕产妇、危重新生儿抢救成功率分别为 99. 1% 和 93. 0%。

表 18　2022 年卫生机构基本情况

指　标	单　位	绝对值
卫生机构数	**所**	**6 421**
#医　院	所	455
门诊部	所	1 430

表 18 2022 年卫生机构基本情况(续表)

指 标	单 位	绝对值
社区卫生服务中心	所	249
疾病预防控制中心	所	19
卫生监督所	所	17
卫生技术人员数	**万人**	**24.62**
#执业医生	万人	8.51
#医院执业医生	万人	5.44
注册护士	万人	11.13

注：卫生机构数中含医疗卫生机构的分支机构。

至年末,全市社区卫生服务中心新增输液位 1905 个、吸氧位 1416 个、心电监护 217 台。全市 145 家二级以上医院均开设发热门诊,社区卫生服务机构 2594 间发热诊间全部启用。

至年末,全市家庭医生签约居民累计超过 920 万人,市级互联网+家庭医生签约服务信息平台功能逐步完善。

筹建 2 个市职业病危害工程防护技术指导中心。遴选建设 4 个示范健康园区,成功创建 34 家健康企业,选树市级“职业健康达人”100 人。顺利完成 100 家中小微型企业职业健康帮扶工作。

年内成功举办上海马拉松、上海赛艇公开赛、“上海杯”象棋大师公开赛、第四届 MAGIC3 上海市青少年三对三超级篮球赛和上海明日之星冠军杯足球赛等自主品牌赛事。申办获得 2024 年四大洲花样滑冰锦标赛、2025 年世界赛艇锦标赛、2026 年国际自盟场地自行车世界锦标赛等世界顶级赛事举办权。上海城市业余联赛线上线下共举办赛事活动 6320 场,830 万人次参与。3 名运动员入选北京冬奥会,12 人次获世界三大赛冠军,在全国最高级比赛中夺得 28 枚金牌。

全年新增体育场地面积 149.3 万平方米,全市人均体育场地面积达到 2.5 平方米。新建和改建市民健身步道 92 条、市民益智健身苑点 612 个、市民多功能运动场 77 片、市民健身驿站 92 个。都市运动中心新型体育服务综合体达到 17 个。

十三、人口和就业

至年末,全市常住人口为 2475.89 万人。其中,户籍常住人口 1469.63 万人,外来常住人口 1006.26 万人。全年常住人口出生 10.8 万人,出生率为 4.35‰;死亡 14.8 万人,死亡率为 5.96‰;常住人口自然增长率为-1.61‰;常住人口出生性别比为 107.81。

全市户籍人口平均期望寿命达到 83.18 岁。其中,男性 80.84 岁,女性 85.66 岁。

全年城镇新增就业岗位 56.35 万个(见图 5),全年帮助就业困难人员实现就业 66425 人,新消除零就业家庭 57 户。全年帮扶引领成功创业 12963 人,帮助 10167 名长期失业青年实现就业创业。全年共完成补贴性职业技能培训 162.13 万人次,共支持企业开展新型学徒制培训 14769 人,新增取得高级工以上职业资格证书和技能等级证书 31190 人。至年末,全市户籍城乡登记失业人数 14.56 万人。

至年末,累计核发《外国人工作许可证》约 38 万份,其中外国高端人才(A 类)约 7 万份,约占 19%。共为 1420 位外国人才办理了《外国高端人才确认函》。

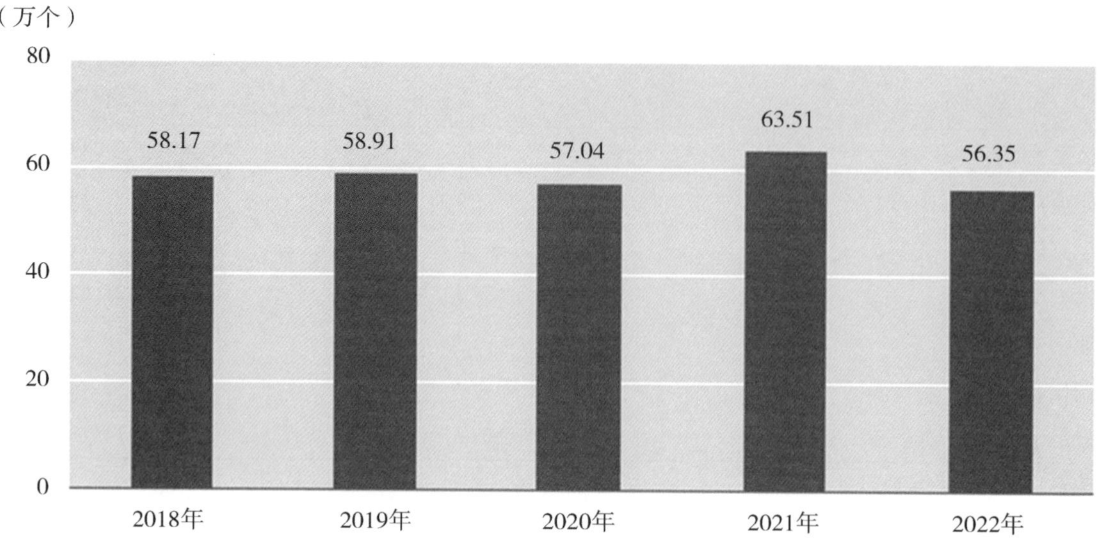

图5 2018~2022年新增就业岗位情况

十四、人民生活和社会保障

据抽样调查，全年全市居民人均可支配收入79610元，比上年增长2.0%（见图6）。其中，城镇常住居民人均可支配收入84034元，增长1.9%；农村常住居民人均可支配收入39729元，增长3.1%。全市居民人均消费支出46045元，比上年下降5.8%。其中，城镇常住居民人均消费支出48111元，下降6.2%；农村常住居民人均消费支出27430元，增长0.8%。月最低工资标准为2590元，小时最低工资标准为23元。

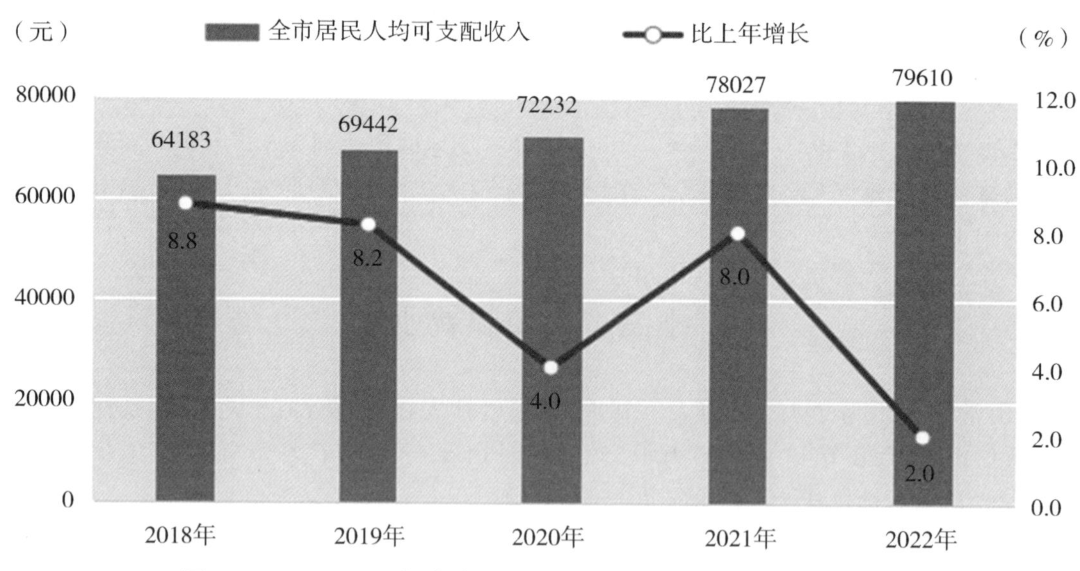

图6 2018~2022年全市居民人均可支配收入及其增长速度

至年末，城镇居民人均住房建筑面积37.46平方米。

至年末，全市共有1659.38万人（包括离退休人员）参加城镇职工基本养老保险，有73.14万人参加城乡居民基本养老保险。

至年末，全市共有1624.75万人（包括离退休人员）参加职工基本医疗保险，有365.81万人参加城乡居民基本医疗保险。

年内新增社区综合为老服务中心57家、老年助餐服务场所200个、养老床位5781张，改造老年认知障碍照护床位2136张。至年末，全市建有社区综合为老服务中心428家，老年助餐服务场所1608个。全市共有养老机构729家，床位16.36万张。其中，由社会投资开办的348家，床位6.83万张。

最低生活保障标准从每人每月1330元调整为每人每月1420元，同步调整特困人员供养标准等社会救助标准。全年各级政府支出最低生活保障资金24.56亿元、特困人员救助供养资金1.35亿元、支出型贫困生活救助资金0.06亿元、临时救助资金0.14亿元、粮油帮困资金0.82亿元。

全年全市共发放残疾人两项补贴约9.22亿元。其中，困难残疾人生活补贴3.94亿元，累计惠及近9.19万残疾人；重度残疾人护理补贴约5.28亿元，累计惠及近22.49万残疾人。落实残疾人集中就业企业社会保险费补贴政策，对申请2021年度社保补贴的562家企业经市、区两级审核后发放9772.52万元社保补贴，惠及残疾职工10865人。

至年末，全市共有108名社会散居孤儿、1243名困境儿童享受基本生活保障，87名在学在读孤儿享受“孤儿助学”补助资金。

十五、环境保护

全年全社会用于环境保护的资金投入约1022.27亿元，相当于地区生产总值的比例为2.3%左右。

全年环境空气质量（AQI）优良率为87.1%，比上年下降4.7个百分点；二氧化硫年日均值6微克/立方米，与上年持平；可吸入颗粒物（PM_{10}）年日均值39微克/立方米，同比下降9.3%；细颗粒物（$PM_{2.5}$）年日均值25微克/立方米，同比下降7.4%；二氧化氮年日均值27微克/立方米，同比下降22.9%；一氧化碳年日均值0.7毫克/立方米，同比上升16.7%；臭氧日最大8小时滑动平均值达标率88.8%，同比下降5.7个百分点。年末，城市污水处理厂日处理能力达896.75万立方米，比上年末提高4.6%。

全年新增森林面积5.1万亩，新建绿地1055.3公顷（其中公园绿地512.8公顷）、绿道232公里、立体绿化44.6万平方米，森林覆盖率达到18.5%。全年新建公园138座，全市城乡公园数量达到670座。

十六、生产安全和食品药品安全

全年共发生工矿商贸、生产经营性道路交通、生产经营性火灾、水上交通、农业机械、铁路运输、航空运输、渔业船舶等八大类生产安全死亡事故371起、死亡400人（含12人下落不明），比上年分别下降13.7%和12.5%。其中，工矿商贸死亡事故182起、死亡193人；生产经营性道路交通死亡事故172起、死亡173人；水上交通死亡事故11起、死亡（含下落不明）28人；铁路运输死亡事故3起、死亡3人；生产经营性火灾死亡事故2起、死亡2人；渔业船舶死亡事故1起，死亡1人。全年亿元生产总值生产安全事故死亡人数为0.009人。

全年全市食品安全总体监测合格率为99.6%。市民食品安全基本知识知晓度评分为90.6分，比上年提高3.3分；市民食品安全状况总体满意度评分为90分，提高1.1分。全年未报告发生集体性食物中毒事件，未发生重大食品安全事故。全年完成药品、医疗器械、化妆品监督抽检共计1.1万余批次，药械化抽检合格率分别为99.8%、97.0%、97.7%。

上海市统计局
国家统计局上海调查总队
2023年3月22日

说明：

1. 本公报数据为初步统计数。部分数据因四舍五入问题，存在总计与分项合计不等的情况。

2. 地区生产总值、各产业增加值和总产值绝对数按当年价格计算，增长速度按可比价格计算。

3. 所有制经济增加值按控股法核算，其中公有制经济包括国有经济和集体经济；非公有制经济包括私人经济和外资经济。

4. 自2019年起，上海证券交易所单列的股票、债券成交金额仅指现货，不再包含回购；公司债发行金额包含资产支持证券。

5. 电信业务总量按2020年不变价格计算。

6. 根据国家邮政管理总局有关规定，邮政行业业务总量按2020年不变单价计算，同比增速按可比口径计算。

7. 旅游产业增加值依据若干行业的有关资料进行跨行业核算，不能将其与地区生产总值中其他行业的增加值进行简单加总，否则会造成重复计算。

8. 银行间市场成交额包括银行间本币市场和外汇市场成交额。自2017年起，各市场成交额按单边计算。

9. 中国（上海）自由贸易试验区数据按注册地口径统计，统计范围包括保税片区、陆家嘴片区、世博片区、张江片区、金桥片区（120.72平方公里）和临港新片区产城融合区（386区域）浦东部分（341平方公里）。

10. 学年是指教育年度，即从一年的9月1日（学年初）至第二年的8月31日（学年末）。

11. 环境空气质量（AQI）优良率是国家发布的环境空气质量评价标准。AQI监测体系包括二氧化硫、二氧化氮、可吸入颗粒物（PM_{10}）、细颗粒物（$PM_{2.5}$）、一氧化碳和臭氧六项污染物指标。2019年起，环境空气质量监测状态执行《环境空气质量标准》（GB3095-2012）修改单，监测数据与历年已发布数据不具有可比性。

12. 商标申请量、注册量指2021年12月16日至2022年12月15日的商标统计情况，有效注册量截至2022年12月15日。

Chapter 2

第二篇

城乡居民家庭收支

INCOME AND EXPENDITURE OF URBAN AND RURAL HOUSEHOLDS

简要说明

第一部分 上海居民收支与生活状况调查主要数据（新口径，表 2-1 到表 2-18）

一、主要内容

第一部分资料反映 2015 年以来上海常住居民生活收入、消费及其他生活状况。

二、资料来源

上海常住居民生活状况数据来源于国家统计局上海调查总队居民收支与生活状况抽样调查。

三、住户调查对象

上海居民收支与生活状况调查（简称住户调查，下同）对象为“本市常住居民”，既包括本地户籍，也包括外地户籍；既包括以家庭形式居住的户，也包括以集体形式居住的户，即在本市常住的外来务工人员也被纳入调查对象。调查区域扩展到全市 16 个区县的城镇、农村地区。2013 年至 2017 年，全市城镇、农村调查样本量分别为 4600 户和 1400 户，合计为 6000 户。2018 年，全市城镇、农村调查样本量分别为 3390 户和 610 户，合计为 4000 户。

四、调查内容

调查主要内容包括居民现金和实物收支情况、住户成员及劳动力从业情况、居民家庭食品和能源消费情况、住房和耐用消费品拥有情况、家庭经营和生产投资情况、收入分配影响因素情况、社区基本情况以及其他民生状况等。

五、指标发布的变化

根据国家统计局要求，国家统计局上海调查总队从 2015 年 1 季度起，发布城乡一体化住户调查新口径调查数据。主要指标包括：上海居民人均可支配收入、城镇常住居民人均可支配收入、农村常住居民人均可支配收入；上海居民人均消费支出、城镇常住居民人均消费支出、农村常住居民人均消费支出等。

六、数据主要变化情况

根据城乡一体化住户调查改革后，遵照“统计上的城乡划分标准”，新口径城镇常住居民收入、消费等数据覆盖范围在原有基础上扩大，包括城乡结合部，而农村常住居民范围缩小，不再以行政村划分；新口径城镇常住居民“人均可支配收入”指标加入了自有住房折算净租金，扣除了财产性支出和转移性支出等。计算城镇和农村常住居民消费支出时，包括了自有住房折算租金。

第二部分　历年城镇和农村住户调查主要数据
（老口径，表 2-19 到表 2-40）

一、主要内容

第二部分资料反映 1980-2014 年上海市居民生活现状及变化情况，分为城市居民生活和农村居民生活两部分。

二、城镇住户调查资料来源

城镇居民生活状况的数据来源于国家统计局上海调查总队的城镇住户抽样调查。主要内容包括城市居民生活基本情况、收入、生活消费支出、主要消费品消费量等。

三、城镇住户调查方法

上海城镇住户调查以城市常住户为调查对象，2003 年及之前，调查样本为 500 户，2004 年至 2012 年，调查样本增至 1000 户，分布于黄浦、徐汇、长宁、静安、普陀、闸北、虹口、杨浦、闵行、宝山、浦东等 11 个区。

城镇住户调查采用分层、多阶段与大小成比例（pps）、随机等距等方法抽选调查样本户，采用日记账与问卷调查相结合的方法取得数据。首先，每月向抽中的调查户发放账本，由调查户采用日记账方式对本住户及每个成员的收支情况进行记录；然后由调查人员每月在规定的时间将账本回收并进行审核、编码和录入；最后由国家统计局上海调查总队将数据汇总得出人均可支配收入等数据资料。另外，家庭和个人基本情况以及部分调查户的收支情况通过问卷的形式取得数据。

四、农村住户调查资料来源

农村居民生活状况的数据来源于国家统计局上海调查总队的住户收支与生活状况调查。主要内容包括农村居民生活基本情况、收入、生活消费支出、主要消费品消费量等。

五、农村住户调查方法

农村住户调查是以农村常住户为调查对象，农村常住户指长期（半年以上）居住在农村范围内的住户。户口不在本地而在本地居住半年及以上的住户也包括在本地农村常住户范围内。按国家统计局住户收支与生活状况调查方案，采用抽样调查方法在全市郊区县抽取约 1200 户农村居民家庭作为调查样本，分布于浦东、闵行、宝山、嘉定、金山、松江、青浦、奉贤、崇明 9 个区县。

为保证农村住户调查资料的准确性，住户收支与生活状况调查在 95% 的概率把握程度下要求抽样误差不得超过±3%。调查数据采用农村居民记账与一次性调查相结合的方法取得，调查户按照国家统计局上海调查总队统一编制的账本和要求记账，现金收支账、实物收支账发生一笔记一笔，由区县调查员每月收取调查户的账本，录入计算机，通过乡镇、区县、总队多级审核确保调查数据真实可靠。

BRIEF INTRODUCTION

Part 1 Main Data from Survey on Income, Expenditure and Living Conditions of Residents in Shanghai (New Statistics Scope, from Chart 2-1 to 2-18)

Ⅰ. Main Contents

Data in this chapter shows the income, expenditure and living conditions of residents in Shanghai since 2015.

Ⅱ. Sources of Data

Survey on Income and Expenditures and Living Conditions is conducted by NBS Survey Office in Shanghai.

Ⅲ. Respondents of the Survey

Respondents of survey on income, expenditure and living conditions of residents in Shanghai (household survey for short) includes household registered and nonlocal registered residence, family household and institutional household in Shanghai. In other words, migrant workers are included. Region of the survey covers all 16 districts of Shanghai, both urban and rural area. From 2013-2017, sample number of urban and rural survey changes to 4600 and 1400 respectively, a total of 6000 households. Since 2018, sample number of urban and rural survey changes to 3390 and 610 respectively, a total of 4000 households.

Ⅳ. Survey Contents

The main contents of the survey include the residents' income and expenditure, household members and labor force, food and energy consumption, housing and durable goods, household management and production investment, income distribution factors, the basic situation of the community and other people's livelihood condition.

Ⅴ. Changes of Index Releasing

In terms of the system of Integrated Urban and Rural Households on Income and Expenditures and Living Conditions conducted since 2015, NBS Survey office in Shanghai releases integrated urban and rural household survey data, including per capita disposable income of citywide households, per capita disposable income of urban households, per capita disposable income of rural households, per capita consumption expenditure of citywide households, per capita consumption expenditure of urban households, per capita consumption expenditure of rural households.

VI. Main Changes in Data

According to the integrated household survey, main changes of population covered by data of per capita disposable income of urban and rural households: migrant workers resided in urban areas are included in the denominator when calculating per capita disposable income of urban household, migrant workers are not included in denominator when calculating per capita disposable income of rural households; college students of their households are regarded as permanent residents. Main changes of urban household and rural household per capita disposable income and expenditure of new coverage: converted rents of self-owned housing are included when calculating per capita disposable income and expenditure of urban and rural households.

Part 2 Main Data from Historical Urban and Rural Household Survey
(Old Statistics Scope, from Chart 2-19 to 2-40)

Ⅰ. Main Contents

Data in this chapter show the living conditions of residents in Shanghai from 1980 to 2014. This chapter consists of two parts: living conditions of urban households and living conditions of rural households.

Ⅱ. Sources of Data for Survey on Urban Households

Data on living conditions of urban residents come from data collected through a sample survey on urban households conducted by NBS Survey Office in Shanghai. The main contents of the survey include basic living conditions of urban residents, income, consumption expenditure and the consumption of major consumer goods, etc.

Ⅲ. Methodology for Survey on Urban Households

Objects of the urban household survey are resident households in urban areas. Before 2003, the sample size is 500 households. It increased to 1,000 between 2004 and 2012, covering 11 districts of Shanghai, which are Huangpu, Xuhui, Changning, Jing'an, Putuo, Zhabei, Hongkou, Yangpu, Minhang, Baoshan and Pudong District.

Samples of the urban household survey are selected by using stratified sampling, multistage sampling, probability proportional to size (PPS) sampling and systematic random sampling, etc. Data are obtained from daily expense record and survey questionnaires. Selected households receive account books each month and keep taking down daily expenses to record income and expenditure of the households and its individual members. Professional surveyors collect the account books at a fixed time each month and then verify, encode and record the data. The raw data are later delivered to NBS Survey Office in Shanghai to calculate into processed data such as the average disposable income per capita. In addition, basic information of the family and individuals in that household as well as the income and expenditure situation of some objects are obtained through questionnaires.

Ⅳ. Sources of Data for Survey on Rural Households

Data on living conditions of rural residents come from data collected through the survey on household income, expenditure and living condition, which is conducted by NBS Survey Office in Shanghai. The main contents of the survey include basic living condition of rural residents, income, consumption expenditure and the consumption of major consumer goods, etc.

Ⅴ. Methodology for Survey on Rural Households

Objects of the rural household survey are rural resident households. Rural resident households refer to households residing in rural villages on a long-term basis (for half a year or more). Households without local residential household registrations but residing in the current addresses for half a year or more are included as local resident households. According to the schema of the survey on income, expenditure and living conditions of rural households, a combination of various sampling approaches are used to select 1,200 rural households from 9 districts and counties across the whole city, which are Pudong, Minghang, Baoshan, Jiading, Jinshan, Songjiang, Qingpu, Fengxian, and Chongming.

In order to guarantee accuracy of the survey data on income, expenditure and living conditions of rural households, it is required that the sampling error should not exceed ±3%, with a 95% confidence level. A combinition of daily expense record kept by rural households and one-time survey is used for data collection. Surveyed households record expenses according to unified requirements complied by NBS Survey Office in Shanghai on specifically designed account books. Income and expenditure of cash and real goods are recorded case by case. Surveyors collect account books from districts and counties and compile and record data into computers. Surveyors and inspectors from townships, counties, districts and the headquarters will verify the data to ensure accuracy and reliability.

第一部分　上海居民收支与生活状况调查主要数据（新口径，表 2-1 到表 2-18）

Part 1　Main Data from Survey on Income, Expenditure and Living Conditions of Residents in Shanghai（New Statistics Scope, from Chart 2-1 to 2-18）

全市居民家庭基本情况
Basic Conditions of Citywide Households

表 2-1

指　标	Indicators	2015 年	2016 年	2017 年	2018 年
基本情况（人）	**Basic Statistics (person)**				
户均人口	Average Family Size	2.62	2.69	2.69	2.53
户均从业人口	Number of Employed Persons per Household	1.29	1.28	1.25	1.19
平均每一从业人口负担人数（包括从业者本人）	Number of Dependents per Employee (Including Employed Person)	2.03	2.09	2.16	2.13
家庭收入与支出（元/人）	**Income and Expenditure of Resident Household (yuan/person)**				
人均可支配收入	Per Capita Disposable Income	49 867	54 305	58 988	64 183
人均消费支出	Per Capita Consumption Expenditure	34 784	37 458	39 792	43 351

表 2-1 续表　Continued

指　标	Indicators	2019 年	2020 年	2021 年	2022 年
基本情况（人）	**Basic Statistics (person)**				
户均人口	Average Family Size	2.55	2.54	2.54	2.53
户均从业人口	Number of Employed Persons per Household	1.19	1.14	1.14	1.11
平均每一从业人口负担人数（包括从业者本人）	Number of Dependents per Employee (Including Employed Person)	2.15	2.24	2.23	2.28
家庭收入与支出（元/人）	**Income and Expenditure of Resident Household (yuan/person)**				
人均可支配收入	Per Capita Disposable Income	69 442	72 232	78 027	79 610
人均消费支出	Per Capita Consumption Expenditure	45 605	42 536	48 879	46 045

城镇常住居民家庭基本情况
Basic Conditions of Urban Households

表 2-2

指　标	Indicators	2015 年	2016 年	2017 年	2018 年
基本情况(人)	**Basic Statistics(person)**				
户均人口	Average Family Size	2.64	2.69	2.69	2.54
户均从业人口	Number of Employed Persons per Household	1.26	1.25	1.22	1.18
平均每一从业人口负担人数（包括从业者本人）	Number of Dependents per Employee (Including Employed Person)	2.09	2.14	2.21	2.16
家庭收入与支出(元/人)	**Income and Expenditure of Resident Household(yuan/person)**				
人均可支配收入	Per Capita Disposable Income	52 962	57 692	62 596	68 034
人均消费支出	Per Capita Consumption Expenditure	36 946	39 857	42 304	46 015

表 2-2 续表　Continued

指　标	Indicators	2019 年	2020 年	2021 年	2022 年
基本情况(人)	**Basic Statistics(person)**				
户均人口	Average Family Size	2.57	2.56	2.56	2.55
户均从业人口	Number of Employed Persons per Household	1.17	1.12	1.12	1.09
平均每一从业人口负担人数（包括从业者本人）	Number of Dependents per Employee (Including Employed Person)	2.19	2.28	2.28	2.33
家庭收入与支出(元/人)	**Income and Expenditure of Resident Household(yuan/person)**				
人均可支配收入	Per Capita Disposable Income	73 615	76 437	82 429	84 034
人均消费支出	Per Capita Consumption Expenditure	48 272	44 839	51 295	48 111

农村常住居民家庭生活基本情况
Basic Conditions of Rural Households

表 2-3

指　标	Indicators	2015 年	2016 年	2017 年	2018 年
基本情况(人)	**Basic Statistics(person)**				
户均人口	Average Family Size	2.47	2.69	2.69	2.39
户均从业人口	Number of Employed Persons per Household	1.54	1.54	1.48	1.28
平均每一从业人口负担人数(包括从业者本人)	Number of Dependents per Employee (Including Employed Person)	1.60	1.75	1.82	1.87
家庭收入与支出(元/人)	**Income and Expenditure of Resident Household(yuan/person)**				
人均可支配收入	Per Capita Disposable Income	23 205	25 520	27 825	30 375
人均消费支出	Per Capita Consumption Expenditure	16 152	17 071	18 090	19 965

表 2-3 续表　Continued

指　标	Indicators	2019 年	2020 年	2021 年	2022 年
基本情况(人)	**Basic Statistics(person)**				
户均人口	Average Family Size	2.45	2.42	2.32	2.32
户均从业人口	Number of Employed Persons per Household	1.31	1.27	1.25	1.22
平均每一从业人口负担人数(包括从业者本人)	Number of Dependents per Employee (Including Employed Person)	1.87	1.90	1.86	1.90
家庭收入与支出(元/人)	**Income and Expenditure of Resident Household(yuan/person)**				
人均可支配收入	Per Capita Disposable Income	33 195	34 911	38 521	39 729
人均消费支出	Per Capita Consumption Expenditure	22 449	22 095	27 205	27 430

全市居民收支情况(绝对额)

表 2-4

指　标	Indicators	2015 年	2016 年
居民人均可支配收入	**Per Capita Disposable Income**	**49 867**	**54 305**
工资性收入	Income from Wages and Salaries	30 499	32 718
经营净收入	Net Business Income	1 319	1 399
财产净收入	Net Income from Property	7 173	7 684
转移净收入	Net Income from Transfer	10 876	12 504
居民人均消费支出	**Per Capita Consumption Expenditure**	**34 784**	**37 458**
食品烟酒	Food, Tobacco and Liquor	9 272	9 564
衣　着	Clothing	1 623	1 734
居　住	Housing	11 308	12 264
生活用品及服务	Household Facilities, Articles and Services	1 485	1 755
交通通信	Transportation and Communication	4 206	4 228
教育文化娱乐	Education, Culture and Recreation	3 718	4 174
医疗保健	Health Care and Medical Services	2 268	2 721
其他用品及服务	Miscellaneous Goods and Services	904	1 018

Per Capita Income and Consumption Expenditure of Citywide Households

单位:元/人(Unit:yuan/person)

2017 年	2018 年	2019 年	2020 年	2021 年	2022 年
58 988	**64 183**	**69 442**	**72 232**	**78 027**	**79 610**
34 365	37 137	40 025	41 500	48 835	48 942
1 533	1 821	2 209	2 052	2 063	1 525
9 030	9 666	10 055	9 904	10 209	10 741
14 060	15 559	17 153	18 776	16 920	18 402
39 792	**43 351**	**45 605**	**42 536**	**48 879**	**46 045**
10 006	10 728	10 952	11 225	12 604	12 653
1 733	2 037	2 072	1 694	2 087	1 717
13 709	14 209	15 046	15 247	16 137	17 073
1 825	2 096	2 123	2 091	2 248	2 128
4 058	4 881	5 356	4 558	5 626	4 529
4 686	5 049	5 495	3 663	4 710	3 100
2 602	3 070	3 205	3 033	3 878	3 616
1 173	1 281	1 356	1 025	1 589	1 229

城镇常住居民收支情况(绝对额)

表 2-5

指　标	Indicators	2015 年	2016 年
居民人均可支配收入	**Per Capita Disposable Income**	**52 962**	**57 692**
工资性收入	Income from Wages and Salaries	32 010	34 339
经营净收入	Net Business Income	1 303	1 400
财产净收入	Net Income from Property	7 915	8 487
转移净收入	Net Income from Transfer	11 734	13 466
居民人均消费支出	**Per Capita Consumption Expenditure**	**36 946**	**39 857**
食品烟酒	Food, Tobacco and Liquor	9 691	10 015
衣　着	Clothing	1 711	1 835
居　住	Housing	12 137	13 216
生活用品及服务	Household Facilities, Articles and Services	1 573	1 868
交通通信	Transportation and Communication	4 457	4 447
教育文化娱乐	Education, Culture and Recreation	4 046	4 534
医疗保健	Health Care and Medical Services	2 362	2 840
其他用品及服务	Miscellaneous Goods and Services	969	1 102

Per Capita Income and Consumption Expenditure of Urban Households

单位:元/人(Unit:yuan/person)

2017 年	2018 年	2019 年	2020 年	2021 年	2022 年
62 596	**68 034**	**73 615**	**76 437**	**82 429**	**84 034**
35 995	39 146	42 328	43 803	51 494	51 637
1 551	1 829	2 192	2 063	2 024	1 449
9 976	10 653	11 064	10 884	11 204	11 781
15 074	16 406	18 031	19 687	17 707	19 167
42 304	**46 015**	**48 272**	**44 839**	**51 295**	**48 111**
10 456	11 104	11 273	11 515	12 878	12 880
1 827	2 139	2 162	1 763	2 153	1 763
14 749	15 376	16 253	16 465	17 370	18 299
1 928	2 205	2 215	2 177	2 328	2 212
4 253	5 108	5 626	4 677	5 721	4 612
5 087	5 491	5 966	3 963	5 090	3 314
2 735	3 222	3 332	3 189	4 063	3 719
1 269	1 370	1 445	1 090	1 692	1 312

全市居民收支情况(比上年同期名义增长)

表 2-6

指　标	Indicators	2015 年	2016 年
居民人均可支配收入	**Per Capita Disposable Income**	**8.5**	**8.9**
工资性收入	Income from Wages and Salaries	6.1	7.3
经营净收入	Net Business Income	1.7	6.0
财产净收入	Net Income from Property	10.3	7.1
转移净收入	Net Income from Transfer	16.5	15.0
居民人均消费支出	**Per Capita Consumption Expenditure**	**5.2**	**7.7**
食品烟酒	Food, Tobacco and Liquor	2.9	3.2
衣　着	Clothing	0.6	6.9
居　住	Housing	4.8	8.5
生活用品及服务	Household Facilities, Articles and Services	-3.1	18.2
交通通信	Transportation and Communication	17.0	0.5
教育文化娱乐	Education, Culture and Recreation	12.3	12.3
医疗保健	Health Care and Medical Services	2.0	19.9
其他用品及服务	Miscellaneous Goods and Services	-8.4	12.5

注：因 2020 年样本轮换以及口径调整，2021 年居民人均工资性收入增幅、居民人均转移净收入增幅为同口径测算增幅，不可两年金额直接计算。

Note: Due to the sample rotation in 2020 and the adjustment of caliber, the increase in per capita income of residents from wages and salaries in 2021 and the increase in per capita net income of residents from transfer in 2021 are calculated by the same caliber, and cannot be calculated directly by the two-year amount.

Growth Rates of Per Capita Income and Consumption Expenditure of Citywide Households

单位:%(Unit:%)

2017 年	2018 年	2019 年	2020 年	2021 年	2022 年
8.6	**8.8**	**8.2**	**4.0**	**8.0**	**2.0**
5.0	8.1	7.8	3.7	8.9	0.2
9.6	18.8	21.3	-7.1	0.5	-26.1
17.5	7.0	4.0	-1.5	3.1	5.2
12.4	10.7	10.2	9.5	9.5	8.8
6.2	**8.9**	**5.2**	**-6.7**	**14.9**	**-5.8**
4.6	7.2	2.1	2.5	12.3	0.4
平	17.5	1.7	-18.2	23.2	-17.7
11.8	3.6	5.9	1.3	5.8	5.8
4.0	14.8	1.3	-1.5	7.5	-5.3
-4.0	20.3	9.7	-14.9	23.4	-19.5
12.2	7.7	8.8	-33.3	28.6	-34.2
-4.4	18.0	4.4	-5.4	27.9	-6.8
15.3	9.2	5.8	-24.4	55.0	-22.7

城镇常住居民收支情况(比上年同期名义增长)

表 2-7

指　标	Indicators	2015 年	2016 年
居民人均可支配收入	**Per Capita Disposable Income**	**8.4**	**8.9**
工资性收入	Income from Wages and Salaries	6.0	7.3
经营净收入	Net Business Income	-4.9	7.5
财产净收入	Net Income from Property	10.3	7.2
转移净收入	Net Income from Transfer	16.4	14.8
居民人均消费支出	**Per Capita Consumption Expenditure**	**5.0**	**7.9**
食品烟酒	Food, Tobacco and Liquor	2.7	3.3
衣　着	Clothing	0.7	7.2
居　住	Housing	4.4	8.9
生活用品及服务	Household Facilities, Articles and Services	-3.5	18.8
交通通信	Transportation and Communication	17.2	-0.2
教育文化娱乐	Education, Culture and Recreation	12.2	12.0
医疗保健	Health Care and Medical Services	1.5	20.3
其他用品及服务	Miscellaneous Goods and Services	-8.4	13.7

注：因 2020 年样本轮换以及口径调整,2021 年居民人均工资性收入增幅、居民人均转移净收入增幅为同口径测算增幅,不可两年金额直接计算。
Note: Due to the sample rotation in 2020 and the adjustment of caliber, the increase in per capita income of residents from wages and salaries in 2021 and the increase in per capita net income of residents from transfer in 2021 are calculated by the same caliber, and cannot be calculated directly by the two-year amount.

Growth Rates of Per Capita Income and Consumption Expenditure of Urban Households

单位:%(Unit:%)

2017年	2018年	2019年	2020年	2021年	2022年
8.5	**8.7**	**8.2**	**3.8**	**7.8**	**1.9**
4.8	8.8	8.1	3.5	8.9	0.3
10.8	17.9	19.9	-5.9	-1.9	-28.4
17.5	6.8	3.9	-1.6	2.9	5.1
11.9	8.8	9.9	9.2	9.4	8.2
6.1	**8.8**	**4.9**	**-7.1**	**14.4**	**-6.2**
4.4	6.2	1.5	2.1	11.8	0.0
-0.4	17.1	1.0	-18.5	22.1	-18.1
11.6	4.3	5.7	1.3	5.5	5.3
3.2	14.4	0.5	-1.7	6.9	-5.0
-4.4	20.1	10.1	-16.9	22.3	-19.4
12.2	7.9	8.7	-33.6	28.4	-34.9
-3.7	17.8	3.4	-4.3	27.4	-8.5
15.1	8.0	5.5	-24.6	55.2	-22.5

全市居民可支配收入及构成

表 2-8

指　标	Indicators	单位　Unit	2015 年	2016 年
可支配收入	**Disposable Income**	**元/人 yuan/person**	**49 867**	**54 305**
工资性收入	Income from Wages and Salaries	元/人 yuan/person	30 499	32 718
经营净收入	Net Business Income	元/人 yuan/person	1 319	1 399
财产净收入	Net Income from Property	元/人 yuan/person	7 173	7 684
转移净收入	Net Income from Transfer	元/人 yuan/person	10 876	12 504
可支配收入构成	**Composition of Disposable Income**	**%**	**100.0**	**100.0**
工资性收入	Income from Wages and Salaries	%	61.2	60.3
经营净收入	Net Business Income	%	2.6	2.6
财产净收入	Net Income from Property	%	14.4	14.1
转移净收入	Net Income from Transfer	%	21.8	23.0

Per Capita Income of Citywide Households and Its Composition

2017 年	2018 年	2019 年	2020 年	2021 年	2022 年
58 988	**64 183**	**69 442**	**72 232**	**78 027**	**79 610**
34 365	37 137	40 025	41 500	48 835	48 942
1 533	1 821	2 209	2 052	2 063	1 525
9 030	9 666	10 055	9 904	10 209	10 741
14 060	15 559	17 153	18 776	16 920	18 402
100.0	**100.0**	**100.0**	**100.0**	**100.0**	**100.0**
58.3	57.9	57.6	57.5	62.6	61.5
2.6	2.8	3.2	2.8	2.6	1.9
15.3	15.1	14.5	13.7	13.1	13.5
23.8	24.2	24.7	26.0	21.7	23.1

城镇常住居民可支配收入及构成

表 2-9

指　标	Indicators	单位　Unit	2015 年	2016 年
可支配收入	**Disposable Income**	**元/人 yuan/person**	**52 962**	**57 692**
工资性收入	Income from Wages and Salaries	元/人 yuan/person	32 010	34 339
经营净收入	Net Business Income	元/人 yuan/person	1 303	1 400
财产净收入	Net Income from Property	元/人 yuan/person	7 915	8 487
转移净收入	Net Income from Transfer	元/人 yuan/person	11 734	13 466
可支配收入构成	**Composition of Disposable Income**	**%**	**100.0**	**100.0**
工资性收入	Income from Wages and Salaries	%	60.4	59.5
经营净收入	Net Business Income	%	2.5	2.4
财产净收入	Net Income from Property	%	14.9	14.7
转移净收入	Net Income from Transfer	%	22.2	23.4

Per Capita Income of Urban Households and Its Composition

2017年	2018年	2019年	2020年	2021年	2022年
62 596	**68 034**	**73 615**	**76 437**	**82 429**	**84 034**
35 995	39 146	42 328	43 803	51 494	51 637
1 551	1 829	2 192	2 063	2 024	1 449
9 976	10 653	11 064	10 884	11 204	11 781
15 074	16 406	18 031	19 687	17 707	19 167
100.0	**100.0**	**100.0**	**100.0**	**100.0**	**100.0**
57.5	57.5	57.5	57.3	62.5	61.4
2.5	2.7	3.0	2.7	2.4	1.7
15.9	15.7	15.0	14.2	13.6	14.0
24.1	24.1	24.5	25.8	21.5	22.8

全市居民消费支出

表 2-10

指　标	Indicators	2015 年	2016 年
消费支出	**Consumption Expenditure**	**34 784**	**37 458**
食品烟酒	Food, Tobacco and Liquor	9 272	9 564
#食　品	Food	5 905	6 114
在外饮食(不含食堂用餐)	Dining Out (excluding the canteen)	2 191	2 267
衣　着	Clothing	1 623	1 734
衣　类	Garment	1 270	1 354
鞋　类	Shoes	353	380
居　住	Housing	11 308	12 264
#租赁房房租	Rent	829	717
水电燃料及其他	Utilities, Fuel Fee and Miscellaneous Cost	951	1 001
生活用品及服务	Household Facilities, Articles and Services	1 485	1 755
#家用器具	Household Appliances	335	449
家庭日用杂品	Household Articles	341	374
交通通信	Transportation and Communication	4 206	4 228
交　通	Transportation	2 913	3 017
通　信	Communication	1 293	1 211
教育文化娱乐	Education, Culture and Recreation	3 718	4 174
教　育	Education	1 345	1 536
文化娱乐	Culture and Recreation	2 373	2 638
医疗保健	Health Care and Medical Services	2 268	2 721
医疗器具及药品	Medical Instrument and Medicine	400	459
医疗服务	Medical Services	1 868	2 262
其他用品及服务	Miscellaneous Goods and Services	904	1 018

Per Capita Consumption Expenditure of Citywide Households

单位:元/人(Unit:yuan/person)

2017 年	2018 年	2019 年	2020 年	2021 年	2022 年
39 792	**43 351**	**45 605**	**42 536**	**48 879**	**46 045**
10 006	10 728	10 952	11 225	12 604	12 653
6 238	6 276	6 361	7 239	7 380	8 263
2 576	3 207	3 279	2 518	3 424	2 589
1 733	2 037	2 072	1 694	2 087	1 717
1 379	1 665	1 662	1 346	1 708	1 411
354	372	410	348	379	306
13 709	14 209	15 046	15 247	16 137	17 073
727	1 584	1 447	1 431	1 283	1 403
1 037	1 161	1 139	1 173	1 323	1 458
1 825	2 096	2 123	2 091	2 248	2 128
442	515	475	485	480	557
370	405	418	436	467	462
4 058	4 881	5 356	4 558	5 626	4 529
2 826	3 669	4 183	3 389	4 311	3 372
1 232	1 212	1 173	1 169	1 315	1 157
4 686	5 049	5 495	3 663	4 710	3 100
1 677	2 263	2 597	2 194	2 991	2 026
3 008	2 786	2 898	1 469	1 719	1 074
2 602	3 070	3 205	3 033	3 878	3 616
482	518	495	514	626	651
2 121	2 552	2 710	2 519	3 252	2 965
1 173	1 281	1 356	1 025	1 589	1 229

城镇常住居民消费支出

表 2-11

指　标	Indicators	2015 年	2016 年
消费支出	**Consumption Expenditure**	**36 946**	**39 857**
食品烟酒	Food, Tobacco and Liquor	9 691	10 015
#食　品	Food	6 129	6 346
在外饮食(不含食堂用餐)	Dining Out (excluding the canteen)	2 387	2 472
衣　着	Clothing	1 711	1 835
衣　类	Garment	1 343	1 436
鞋　类	Shoes	368	399
居　住	Housing	12 137	13 216
#租赁房房租	Rent	870	757
水电燃料及其他	Utilities, Fuel Fee and Miscellaneous Cost	973	1 029
生活用品及服务	Household Facilities, Articles and Services	1 573	1 868
#家用器具	Household Appliances	355	476
家庭日用杂品	Household Articles	354	389
交通通信	Transportation and Communication	4 457	4 447
交　通	Transportation	3 113	3 192
通　信	Communication	1 344	1 255
教育文化娱乐	Education, Culture and Recreation	4 046	4 534
教　育	Education	1 453	1 636
文化娱乐	Culture and Recreation	2 593	2 898
医疗保健	Health Care and Medical Services	2 362	2 840
医疗器具及药品	Medical Instrument and Medicine	425	485
医疗服务	Medical Services	1 937	2 355
其他用品及服务	Miscellaneous Goods and Services	969	1 102

Per Capita Consumption Expenditure of Urban Households

单位:元/人(Unit:yuan/person)

2017 年	2018 年	2019 年	2020 年	2021 年	2022 年
42 304	**46 015**	**48 272**	**44 839**	**51 295**	**48 111**
10 456	11 104	11 273	11 515	12 878	12 880
6 465	6 449	6 483	7 391	7 471	8 412
2 784	3 428	3 503	2 683	3 645	2 734
1 827	2 139	2 162	1 763	2 153	1 763
1 458	1 754	1 739	1 405	1 766	1 453
369	385	423	358	387	310
14 749	15 376	16 253	16 465	17 370	18 299
753	1 701	1 551	1 518	1 357	1 480
1 063	1 191	1 162	1 198	1 342	1 469
1 928	2 205	2 215	2 177	2 328	2 212
458	535	493	498	497	573
386	415	429	446	473	469
4 253	5 108	5 626	4 677	5 721	4 612
2 978	3 850	4 413	3 478	4 365	3 428
1 276	1 258	1 213	1 199	1 356	1 184
5 087	5 491	5 966	3 963	5 090	3 314
1 789	2 452	2 810	2 368	3 238	2 166
3 298	3 039	3 156	1 595	1 852	1 148
2 735	3 222	3 332	3 189	4 063	3 719
515	534	512	538	650	678
2 220	2 688	2 820	2 651	3 413	3 041
1 269	1 370	1 445	1 090	1 692	1 312

全市居民消费支出及构成

表 2-12

指　标	Indicators	单位 Unit	2015 年	2016 年
消费支出	**Consumption Expenditure**	**元/人 yuan/person**	**34 784**	**37 458**
食品烟酒	Food, Tobacco and Liquor	元/人 yuan/person	9 272	9 564
衣　着	Clothing	元/人 yuan/person	1 623	1 734
居　住	Housing	元/人 yuan/person	11 308	12 264
生活用品及服务	Household Facilities, Articles and Services	元/人 yuan/person	1 485	1 755
交通通信	Transportation and Communication	元/人 yuan/person	4 206	4 228
教育文化娱乐	Education, Culture and Recreation	元/人 yuan/person	3 718	4 174
医疗保健	Health Care and Medical Services	元/人 yuan/person	2 268	2 721
其他用品及服务	Miscellaneous Goods and Services	元/人 yuan/person	904	1 018
消费支出构成	**Composition of Consumption Expenditure**	**%**	**100.0**	**100.0**
食品烟酒	Food, Tobacco and Liquor	%	26.6	25.5
衣　着	Clothing	%	4.7	4.6
居　住	Housing	%	32.5	32.7
生活用品及服务	Household Facilities, Articles and Services	%	4.3	4.7
交通通信	Transportation and Communication	%	12.1	11.3
教育文化娱乐	Education, Culture and Recreation	%	10.7	11.2
医疗保健	Health Care and Medical Services	%	6.5	7.3
其他用品及服务	Miscellaneous Goods and Services	%	2.6	2.7

注：因指标口径调整，"食品烟酒"占"消费支出"比重与历史数据不可比。

Note: Because of the adjustment of the coverage of the indicators, the proportion of "Food, Tobacco and Liquor" in "Composition of Consumption Expenditure" is not comparable to historical data.

Per Capita Consumption Expenditure of Citywide Households and Its Composition

2017年	2018年	2019年	2020年	2021年	2022年
39 792	**43 351**	**45 605**	**42 536**	**48 879**	**46 045**
10 006	10 728	10 952	11 225	12 604	12 653
1 733	2 037	2 072	1 694	2 087	1 717
13 709	14 209	15 046	15 247	16 137	17 073
1 825	2 096	2 123	2 091	2 248	2 128
4 058	4 881	5 356	4 558	5 626	4 529
4 686	5 049	5 495	3 663	4 710	3 100
2 602	3 070	3 205	3 033	3 878	3 616
1 173	1 281	1 356	1 025	1 589	1 229
100.0	**100.0**	**100.0**	**100.0**	**100.0**	**100.0**
25.1	24.7	24.0	26.4	25.8	27.5
4.4	4.7	4.5	4.0	4.3	3.7
34.5	32.8	33.0	35.9	33.0	37.1
4.6	4.8	4.7	4.9	4.6	4.6
10.2	11.3	11.7	10.7	11.5	9.8
11.8	11.6	12.1	8.6	9.6	6.7
6.5	7.1	7.0	7.1	7.9	7.9
2.9	3.0	3.0	2.4	3.3	2.7

城镇常住居民消费支出及构成

表 2-13

指 标	Indicators	单位 Unit	2015 年	2016 年
消费支出	**Consumption Expenditure**	**元/人 yuan/person**	**36 946**	**39 857**
食品烟酒	Food, Tobacco and Liquor	元/人 yuan/person	9 691	10 015
衣 着	Clothing	元/人 yuan/person	1 711	1 835
居 住	Housing	元/人 yuan/person	12 137	13 216
生活用品及服务	Household Facilities, Articles and Services	元/人 yuan/person	1 573	1 868
交通通信	Transportation and Communication	元/人 yuan/person	4 457	4 447
教育文化娱乐	Education, Culture and Recreation	元/人 yuan/person	4 046	4 534
医疗保健	Health Care and Medical Services	元/人 yuan/person	2 362	2 840
其他用品及服务	Miscellaneous Goods and Services	元/人 yuan/person	969	1 102
消费支出构成	**Composition of Consumption Expenditure**	**%**	**100.0**	**100.0**
食品烟酒	Food, Tobacco and Liquor	%	26.2	25.1
衣 着	Clothing	%	4.6	4.6
居 住	Housing	%	32.8	33.2
生活用品及服务	Household Facilities, Articles and Services	%	4.3	4.7
交通通信	Transportation and Communication	%	12.1	11.1
教育文化娱乐	Education, Culture and Recreation	%	11.0	11.4
医疗保健	Health Care and Medical Services	%	6.4	7.1
其他用品及服务	Miscellaneous Goods and Services	%	2.6	2.8

注：因指标口径调整，“食品烟酒”占“消费支出”比重与历史数据不可比。
Note: Because of the adjustment of the coverage of the indicators, the proportion of "Food, Tobacco and Liquor" in "Composition of Consumption Expenditure" is not comparable to historical data.

Per Capita Consumption Expenditure of Urban Households and Its Composition

2017 年	2018 年	2019 年	2020 年	2021 年	2022 年
42 304	**46 015**	**48 272**	**44 839**	**51 295**	**48 111**
10 456	11 104	11 273	11 515	12 878	12 880
1 827	2 139	2 162	1 763	2 153	1 763
14 749	15 376	16 253	16 465	17 370	18 299
1 928	2 205	2 215	2 177	2 328	2 212
4 253	5 108	5 626	4 677	5 721	4 612
5 087	5 491	5 966	3 963	5 090	3 314
2 735	3 222	3 332	3 189	4 063	3 719
1 269	1 370	1 445	1 090	1 692	1 312
100.0	**100.0**	**100.0**	**100.0**	**100.0**	**100.0**
24.7	24.1	23.3	25.7	25.1	26.8
4.3	4.7	4.5	3.9	4.2	3.7
34.9	33.4	33.7	36.7	33.9	38.0
4.6	4.8	4.6	4.9	4.5	4.6
10.0	11.1	11.6	10.4	11.2	9.6
12.0	11.9	12.4	8.9	9.9	6.9
6.5	7.0	6.9	7.1	7.9	7.7
3.0	3.0	3.0	2.4	3.3	2.7

全市居民平均每百户主要耐用消费品拥有量

表 2-14

指　标	Indicators	单位　Unit	2015 年	2016 年
家用汽车	Automobile	辆 unit	24	29
助力车	Moped	辆 unit	58	65
洗衣机	Washing Machine	台 set	89	93
电冰箱(柜)	Refrigerator	台 set	96	99
微波炉	Microwave Oven	台 set	84	87
彩色电视机	Colour TV Set	台 set	174	183
空　调	Air Conditioner	台 set	181	197
热水器	Water Heater	台 set	88	93
排油烟机	Smoke Exhaust Ventilator	台 set	74	78
固定电话	Telephone	线 set	75	73
移动电话	Mobile phone	部 set	217	228
计算机	Computer	台 set	117	131

注：2018 年住户调查进行样本轮换，部分数据可能存在波动。
Note：Sample rotation was conducted in household survey in 2018，and some data may fluctuate.

Main Durable Goods Owned Per 100 Citywide Households

2017 年	2018 年	2019 年	2020 年	2021 年	2022 年
31	37	39	39	44	45
67	68	71	73	77	78
95	93	95	96	96	96
100	100	102	102	103	103
88	85	86	86	84	85
186	173	177	176	172	172
203	200	207	207	210	210
95	95	97	98	99	99
81	81	83	83	84	84
73	56	47	45	35	35
230	220	224	226	230	230
131	99	105	105	98	97

城镇常住居民平均每百户主要耐用消费品拥有量

表 2-15

指　标	Indicators	单位　Unit	2015 年	2016 年
家用汽车	Automobile	辆 unit	26	30
助力车	Moped	辆 unit	51	56
洗衣机	Washing Machine	台 set	92	95
电冰箱(柜)	Refrigerator	台 set	97	100
微波炉	Microwave Oven	台 set	87	89
彩色电视机	Colour TV Set	台 set	177	185
空　调	Air Conditioner	台 set	191	205
热水器	Water Heater	台 set	91	95
排油烟机	Smoke Exhaust Ventilator	台 set	79	82
固定电话	Telephone	线 set	77	74
移动电话	Mobile phone	部 set	221	230
计算机	Computer	台 set	126	141

注：2018 年住户调查进行样本轮换，部分数据可能存在波动。
Note：Sample rotation was conducted in household survey in 2018, and some data may fluctuate.

Main Durable Goods Owned Per 100 Urban Households

2017年	2018年	2019年	2020年	2021年	2022年
32	38	39	40	45	45
59	61	64	66	70	71
96	94	96	97	97	97
101	100	101	102	103	103
90	86	87	87	85	86
188	175	178	178	174	174
210	207	213	214	216	216
97	96	98	99	100	100
85	85	87	87	87	87
75	56	47	46	37	37
233	223	227	228	233	232
140	107	113	113	106	105

农村常住居民平均每百户主要耐用消费品拥有量

表 2-16

指　标	Indicators	单位　Unit	2015 年	2016 年
家用汽车	Automobile	辆 unit	14	21
助力车	Moped	辆 unit	121	139
洗衣机	Washing Machine	台 set	70	81
电冰箱(柜)	Refrigerator	台 set	84	91
微波炉	Microwave Oven	台 set	65	73
彩色电视机	Colour TV Set	台 set	148	166
空　调	Air Conditioner	台 set	101	129
热水器	Water Heater	台 set	66	76
排油烟机	Smoke Exhaust Ventilator	台 set	38	44
固定电话	Telephone	线 set	61	61
移动电话	Mobile phone	部 set	187	208
计算机	Computer	台 set	47	51

注：2018 年住户调查进行样本轮换,部分数据可能存在波动。
Note: Sample rotation was conducted in household survey in 2018, and some data may fluctuate.

Main Durable Goods Owned Per 100 Rural Households

2017 年	2018 年	2019 年	2020 年	2021 年	2022 年
24	28	32	35	41	43
140	129	130	132	137	135
83	83	86	85	90	90
93	101	104	103	104	104
73	75	77	74	76	77
169	162	170	161	157	157
136	142	156	152	163	165
79	85	90	92	89	89
46	49	55	53	57	59
60	50	41	36	21	21
210	197	203	207	208	208
53	37	40	41	31	29

分区居民人均可支配收入
Per Capita Disposable Income by Districts

表 2-17 单位:元/人(Unit:yuan/person)

区	District	2015 年	2016 年	2017 年	2018 年	2019 年	2020 年	2021 年	2022 年
浦东新区	Pudong New Area	50 726	55 776	60 715	66 179	71 647	74 627	80 746	84 089
闵 行 区	Minhang	50 912	55 851	60 736	66 385	71 820	74 736	80 790	82 413
宝 山 区	Baoshan	48 499	53 371	58 249	63 491	68 721	71 456	77 530	79 344
嘉 定 区	Jiading	40 830	44 876	48 944	53 545	58 277	60 713	65 874	67 277
金 山 区	Jinshan	32 336	35 602	38 780	42 281	45 973	48 010	52 331	53 817
松 江 区	Songjiang	39 529	43 517	47 667	52 195	56 838	59 515	64 812	66 452
青 浦 区	Qingpu	36 188	39 614	43 225	47 336	51 563	53 744	58 688	59 944
奉 贤 区	Fengxian	33 062	36 680	39 987	43 586	47 396	49 439	54 086	55 292
崇 明 区	Chongming	27 380	30 503	33 489	36 647	39 953	41 990	45 979	48 237

分区居民人均可支配收入增幅
Growth Rate of Per Capita Disposable Income by Districts

表 2-18 单位:%(Unit:%)

区	District	2015 年	2016 年	2017 年	2018 年	2019 年	2020 年	2021 年	2022 年
浦东新区	Pudong New Area	8.6	10.0	8.9	9.0	8.3	4.2	8.2	4.1
闵 行 区	Minhang	8.8	9.7	8.7	9.3	8.2	4.1	8.1	2.0
宝 山 区	Baoshan	8.9	10.0	9.1	9.0	8.2	4.0	8.5	2.3
嘉 定 区	Jiading	8.7	9.9	9.1	9.4	8.8	4.2	8.5	2.1
金 山 区	Jinshan	8.6	10.1	8.9	9.0	8.7	4.4	9.0	2.8
松 江 区	Songjiang	9.0	10.1	9.5	9.5	8.9	4.7	8.9	2.5
青 浦 区	Qingpu	8.8	9.5	9.1	9.5	8.9	4.2	9.2	2.1
奉 贤 区	Fengxian	9.0	10.9	9.0	9.0	8.7	4.3	9.4	2.2
崇 明 区	Chongming	9.1	11.4	9.8	9.4	9.0	5.1	9.5	4.9

第二部分　历年城镇和农村住户调查主要数据（老口径，表 2-19 到表 2-40）

Part 2　Main Data from Historical Urban and Rural Household Survey（Old Statistics Scope，from Chart 2-19 to 2-40 ）

城乡居民家庭人均可支配收入和消费支出(1978~2014)
Per Capita Disposable Income and Consumption Expenditures of Urban and Rural Households

表 2-19

单位:元 (Unit:yuan)

年 份 Year	人均可支配收入 Per Capita Disposable Income			人均消费支出 Per Capita Consumption Expenditures		
	城市居民 Urban Residents	农村居民 Rural Residents	城乡居民收入比 (农村居民收入=100) Ratio of Urban-Rural Residents' Income (Rural Residents' Disposable Income=100)	城市居民 Urban Residents	农村居民 Rural Residents	城乡居民消费支出比 (农村居民消费=100) Ratio of Urban-Rural Residents' Consumption Expenditures (Rural Residents' Consumption Expenditures=100)
1978	406	281	144.5	357	193	185.0
1979	481	360	133.6	429	247	173.4
1980	637	401	158.9	553	323	171.2
1981	637	444	143.5	585	390	150.0
1982	659	536	122.9	576	444	129.7
1983	686	562	122.1	615	512	120.1
1984	834	785	106.2	726	619	117.3
1985	1 075	806	133.4	992	778	127.5
1986	1 293	936	138.1	1 170	896	130.6
1987	1 437	1 059	135.7	1 282	977	131.2
1988	1 723	1 301	132.4	1 648	1 229	134.1
1989	1 976	1 520	130.0	1 812	1 319	137.4
1990	2 183	1 665	131.1	1 937	1 262	153.5
1991	2 486	2 003	124.1	2 167	1 540	140.7
1992	3 009	2 226	135.2	2 509	1 967	127.6
1993	4 277	2 727	156.8	3 530	2 200	160.5
1994	5 868	3 437	170.7	4 669	2 715	172.0
1995	7 172	4 246	168.9	5 868	3 368	174.2
1996	8 159	4 846	168.4	6 763	3 868	174.8
1997	8 439	5 277	159.9	6 820	4 228	161.3
1998	8 773	5 407	162.3	6 866	4 207	163.2
1999	10 932	5 481	199.5	8 248	3 867	213.3
2000	11 718	5 565	210.6	8 868	4 138	214.3
2001	12 883	5 850	220.2	9 336	4 753	196.4
2002	13 250	6 212	213.3	10 464	5 311	197.0
2003	14 867	6 658	223.3	11 040	5 670	194.7
2004	16 683	7 337	227.4	12 631	6 329	199.6
2005	18 645	8 342	223.5	13 773	7 265	189.6
2006	20 668	9 213	224.3	14 762	8 006	184.4
2007	23 623	10 222	231.1	17 255	8 845	195.1
2008	26 675	11 385	234.3	19 398	9 115	212.8
2009	28 838	12 324	234.0	20 992	9 804	214.1
2010	31 838	13 746	231.6	23 200	10 225	226.9
2011	36 230	15 644	231.6	25 102	11 272	222.7
2012	40 188	17 401	231.0	26 253	12 096	217.0
2013	43 851	19 208	228.3	28 155	13 425	209.7
2014	47 710	21 192	225.1	30 520	15 291	199.6

注：2000 年前农村居民平均每人可支配收入按纯收入口径计算。
Note：Before 2000，per capita disposable income of rural residents refers to the net income.

城乡居民家庭人均收入消费名义指数(1980~2014)
Nominal Indices of Per Capita Disposable Income and Consumption Expenditures of Urban and Rural Households

表 2-20

年 份 Year	可支配收入指数 Nominal Indices of Per Capita Disposable Income (1980=100)		消费支出指数 Nominal Indices of Per Capita Consumption Expenditures (1980=100)	
	城市居民 Urban Residents	农村居民 Rural Residents	城市居民 Urban Residents	农村居民 Rural Residents
1980	100.0	100.0	100.0	100.0
1981	100.0	110.7	105.7	120.7
1982	103.5	133.7	104.1	137.5
1983	107.7	140.1	111.3	158.5
1984	131.0	195.8	131.3	191.6
1985	168.8	201.0	179.4	240.9
1986	203.1	233.4	211.7	277.4
1987	225.6	264.1	231.9	302.5
1988	270.6	324.4	298.1	380.5
1989	310.2	379.1	327.8	408.4
1990	342.7	415.2	350.4	390.7
1991	390.3	499.5	391.9	476.8
1992	472.5	555.1	453.9	609.0
1993	671.7	680.0	638.5	681.1
1994	921.5	857.1	844.4	840.6
1995	1 126.2	1 058.9	1 061.3	1 042.7
1996	1 281.1	1 208.5	1 223.2	1 197.5
1997	1 325.1	1 316.0	1 233.5	1 309.0
1998	1 377.6	1 348.4	1 241.9	1 302.5
1999	1 716.5	1 366.8	1 491.7	1 197.2
2000	1 840.0	1 387.8	1 603.9	1 281.1
2001	2 023.0	1 458.9	1 688.5	1 471.5
2002	2 255.6	1 549.1	1 881.0	1 644.3
2003	2 530.9	1 660.3	1 984.7	1 755.4
2004	2 840.0	1 829.7	2 270.6	1 959.4
2005	3 174.0	2 080.3	2 476.0	2 249.2
2006	3 518.3	2 297.5	2 653.7	2 478.6
2007	4 021.3	2 549.1	3 101.9	2 738.4
2008	4 540.9	2 839.2	3 487.1	2 822.0
2009	4 909.1	3 073.3	3 773.7	3 035.3
2010	5 419.1	3 427.9	4 195.3	3 165.6
2011	6 167.6	3 901.2	4 539.2	3 489.8
2012	6 841.3	4 339.4	4 719.5	3 744.9
2013	7 464.9	4 790.0	5 061.3	4 156.3
2014	8 121.8	5 284.8	5 486.5	4 734.1

注：城市和农村居民收入消费名义指数以 1980 年为 100,未扣除价格因素。
Note: The 1980 nominal index of per capita disposable income and consumption expenditures of urban and rural households is set at 100, without excluding the price factors.

城乡居民家庭人均收入消费实际指数(1980~2014)

Real Indices of Per Capita Disposable Income and Consumption Expenditures of Urban and Rural Households

表 2-21

年份 Year	可支配收入指数 Real Indices of Per Capita Disposable Income (1980=100)		消费支出指数 Real Indices of Per Capita Consumption Expenditures (1980=100)	
	城市居民 Urban Residents	农村居民 Rural Residents	城市居民 Urban Residents	农村居民 Rural Residents
1980	100.0	100.0	100.0	100.0
1981	98.6	109.3	104.2	119.2
1982	101.8	131.5	102.4	135.2
1983	105.7	137.6	109.2	155.6
1984	125.8	188.0	126.1	184.1
1985	140.7	167.6	149.5	200.8
1986	159.2	183.1	166.0	217.6
1987	163.7	191.7	168.2	219.5
1988	163.4	196.1	180.1	229.9
1989	161.6	197.6	170.8	212.8
1990	168.0	203.6	171.7	191.6
1991	173.1	221.7	173.9	211.6
1992	190.5	223.9	183.0	245.7
1993	225.4	228.2	214.2	228.6
1994	249.5	232.2	228.7	227.7
1995	256.9	241.7	242.1	238.0
1996	267.6	252.6	255.5	250.3
1997	269.3	267.5	250.7	266.1
1998	280.0	274.1	252.4	264.8
1999	343.7	273.8	298.7	239.8
2000	359.4	271.2	313.3	250.4
2001	395.2	285.1	329.8	287.6
2002	438.4	301.2	365.6	319.7
2003	491.4	322.5	385.4	341.0
2004	539.6	347.9	431.4	372.6
2005	597.1	391.8	465.8	423.6
2006	654.0	427.5	493.3	461.2
2007	724.3	459.9	558.7	494.0
2008	773.1	484.2	593.6	481.3
2009	839.1	526.2	645.0	519.7
2010	898.6	569.1	691.4	525.8
2011	972.0	615.9	711.1	550.8
2012	1 048.8	666.2	723.5	564.5
2013	1 118.6	718.9	758.4	612.5
2014	1 185.1	772.3	800.5	679.3

注：人均可支配收入和消费支出实际指数是扣除价格因素后按同口径计算的。

Note: The real indices of per capita disposable income and consumption expenditures are calculated according to the same scale after deducting the price factors.

城乡居民家庭人均消费支出项目比较(1978~2014)

表 2-22

年　份 Year	食　品 Food		衣　着 Clothing		家庭设备用品及服务 Household Facilities, Articles and Services		医疗保健 Health Care and Medical Services	
	城市居民 Urban Residents	农村居民 Rural Residents	城市居民 Urban Residents	农村居民 Rural Residents	城市居民 Urban Residents	农村居民 Rural Residents	城市居民 Urban Residents	农村居民 Rural Residents
1978	200	117	52	29	26	12	4	
1979	242	137	63	37	30	13	5	
1980	310	167	79	35	50	5	7	
1981	332	198	89	43	53	11	6	
1982	339	221	82	39	51	13	6	
1983	360	241	90	46	55	43	6	4
1984	410	287	120	48	68	42	3	6
1985	517	341	148	67	131	65	5	8
1986	617	406	158	74	164	73	4	10
1987	698	450	181	81	165	94	6	9
1988	868	488	244	110	232	174	7	18
1989	1 011	558	208	111	215	159	9	23
1990	1 095	586	208	107	196	129	11	33
1991	1 234	739	238	134	220	151	14	35
1992	1 403	853	277	148	196	232	37	45
1993	1 873	1 022	414	157	295	259	68	50
1994	2 497	1 315	483	213	427	267	84	75
1995	3 131	1 491	561	233	637	284	113	73
1996	3 429	1 657	590	256	614	363	148	108
1997	3 526	1 756	552	267	525	338	197	174
1998	3 477	1 775	472	239	453	369	261	170
1999	3 731	1 669	551	202	772	389	347	160
2000	3 947	1 823	567	201	683	225	501	209
2001	4 056	1 915	577	226	579	294	558	265
2002	4 120	1 872	613	226	653	281	734	280
2003	4 102	2 004	751	250	792	297	603	333
2004	4 593	2 191	797	280	780	344	762	425
2005	4 940	2 676	940	367	800	458	797	562
2006	5 249	3 024	1 027	418	877	481	763	549
2007	6 125	3 259	1 330	476	959	452	857	571
2008	7 109	3 732	1 521	467	1 182	504	755	697
2009	7 345	3 639	1 593	496	1 365	481	1 002	739
2010	7 777	3 807	1 794	554	1 800	528	1 006	585
2011	8 906	4 517	2 054	644	1 826	649	1 141	909
2012	9 656	4 837	2 111	704	1 906	646	1 017	1 029
2013	9 823	5 334	2 032	771	1 706	694	1 350	1 181
2014	10 677	6 188	2 038	801	1 779	712	1 449	1 308

Items Comparison of Per Capita Consumption Expenditures of Urban and Rural Households

单位:元 (Unit: yuan)

交通和通信 Transportation and Communication		教育文化娱乐服务 Education, Culture and Recreation Services		居 住 Housing		其他商品及服务 Miscellaneous Goods and Services	
城市居民 Urban Residents	农村居民 Rural Residents	城市居民 Urban Residents	农村居民 Rural Residents	城市居民 Urban Residents	农村居民 Rural Residents	城市居民 Urban Residents	农村居民 Rural Residents
13		30		17	25	15	10
16		33		21	50	19	10
20		49		26	82	12	34
23		38		28	96	16	42
23		33		34	128	8	43
25	1	37	6	33	165	9	6
28	2	46	12	36	215	15	7
30	2	91	34	43	254	27	7
32	4	111	40	48	286	36	3
38	3	108	39	60	287	26	14
41	4	145	50	71	343	40	42
48	4	193	68	74	344	54	52
58	6	231	59	90	272	48	70
62	15	216	85	118	324	65	57
114	31	220	121	164	451	98	86
211	65	321	220	208	357	140	70
292	79	381	222	333	454	172	90
321	159	508	256	401	761	196	111
496	200	827	347	416	816	243	121
397	240	828	414	605	921	190	118
406	226	893	463	674	876	230	89
583	197	1 094	474	842	681	328	95
759	279	1 287	559	794	724	330	118
958	340	1 422	673	796	890	390	150
1 115	462	1 668	661	1 189	1 392	372	137
1 259	587	1 834	676	1 280	1 437	419	86
1 703	720	2 195	806	1 327	1 446	474	117
1 984	739	2 273	936	1 412	1 323	627	204
2 333	780	2 432	920	1 436	1 658	645	176
3 154	884	2 654	857	1 412	2 097	764	249
3 373	880	2 875	850	1 646	1 806	937	179
3 499	1 212	3 139	943	1 913	2 103	1 136	191
4 076	1 459	3 363	1 012	2 166	2 070	1 218	210
3 808	1 309	3 746	1 139	2 226	1 806	1 395	299
4 564	1 705	3 724	1 088	1 790	1 834	1 485	253
4 736	1 719	4 122	964	2 848	2 260	1 538	502
4 885	1 891	4 931	1 069	3 031	2 747	1 730	575

城市居民家庭生活基本情况(1978~2014)

表 2-23

年　份 Year	调查户数(户) Number of Households Surveyed (household)	平均每一就业者负担人数(人) Number of Dependents Per Employee (person)	平均每户就业面(%) Proportion of Employment per Household (%)
1978	500	1.68	59.5
1979	500	1.63	61.5
1980	500	1.68	59.4
1981	500	1.64	60.8
1982	500	1.63	61.5
1983	500	1.59	63.0
1984	500	1.56	64.2
1985	500	1.64	61.0
1986	500	1.59	62.8
1987	500	1.61	62.0
1988	500	1.63	61.5
1989	500	1.64	61.2
1990	500	1.64	60.9
1991	500	1.66	60.1
1992	500	1.69	59.2
1993	500	1.71	58.4
1994	500	1.82	55.0
1995	500	1.88	53.1
1996	500	1.94	51.5
1997	500	1.94	51.6
1998	500	1.96	51.1
1999	500	1.78	56.2
2000	500	1.85	53.9
2001	500	1.94	51.7
2002	500	1.91	52.4
2003	500	1.93	51.8
2004	1 000	1.99	50.3
2005	1 000	1.94	51.5
2006	1 000	1.89	53.0
2007	1 000	1.84	54.5
2008	1 000	1.82	54.9
2009	1 000	1.83	54.6
2010	1 000	1.81	55.2
2011	1 000	1.84	54.5
2012	1 000	1.86	53.6
2013	1 000	1.81	55.2
2014	1 000	1.83	54.7

Basic Conditions of Urban Households

人均可支配收入(元) Per Capita Disposable Income (yuan)	人均消费支出(元) Per Capita Consumption Expenditures (yuan)	恩格尔系数(%) Engel Coefficient(%)	平均消费倾向(%) Average Propensity to Consume(%)
406	357	56.0	87.9
481	429	56.4	89.2
637	553	56.0	86.8
637	585	56.8	91.8
659	576	58.9	87.4
686	615	58.5	89.7
834	726	56.5	87.1
1 075	992	52.1	92.3
1 293	1 170	52.7	90.5
1 437	1 282	54.4	89.2
1 723	1 648	52.7	95.6
1 976	1 812	55.8	91.7
2 183	1 937	56.5	88.7
2 486	2 167	56.9	87.2
3 009	2 509	55.9	83.4
4 277	3 530	53.1	82.5
5 868	4 669	53.5	79.6
7 172	5 868	53.4	81.8
8 159	6 763	50.7	82.9
8 439	6 820	51.7	80.8
8 773	6 866	50.6	78.3
10 932	8 248	45.2	75.4
11 718	8 868	44.5	75.7
12 883	9 336	43.4	72.5
13 250	10 464	39.4	79.0
14 867	11 040	37.2	74.3
16 683	12 631	36.4	75.7
18 645	13 773	35.9	73.9
20 668	14 762	35.6	71.4
23 623	17 255	35.5	73.0
26 675	19 398	36.6	72.7
28 838	20 992	35.0	72.8
31 838	23 200	33.5	72.9
36 230	25 102	35.5	69.3
40 188	26 253	36.8	65.3
43 851	28 155	34.9	64.2
47 710	30 520	35.0	64.0

城市居民家庭人均可支配收入及来源(1980~2014)
Per Capita Disposable Income and Sources of Urban Households

表 2-24

单位:元 (Unit: yuan)

年　份 Year	人均可支配收入 Per Capita Disposable Income	工资性收入 Income from Wages and Salaries	经营净收入 Net Business Income	财产性收入 Property Income	转移性收入 Transferred Income
1980	637	551			86
1981	637	567			70
1982	659	584	…		75
1983	686	607	…		79
1984	834	754	…		80
1985	1 075	794	1		280
1986	1 293	954	1		338
1987	1 437	1 049	2		386
1988	1 723	1 262	2	12	447
1989	1 976	1 447	2	18	509
1990	2 183	1 548	1	21	613
1991	2 486	1 780		29	677
1992	3 009	2 138	3	44	824
1993	4 277	3 099	4	37	1 137
1994	5 868	4 224	28	54	1 562
1995	7 172	5 002	69	92	2 009
1996	8 159	5 889	87	61	2 122
1997	8 439	5 969	150	69	2 251
1998	8 773	6 004	98	57	2 614
1999	10 932	7 326	156	68	3 382
2000	11 718	7 832	120	65	3 701
2001	12 883	7 975	119	39	4 750
2002	13 250	7 915	436	94	4 805
2003	14 867	10 097	377	130	4 263
2004	16 683	11 422	507	215	4 539
2005	18 645	12 409	798	292	5 146
2006	20 668	13 962	959	300	5 447
2007	23 623	16 598	1 158	369	5 498
2008	26 675	18 909	1 399	369	5 998
2009	28 838	19 811	1 435	474	7 118
2010	31 838	21 745	1 628	511	7 954
2011	36 230	24 454	1 994	633	9 149
2012	40 188	26 752	2 267	576	10 593
2013	43 851	28 518	2 317	788	12 228
2014	47 710	30 629	2 345	846	13 890

城市居民家庭人均可支配收入构成(1980~2014)
Composition of Per Capita Disposable Income of Urban Households

表 2-25

单位:%(Unit: %)

年份 Year	人均可支配收入 Per Capita Disposable Income	工资性收入 Income from Wages and Salaries	经营净收入 Net Business Income	财产性收入 Property Income	转移性收入 Transferred Income
1980	100.0	86.5			13.5
1981	100.0	89.0			11.0
1982	100.0	88.6	…		11.4
1983	100.0	88.5	…		11.5
1984	100.0	90.4	…		9.6
1985	100.0	73.9	0.1		26.0
1986	100.0	73.8	0.1		26.1
1987	100.0	73.0	0.1		26.9
1988	100.0	73.3	0.1	0.7	25.9
1989	100.0	73.2	0.1	0.9	25.8
1990	100.0	70.9	…	1.0	28.1
1991	100.0	71.6		1.2	27.2
1992	100.0	71.0	0.1	1.5	27.4
1993	100.0	72.4	0.1	0.9	26.6
1994	100.0	72.0	0.5	0.9	26.6
1995	100.0	69.7	1.0	1.3	28.0
1996	100.0	72.2	1.1	0.7	26.0
1997	100.0	70.7	1.8	0.8	26.7
1998	100.0	68.4	1.1	0.7	29.8
1999	100.0	67.0	1.4	0.6	31.0
2000	100.0	66.8	1.0	0.6	31.6
2001	100.0	61.9	0.9	0.3	36.9
2002	100.0	59.7	3.3	0.7	36.3
2003	100.0	67.9	2.5	0.9	28.7
2004	100.0	68.5	3.0	1.3	27.2
2005	100.0	66.5	4.3	1.6	27.6
2006	100.0	67.6	4.6	1.4	26.4
2007	100.0	70.2	4.9	1.6	23.3
2008	100.0	70.9	5.2	1.4	22.5
2009	100.0	68.7	5.0	1.6	24.7
2010	100.0	68.3	5.1	1.6	25.0
2011	100.0	67.5	5.5	1.7	25.3
2012	100.0	66.6	5.6	1.4	26.4
2013	100.0	65.0	5.3	1.8	27.9
2014	100.0	64.2	4.9	1.8	29.1

按收入水平分组城市居民家庭人均可支配收入(1985~2014)
Per Capita Disposable Income of Urban Households by 5 Income Levels

表 2-26

单位:元 (Unit: yuan)

年份 Year	总平均 Total Average	低收入户 Low Income	较低收入户 Medium-low Income	中间收入户 Medium Income	较高收入户 Medium-high Income	高收入户 High Income
1985	1 075	744	918	1 043	1 216	1 506
1986	1 293	923	1 106	1 256	1 445	1 796
1987	1 437	1 007	1 231	1 380	1 610	2 086
1988	1 723	1 190	1 451	1 678	1 953	2 519
1989	1 976	1 351	1 664	1 919	2 230	2 872
1990	2 183	1 518	1 836	2 104	2 470	3 128
1991	2 486	1 683	2 092	2 434	2 754	3 713
1992	3 009	1 975	2 503	2 936	3 441	4 452
1993	4 277	2 612	3 380	4 017	4 821	6 707
1994	5 868	3 339	4 559	5 405	6 456	9 899
1995	7 172	4 057	5 412	6 600	8 005	11 906
1996	8 159	4 557	6 092	7 528	9 257	13 339
1997	8 439	4 682	6 475	7 939	9 659	13 730
1998	8 773	4 854	6 740	8 132	9 997	14 255
1999	10 932	6 246	7 949	9 534	11 893	19 624
2000	11 718	6 840	8 815	10 529	12 892	19 959
2001	12 883	6 873	9 170	11 155	13 812	23 488
2002	13 250	7 108	9 917	12 162	14 794	23 195
2003	14 867	6 546	9 816	12 602	16 363	30 282
2004	16 683	7 065	10 664	14 149	19 371	34 404
2005	18 645	7 851	11 800	15 668	21 313	37 722
2006	20 668	8 973	13 045	16 774	22 994	42 884
2007	23 623	10 297	15 131	20 249	27 286	47 149
2008	26 675	11 593	17 550	22 675	30 239	53 733
2009	28 838	13 205	19 320	24 717	32 212	57 726
2010	31 838	14 996	21 780	27 484	35 120	62 465
2011	36 230	17 206	24 824	31 414	40 771	70 067
2012	40 188	19 059	27 597	34 351	44 474	78 522
2013	43 851	20 766	30 221	36 989	48 141	87 676
2014	47 710	24 317	34 120	40 799	52 089	93 901

注：收入水平根据居民家庭人均可支配收入由低到高排序,按照调查总户数各20%分为5组。

Note: The income levels are listed from low to high according to the Per Capita Disposable Income of Urban Households and they are divided into five levels, each involving 20% of the total number of households surveyed.

城市居民家庭人均分类消费支出(1980~2014)
Per Capita Consumption Expenditures of Urban Households by Category

表 2-27　　单位:元(Unit: yuan)

年 份 Year	消费支出 Total Consumption Expenditures	食 品 Food	衣 着 Clothing	家庭设备用品及服务 Household Facilities, Articles and Services	医疗保健 Health Care and Medical Services
1980	553	310	79	50	7
1981	585	332	89	53	6
1982	576	339	82	51	6
1983	615	360	90	55	6
1984	726	410	120	68	3
1985	992	517	148	131	5
1986	1 170	617	158	164	4
1987	1 282	698	181	165	6
1988	1 648	868	244	232	7
1989	1 812	1 011	208	215	9
1990	1 937	1 095	208	196	11
1991	2 167	1 234	238	220	14
1992	2 509	1 403	277	196	37
1993	3 530	1 873	414	295	68
1994	4 669	2 497	483	427	84
1995	5 868	3 131	561	637	113
1996	6 763	3 429	590	614	148
1997	6 820	3 526	552	525	197
1998	6 866	3 477	472	453	261
1999	8 248	3 731	551	772	347
2000	8 868	3 947	567	683	501
2001	9 336	4 056	577	579	558
2002	10 464	4 120	613	653	734
2003	11 040	4 102	751	792	603
2004	12 631	4 593	797	780	762
2005	13 773	4 940	940	800	797
2006	14 762	5 249	1 027	877	763
2007	17 255	6 125	1 330	959	857
2008	19 398	7 109	1 521	1 182	755
2009	20 992	7 345	1 593	1 365	1 002
2010	23 200	7 777	1 794	1 800	1 006
2011	25 102	8 906	2 054	1 826	1 141
2012	26 253	9 656	2 111	1 906	1 017
2013	28 155	9 823	2 032	1 706	1 350
2014	30 520	10 677	2 038	1 779	1 449

表 2-27 续表 **Continued**

单位：元(Unit：yuan)

年 份 Year	交通和通信 Transportation and Communication	教育文化娱乐服务 Education, Culture and Recreation Services	居 住 Housing	其他商品及服务 Miscellaneous Goods and Services
1980	20	49	26	12
1981	23	38	28	16
1982	23	33	34	8
1983	25	37	33	9
1984	28	46	36	15
1985	30	91	43	27
1986	32	111	48	36
1987	38	108	60	26
1988	41	145	71	40
1989	48	193	74	54
1990	58	231	90	48
1991	62	216	118	65
1992	114	220	164	98
1993	211	321	208	140
1994	292	381	333	172
1995	321	508	401	196
1996	496	827	416	243
1997	397	828	605	190
1998	406	893	674	230
1999	583	1 094	842	328
2000	759	1 287	794	330
2001	958	1 422	796	390
2002	1 115	1 668	1 189	372
2003	1 259	1 834	1 280	419
2004	1 703	2 195	1 327	474
2005	1 984	2 273	1 412	627
2006	2 333	2 432	1 436	645
2007	3 154	2 654	1 412	764
2008	3 373	2 875	1 646	937
2009	3 499	3 139	1 913	1 136
2010	4 076	3 363	2 166	1 218
2011	3 808	3 746	2 226	1 395
2012	4 564	3 724	1 790	1 485
2013	4 736	4 122	2 848	1 538
2014	4 885	4 931	3 031	1 730

城市居民家庭人均分类消费支出构成(1980~2014)
Composition of Per Capita Consumption Expenditures of Urban Households by Category

表 2-28

单位:%(Unit:%)

年 份 Year	消费支出 Total Consumption Expenditures	食 品 Food	衣 着 Clothing	家庭设备用品及服务 Household Facilities, Articles and Services	医疗保健 Health Care and Medical Services
1980	100.0	56.0	14.3	9.0	1.3
1981	100.0	56.8	15.2	9.1	1.0
1982	100.0	58.9	14.2	8.9	1.0
1983	100.0	58.5	14.6	8.9	1.0
1984	100.0	56.5	16.5	9.4	0.4
1985	100.0	52.1	14.9	13.2	0.5
1986	100.0	52.7	13.5	14.0	0.4
1987	100.0	54.4	14.1	12.9	0.5
1988	100.0	52.7	14.8	14.1	0.4
1989	100.0	55.8	11.5	11.9	0.5
1990	100.0	56.5	10.7	10.1	0.6
1991	100.0	56.9	11.0	10.2	0.6
1992	100.0	55.9	11.0	7.8	1.5
1993	100.0	53.1	11.7	8.3	1.9
1994	100.0	53.5	10.3	9.1	1.8
1995	100.0	53.4	9.6	10.8	1.9
1996	100.0	50.7	8.7	9.1	2.2
1997	100.0	51.7	8.1	7.7	2.9
1998	100.0	50.6	6.9	6.6	3.8
1999	100.0	45.2	6.7	9.3	4.2
2000	100.0	44.5	6.4	7.7	5.6
2001	100.0	43.4	6.2	6.2	6.0
2002	100.0	39.4	5.9	6.2	7.0
2003	100.0	37.2	6.8	7.2	5.4
2004	100.0	36.4	6.3	6.2	6.0
2005	100.0	35.9	6.8	5.8	5.8
2006	100.0	35.6	6.9	5.9	5.2
2007	100.0	35.5	7.7	5.5	5.0
2008	100.0	36.6	7.9	6.1	3.9
2009	100.0	35.0	7.6	6.5	4.8
2010	100.0	33.5	7.7	7.8	4.3
2011	100.0	35.5	8.2	7.3	4.5
2012	100.0	36.8	8.0	7.3	3.9
2013	100.0	34.9	7.2	6.1	4.8
2014	100.0	35.0	6.7	5.8	4.7

表 2-28 续表　**Continued**

单位:%(Unit:%)

年　份 Year	交通和通信 Transportation and Communication	教育文化娱乐服务 Education, Culture and Recreation Services	居　住 Housing	其他商品及服务 Miscellaneous Goods and Services
1980	3.6	8.9	4.7	2.2
1981	3.9	6.5	4.8	2.7
1982	4.0	5.7	5.9	1.4
1983	4.1	6.0	5.4	1.5
1984	3.8	6.3	5.0	2.1
1985	3.0	9.2	4.4	2.7
1986	2.7	9.5	4.1	3.1
1987	3.0	8.4	4.7	2.0
1988	2.5	8.8	4.3	2.4
1989	2.6	10.6	4.1	3.0
1990	3.0	11.9	4.7	2.5
1991	2.9	10.0	5.4	3.0
1992	4.6	8.8	6.5	3.9
1993	6.0	9.1	5.9	4.0
1994	6.3	8.2	7.1	3.7
1995	5.5	8.7	6.8	3.3
1996	7.3	12.2	6.2	3.6
1997	5.8	12.1	8.9	2.8
1998	5.9	13.0	9.8	3.4
1999	7.1	13.3	10.2	4.0
2000	8.6	14.5	9.0	3.7
2001	10.3	15.2	8.5	4.2
2002	10.7	15.9	11.4	3.5
2003	11.4	16.6	11.6	3.8
2004	13.5	17.4	10.5	3.7
2005	14.4	16.5	10.2	4.6
2006	15.8	16.5	9.7	4.4
2007	18.3	15.4	8.2	4.4
2008	17.4	14.8	8.5	4.8
2009	16.7	14.9	9.1	5.4
2010	17.6	14.5	9.3	5.3
2011	15.2	14.9	8.9	5.5
2012	17.4	14.2	6.8	5.6
2013	16.8	14.6	10.1	5.5
2014	16.0	16.2	9.9	5.7

城市居民家庭人均分类消费支出名义指数(1980~2014,以1980年为100)
Nominal Indices of Per Capita Consumption Expenditure of Urban Households by Category (1980=100)

表 2-29

年份 Year	消费支出 Total Consumption Expenditures	食品 Food	衣着 Clothing	家庭设备用品及服务 Household Facilities, Articles and Services	医疗保健 Health Care and Medical Services
1980	100.0	100.0	100.0	100.0	100.0
1981	105.7	107.2	112.2	106.7	93.0
1982	104.1	109.3	103.0	102.8	91.1
1983	111.3	116.4	113.6	109.2	93.3
1984	131.3	132.4	152.1	135.6	48.1
1985	179.4	166.9	186.8	263.1	72.2
1986	211.7	199.1	200.4	329.0	57.8
1987	231.9	225.5	228.2	329.9	83.7
1988	298.1	280.3	308.1	463.3	107.7
1989	327.8	326.4	262.7	431.0	130.8
1990	350.4	353.5	263.2	392.4	163.4
1991	391.9	398.6	300.9	440.0	201.3
1992	453.9	453.1	350.2	392.7	537.2
1993	638.5	604.9	523.5	589.7	973.3
1994	844.4	806.5	611.4	853.0	1 201.4
1995	1 061.3	1 011.0	709.7	1 273.7	1 617.9
1996	1 223.2	1 107.3	745.8	1 228.3	2 119.2
1997	1 233.5	1 138.8	697.7	1 050.0	2 826.3
1998	1 241.9	1 123.0	597.4	905.4	3 739.8
1999	1 491.7	1 204.8	696.6	1 544.2	4 975.1
2000	1 603.9	1 274.6	717.7	1 365.1	7 182.6
2001	1 688.5	1 309.9	730.3	1 157.8	8 001.4
2002	1 881.0	1 330.5	775.2	1 306.5	10 518.7
2003	1 984.7	1 324.8	949.7	1 584.8	8 643.4
2004	2 270.6	1 483.3	1 007.8	1 560.3	10 923.1
2005	2 476.0	1 595.2	1 189.6	1 600.3	11 426.8
2006	2 653.7	1 695.0	1 298.9	1 754.9	10 940.6
2007	3 101.9	1 978.0	1 682.4	1 918.7	12 291.4
2008	3 487.1	2 295.5	1 923.4	2 364.1	10 831.2
2009	3 773.7	2 371.8	2 015.1	2 730.3	14 371.2
2010	4 170.6	2 511.3	2 269.3	3 599.8	14 419.9
2011	4 512.5	2 875.9	2 597.8	3 651.8	16 359.9
2012	4 719.5	3 118.0	2 670.4	3 812.4	14 579.2
2013	5 061.3	3 172.0	2 570.6	3 410.4	19 363.6
2014	5 486.5	3 447.9	2 578.3	3 558.1	20 779.0

表 2-29 续表 Continued

年 份 Year	交通和通信 Transportation and Communication	教育文化娱乐服务 Education, Culture and Recreation Services	居 住 Housing	其他商品及服务 Miscellaneous Goods and Services
1980	100.0	100.0	100.0	100.0
1981	112.7	77.2	106.8	132.0
1982	113.9	67.3	128.6	70.4
1983	123.1	75.1	126.1	78.0
1984	140.0	94.5	135.7	122.0
1985	150.7	185.7	161.9	227.4
1986	158.9	225.6	183.2	302.9
1987	191.0	221.0	227.2	221.5
1988	206.3	296.0	269.6	341.3
1989	238.8	394.7	281.9	453.3
1990	289.1	472.3	341.1	400.9
1991	312.4	441.7	446.9	542.5
1992	569.2	449.8	621.8	823.4
1993	1 054.5	654.7	790.1	1 184.1
1994	1 460.7	777.7	1 264.4	1 445.5
1995	1 605.8	1 036.5	1 523.6	1 653.1
1996	2 483.1	1 688.6	1 576.8	2 050.3
1997	1 986.9	1 689.8	2 294.8	1 601.9
1998	2 034.6	1 823.2	2 555.7	1 935.5
1999	2 917.9	2 234.3	3 192.5	2 761.7
2000	3 799.4	2 628.2	3 013.5	2 773.6
2001	4 792.8	2 903.7	3 018.2	3 284.2
2002	5 578.8	3 406.1	4 509.3	3 134.8
2003	6 299.0	3 744.2	4 857.8	3 525.6
2004	8 521.6	4 482.1	5 033.3	3 993.9
2005	9 927.1	4 640.5	5 357.4	5 281.1
2006	11 674.2	4 965.1	5 447.0	5 432.0
2007	15 782.2	5 418.3	5 357.4	6 431.2
2008	16 880.5	5 869.2	6 245.5	7 891.3
2009	17 508.3	6 409.2	7 258.5	9 565.7
2010	20 399.8	6 867.1	8 218.4	10 253.1
2011	19 058.4	7 649.4	8 444.0	11 744.8
2012	22 838.6	7 603.1	6 792.9	12 508.2
2013	23 702.2	8 416.5	10 804.5	12 948.1
2014	24 446.4	10 067.6	11 497.7	14 562.9

按收入水平分组城市居民家庭人均消费支出(1985~2014)
Per Capita Consumption Expenditures of Urban Households by 5 Income Levels

表 2-30 单位:元 (Unit: yuan)

年份 Year	总平均 Total Average	低收入户 Low Income	较低收入户 Medium-low Income	中间收入户 Medium Income	较高收入户 Medium-high Income	高收入户 High Income
1985	992	724	870	973	1 123	1 309
1986	1 170	863	1 038	1 121	1 288	1 590
1987	1 282	949	1 114	1 203	1 459	1 789
1988	1 648	1 149	1 405	1 588	1 931	2 327
1989	1 812	1 299	1 625	1 743	2 079	2 428
1990	1 937	1 433	1 702	1 907	2 115	2 632
1991	2 167	1 524	1 866	2 295	2 348	2 968
1992	2 509	1 785	2 185	2 509	2 915	3 316
1993	3 530	2 407	2 967	3 416	3 895	5 061
1994	4 669	3 095	3 728	4 718	5 178	6 825
1995	5 868	3 700	4 696	5 497	6 601	8 911
1996	6 763	4 353	5 683	6 546	7 390	9 810
1997	6 820	4 533	5 624	6 659	7 395	10 072
1998	6 866	4 583	5 824	6 924	7 373	9 694
1999	8 248	5 987	7 011	7 623	8 966	11 911
2000	8 868	6 272	7 516	8 555	9 445	12 763
2001	9 336	6 900	7 647	8 473	10 010	13 666
2002	10 464	7 264	9 176	9 569	12 152	14 629
2003	11 040	6 481	8 931	10 060	12 569	17 427
2004	12 631	6 684	8 814	11 646	13 753	23 629
2005	13 773	7 698	9 807	11 524	15 024	25 470
2006	14 762	8 004	11 233	13 142	15 815	26 325
2007	17 255	9 217	12 959	15 468	18 993	30 820
2008	19 398	10 458	13 614	17 204	21 869	35 273
2009	20 992	11 654	16 155	18 487	24 253	36 063
2010	23 200	12 555	15 970	21 611	26 773	40 744
2011	25 102	13 700	18 449	23 228	30 387	41 397
2012	26 253	15 095	18 232	22 946	29 575	47 092
2013	28 155	16 210	19 263	24 325	33 183	50 218
2014	30 520	17 879	20 881	27 974	35 904	53 734

农村居民家庭生活基本情况(1978~2014)
Basic Conditions of Rural Households

表 2-31

年　份 Year	调查户数(户) Number of Households Surveyed (household)	人均可支配收入(元) Per Capita Disposable Income (yuan)	人均生活消费支出(元) Per Capita Consumption Expenditures (yuan)	恩格尔系数(%) Engel Coefficient(%)	平均消费倾向(%) Average Propensity to Consume (%)
1978	96	281	193	60.6	68.7
1979	96	360	247	55.5	68.6
1980	280	401	323	51.7	80.5
1981	360	444	390	50.8	87.8
1982	360	536	444	49.8	82.8
1983	360	562	512	47.0	91.1
1984	360	785	619	46.4	78.9
1985	1 000	806	778	43.8	96.5
1986	1 000	936	896	45.3	95.7
1987	1 000	1 059	977	46.1	92.3
1988	1 000	1 301	1 229	39.7	94.5
1989	1 000	1 520	1 319	42.3	86.8
1990	1 000	1 665	1 262	46.4	75.8
1991	600	2 003	1 540	48.0	76.9
1992	600	2 226	1 967	43.4	88.4
1993	600	2 727	2 200	46.4	80.7
1994	600	3 437	2 715	48.4	79.0
1995	600	4 246	3 368	44.3	79.3
1996	600	4 846	3 868	42.8	79.8
1997	600	5 277	4 228	41.5	80.1
1998	600	5 407	4 207	42.2	77.8
1999	600	5 481	3 867	43.1	70.6
2000	600	5 565	4 138	44.0	74.4
2001	600	5 850	4 753	40.3	81.2
2002	600	6 212	5 311	35.2	85.5
2003	600	6 658	5 670	35.4	85.2
2004	600	7 337	6 329	34.6	86.3
2005	600	8 342	7 265	36.8	87.1
2006	600	9 213	8 006	37.8	86.9
2007	600	10 222	8 845	36.8	86.5
2008	600	11 385	9 115	40.9	80.1
2009	600	12 324	9 804	37.1	79.6
2010	600	13 746	10 225	37.2	74.4
2011	1 200	15 644	11 272	40.1	72.1
2012	1 200	17 401	12 096	40.0	69.5
2013	1 200	19 208	13 425	39.7	69.9
2014	1 200	21 192	15 291	40.5	72.2

农村居民家庭人均可支配收入及来源(1978~2014)
Per Capita Disposable Income and Sources of Rural Households

表 2-32 单位:元(Unit:yuan)

年 份 Year	人均可支配收入 Per Capita Disposable Income	工资性收入 Income from Wages and Salaries	家庭经营纯收入 Net Business Income	财产性收入 Property Income	转移性收入 Transferred Income
1978	281	227	18	2	34
1979	360	278	34		48
1980	401	297	55	2	47
1981	444	313	71	8	52
1982	536	405	78	6	47
1983	562	359	155	6	42
1984	785	451	275	9	50
1985	806	430	323	15	38
1986	936	536	344	22	34
1987	1 059	655	338	32	34
1988	1 301	829	412	17	43
1989	1 520	1 000	461	16	43
1990	1 665	1 066	539	16	44
1991	2 003	1 235	681	33	54
1992	2 226	1 454	685	30	57
1993	2 727	1 662	949	50	66
1994	3 437	2 112	1 084	104	137
1995	4 246	2 734	1 183	155	174
1996	4 846	3 240	1 278	181	147
1997	5 277	3 736	1 226	144	171
1998	5 407	3 869	1 185	221	132
1999	5 481	4 192	929	127	233
2000	5 565	4 310	934	143	178
2001	5 850	4 491	967	157	235
2002	6 212	4 920	774	205	313
2003	6 658	5 284	813	222	339
2004	7 337	5 757	886	297	397
2005	8 342	6 364	811	430	737
2006	9 213	6 892	766	556	999
2007	10 222	7 498	754	673	1 297
2008	11 385	8 182	711	837	1 655
2009	12 324	8 721	590	932	2 081
2010	13 746	9 606	589	970	2 581
2011	15 644	10 493	877	1 243	3 031
2012	17 401	11 496	905	1 382	3 618
2013	19 208	12 378	920	1 587	4 323
2014	21 192	13 430	1 035	1 757	4 970

注:2000 年前农村居民平均每人可支配收入按纯收入口径计算。2011 年,按可比口径计算,全年家庭经营纯收入增长为 22%。

Note: Before 2000, the Per Capita Disposable Income of Rural Residents is calculated according to their net income. Since 2011, according to the calculation of comparable caliber, the growth rate of annual Household Business Income is 22%.

农村居民家庭人均可支配收入构成(1978~2014)
Composition of Per Capita Disposable Income of Rural Households

表 2-33 单位:%(Unit:%)

年 份 Year	人均可支配收入 Per Capita Disposable Income	工资性收入 Income from Wages and Salaries	家庭经营纯收入 Net Business Income	财产性收入 Property Income	转移性收入 Transferred Income
1978	100.0	80.8	6.4	0.7	12.1
1979	100.0	77.2	9.4		13.4
1980	100.0	74.1	13.7	0.5	11.7
1981	100.0	70.5	16.0	1.8	11.7
1982	100.0	75.6	14.6	1.1	8.7
1983	100.0	63.9	27.6	1.1	7.4
1984	100.0	57.5	35.0	1.1	6.4
1985	100.0	53.3	40.1	1.9	4.7
1986	100.0	57.3	36.8	2.3	3.6
1987	100.0	61.9	31.9	3.0	3.2
1988	100.0	63.7	31.7	1.3	3.3
1989	100.0	65.8	30.3	1.1	2.8
1990	100.0	64.0	32.4	1.0	2.6
1991	100.0	61.7	34.0	1.6	2.7
1992	100.0	65.3	30.8	1.3	2.6
1993	100.0	60.9	34.8	1.8	2.5
1994	100.0	61.5	31.5	3.0	4.0
1995	100.0	64.4	27.9	3.6	4.1
1996	100.0	66.9	26.4	3.7	3.0
1997	100.0	70.8	23.2	2.7	3.3
1998	100.0	71.6	21.9	4.1	2.4
1999	100.0	76.5	16.9	2.3	4.3
2000	100.0	77.4	16.8	2.6	3.2
2001	100.0	76.8	16.5	2.7	4.0
2002	100.0	79.2	12.5	3.3	5.0
2003	100.0	79.4	12.2	3.3	5.1
2004	100.0	78.5	12.1	4.0	5.4
2005	100.0	76.3	9.7	5.2	8.8
2006	100.0	74.8	8.3	6.0	10.9
2007	100.0	73.3	7.4	6.6	12.7
2008	100.0	71.9	6.2	7.4	14.5
2009	100.0	70.8	4.8	7.5	16.9
2010	100.0	69.9	4.3	7.0	18.8
2011	100.0	67.1	5.6	7.9	19.4
2012	100.0	66.1	5.2	7.9	20.8
2013	100.0	64.4	4.8	8.3	22.5
2014	100.0	63.4	4.9	8.3	23.4

按收入水平分组农村居民家庭人均可支配收入(1994~2014)
Per Capita Disposable Income of Rural Households by 5 Income Levels

表 2-34　　单位:元 (Unit: yuan)

年 份 Year	总平均 Total Average	低收入户 Low Income	较低收入户 Medium-low Income	中间收入户 Medium Income	较高收入户 Medium-high Income	高收入户 High Income
1994	3 437	1 693	2 488	3 181	4 091	6 050
1995	4 246	1 951	3 071	3 899	5 044	7 593
1996	4 846	2 228	3 504	4 399	5 546	8 760
1997	5 277	2 361	3 727	4 854	6 222	9 461
1998	5 407	2 385	3 849	4 965	6 392	9 738
1999	5 481	2 212	3 692	4 883	6 528	10 266
2000	5 565	2 330	3 906	5 264	6 725	10 405
2001	5 850	2 351	4 078	5 649	7 122	10 930
2002	6 212	2 429	4 266	5 701	7 513	11 989
2003	6 658	2 761	4 621	6 213	7 972	12 777
2004	7 337	3 122	5 148	7 006	8 775	13 652
2005	8 342	3 347	5 594	7 612	9 755	15 309
2006	9 213	3 830	6 194	8 412	10 714	16 843
2007	10 222	4 321	7 098	9 442	11 807	18 443
2008	11 385	4 690	8 065	10 487	13 094	20 748
2009	12 324	5 279	8 785	11 184	14 039	22 465
2010	13 746	5 968	10 107	12 929	16 327	24 536
2011	15 644	7 018	11 772	14 568	18 145	27 227
2012	17 401	7 707	13 071	16 490	20 340	29 180
2013	19 208	8 708	14 415	18 152	22 618	31 196
2014	21 192	10 476	16 375	20 693	25 129	32 631

注：收入水平根据居民家庭人均可支配收入由低到高排序，按照调查总户数各 20%分为 5 组。
Note: The income levels are listed from low to high according to the Per Capita Disposable Income of Urban Households and they are divided into five levels, each involving 20% of the total number of households surveyed.

农村居民家庭人均分类生活消费支出(1978~2014)

表 2-35

年　份 Year	生活消费支出 Total Consumption Expenditures	食　品 Food	衣　着 Clothing	居　住 Housing
1978	193	117	29	25
1979	247	137	37	50
1980	323	167	35	82
1981	390	198	43	96
1982	444	221	39	128
1983	512	241	46	165
1984	619	287	48	215
1985	778	341	67	254
1986	896	406	74	286
1987	977	450	81	287
1988	1 229	488	110	343
1989	1 319	558	111	344
1990	1 262	586	107	272
1991	1 540	739	134	324
1992	1 967	853	148	451
1993	2 200	1 022	157	357
1994	2 715	1 315	213	454
1995	3 368	1 491	233	761
1996	3 868	1 657	256	816
1997	4 228	1 756	267	921
1998	4 207	1 775	239	876
1999	3 867	1 669	202	681
2000	4 138	1 823	201	724
2001	4 753	1 915	226	890
2002	5 311	1 872	226	1 392
2003	5 670	2 004	250	1 437
2004	6 329	2 191	280	1 446
2005	7 265	2 676	367	1 323
2006	8 006	3 024	418	1 658
2007	8 845	3 259	476	2 097
2008	9 115	3 732	467	1 806
2009	9 804	3 639	496	2 103
2010	10 225	3 807	554	2 070
2011	11 272	4 517	644	1 806
2012	12 096	4 837	704	1 834
2013	13 425	5 334	771	2 260
2014	15 291	6 188	801	2 747

Per Capita Consumption Expenditures of Rural Households by Category

单位：元（Unit：yuan）

家庭设备用品及服务 Household Facilities, Articles and Services	交通和通信 Transportation and Communication	文教娱乐用品及服务 Education, Culture and Recreation Articles and Services	医疗保健 Health Care and Medical Services	其他商品及服务 Miscellaneous Goods and Services
12				10
13				10
5				34
11				42
13				43
43	1	6	4	6
42	2	12	6	7
65	2	34	8	7
73	4	40	10	3
94	3	39	9	14
174	4	50	18	42
159	4	68	23	52
129	6	59	33	70
151	15	85	35	57
232	31	121	45	86
259	65	220	50	70
267	79	222	75	90
284	159	256	73	111
363	200	347	108	121
338	240	414	174	118
369	226	463	170	89
389	197	474	160	95
225	279	559	209	118
294	340	673	265	150
281	462	661	280	137
297	587	676	333	86
344	720	806	425	117
458	739	936	562	204
481	780	920	549	176
452	884	857	571	249
504	880	850	697	179
481	1 212	943	739	191
528	1 459	1 012	585	210
649	1 309	1 139	909	299
646	1 705	1 088	1 029	253
694	1 719	964	1 181	502
712	1 891	1 069	1 308	575

农村居民家庭人均分类生活消费支出构成（1978～2014）

表 2-36

年　份 Year	生活消费支出 Total Consumption Expenditures	食　品 Food	衣　着 Clothing	居　住 Housing
1978	100.0	60.6	15.0	13.0
1979	100.0	55.5	15.0	20.2
1980	100.0	51.7	10.8	25.4
1981	100.0	50.8	11.0	24.6
1982	100.0	49.8	8.8	28.8
1983	100.0	47.0	9.0	32.2
1984	100.0	46.4	7.8	34.7
1985	100.0	43.8	8.6	32.6
1986	100.0	45.3	8.3	31.9
1987	100.0	46.1	8.3	29.4
1988	100.0	39.7	9.0	27.9
1989	100.0	42.3	8.4	26.1
1990	100.0	46.4	8.5	21.6
1991	100.0	48.0	8.7	21.0
1992	100.0	43.4	7.5	22.9
1993	100.0	46.4	7.1	16.2
1994	100.0	48.4	7.9	16.7
1995	100.0	44.3	6.9	22.6
1996	100.0	42.8	6.6	21.1
1997	100.0	41.5	6.3	21.8
1998	100.0	42.2	5.7	20.8
1999	100.0	43.1	5.2	17.6
2000	100.0	44.0	4.9	17.5
2001	100.0	40.3	4.7	18.7
2002	100.0	35.2	4.3	26.2
2003	100.0	35.4	4.4	25.3
2004	100.0	34.6	4.4	22.9
2005	100.0	36.8	5.1	18.2
2006	100.0	37.8	5.2	20.7
2007	100.0	36.8	5.4	23.7
2008	100.0	40.9	5.1	19.8
2009	100.0	37.1	5.1	21.5
2010	100.0	37.2	5.4	20.2
2011	100.0	40.1	5.7	16.0
2012	100.0	40.0	5.8	15.2
2013	100.0	39.7	5.8	16.8
2014	100.0	40.5	5.2	17.9

Composition of Per Capita Consumption Expenditures of Rural Households by Category

单位:%(Unit:%)

家庭设备用品及服务 Household Facilities, Articles and Services	交通和通信 Transportation and Communication	文教娱乐用品及服务 Education, Culture and Recreation Articles and Services	医疗保健 Health Care and Medical Services	其他商品及服务 Miscellaneous Goods and Services
6.2				5.2
5.3				4.0
1.6				10.5
2.8				10.8
2.9				9.7
8.4	0.2	1.2	0.8	1.2
6.8	0.3	1.9	1.0	1.1
8.4	0.3	4.4	1.0	0.9
8.2	0.4	4.5	1.1	0.3
9.6	0.3	4.0	0.9	1.4
14.1	0.3	4.1	1.5	3.4
12.1	0.3	5.2	1.7	3.9
10.2	0.5	4.7	2.6	5.5
9.8	1.0	5.5	2.3	3.7
11.8	1.6	6.1	2.3	4.4
11.8	3.0	10.0	2.3	3.2
9.8	2.9	8.2	2.8	3.3
8.4	4.7	7.6	2.2	3.3
9.4	5.2	9.0	2.8	3.1
8.0	5.7	9.8	4.1	2.8
8.8	5.4	11.0	4.0	2.1
10.1	5.1	12.3	4.1	2.5
5.4	6.7	13.5	5.1	2.9
6.2	7.1	14.2	5.6	3.2
5.3	8.7	12.4	5.3	2.6
5.2	10.4	11.9	5.9	1.5
5.4	11.4	12.7	6.7	1.9
6.3	10.2	12.9	7.7	2.8
6.0	9.7	11.5	6.9	2.2
5.1	10.0	9.7	6.5	2.8
5.5	9.7	9.3	7.7	2.0
4.9	12.4	9.6	7.5	1.9
5.2	14.3	9.9	5.7	2.1
5.8	11.6	10.1	8.1	2.6
5.3	14.1	9.0	8.5	2.1
5.2	12.8	7.2	8.8	3.7
4.7	12.4	7.0	8.5	3.8

农村居民家庭人均分类生活消费支出名义指数(以1978年为100)

表2-37

年　份 Year	生活消费支出 Total Consumption Expenditures	食　品 Food	衣　着 Clothing	居　住 Housing
1978	100.0	100.0	100.0	100.0
1979	128.2	117.2	128.4	199.4
1980	167.4	142.8	120.2	328.0
1981	202.1	169.3	147.6	384.0
1982	230.1	189.0	133.9	512.0
1983	265.3	206.1	157.9	660.0
1984	320.7	245.4	164.8	860.0
1985	403.1	291.6	230.0	1 016.0
1986	464.2	347.1	254.0	1 144.0
1987	506.2	384.7	278.1	1 148.0
1988	636.8	417.1	379.3	1 372.0
1989	683.4	477.1	381.1	1 376.0
1990	653.9	501.0	367.3	1 088.0
1991	797.9	631.8	460.0	1 296.0
1992	1 019.2	729.3	508.1	1 804.0
1993	1 139.9	873.8	539.0	1 428.0
1994	1 406.7	1 124.3	731.2	1 816.0
1995	1 745.1	1 274.8	799.9	3 044.0
1996	2 004.1	1 416.7	878.8	3 264.0
1997	2 190.7	1 501.4	916.6	3 684.0
1998	2 179.8	1 517.6	820.5	3 504.0
1999	2 003.6	1 427.0	693.4	2 724.0
2000	2 144.0	1 558.7	690.0	2 896.0
2001	2 462.7	1 637.3	775.8	3 560.0
2002	2 751.8	1 600.5	775.8	5 568.0
2003	2 937.8	1 712.8	862.1	5 748.0
2004	3 279.3	1 873.3	961.2	5 784.0
2005	3 764.2	2 288.0	1 259.9	5 292.0
2006	4 148.2	2 585.5	1 434.9	6 632.0
2007	4 582.9	2 786.4	1 634.1	8 388.0
2008	4 722.8	3 190.8	1 603.2	7 224.0
2009	5 079.8	3 111.3	1 702.7	8 412.0
2010	5 297.9	3 255.0	1 901.8	8 280.0
2011	5 840.4	3 860.7	2 220.7	7 224.0
2012	6 267.4	4 135.6	2 416.8	7 336.0
2013	6 956.0	4 560.5	2 646.8	9 040.0
2014	7 922.8	5 290.7	2 749.7	10 988.0

注：①分类生活消费支出按原始数据计算，与用取整后的数据比较有尾数上差异。
②交通和通信、文教娱乐用品及服务、医疗保健以1983年为100。

Note：①Figures in Consumption Expenditures Indices by Category are calculated by raw data，so they may have differences compared to the indices calculated by rounding data.
②In the categories of Transportation and Communication，Education，Culture and Recreation Articles and Services，Medical and Health Services，the figures of 1983 are set at 100.

Nominal Indices of Per Capita Consumption Expenditure of Rural Households by Category (1978=100)

家庭设备、用品及服务 Household Facilities, Articles and Services	交通和通信 Transportation and Communication	文教娱乐用品及服务 Education, Culture and Recreation Articles and Services	医疗保健 Health Care and Medical Services	其他商品及服务 Miscellaneous Goods and Services
100.0				100.0
113.7				103.2
43.4				349.1
95.5				431.2
112.8				441.5
373.3	100.0	100.0	100.0	61.6
364.6	200.0	200.0	150.0	71.9
564.2	200.0	566.7	200.0	71.9
633.7	400.0	666.7	250.0	30.8
816.0	300.0	650.0	225.0	143.7
1 450.0	400.0	833.3	450.0	431.2
1 380.2	400.0	1 133.3	575.0	533.9
1 119.8	600.0	983.3	825.0	718.7
1 310.8	1 500.0	1 416.7	875.0	585.2
2 013.9	3 100.0	2 016.7	1 125.0	883.0
2 248.3	6 500.0	3 666.7	1 250.0	718.7
2 317.7	7 900.0	3 700.0	1 875.0	924.0
2 465.3	15 900.0	4 266.7	1 825.0	1 139.6
3 151.0	20 000.0	5 783.3	2 700.0	1 242.3
2 934.0	24 000.0	6 900.0	4 350.0	1 211.5
3 203.1	22 600.0	7 716.7	4 250.0	913.8
3 376.7	19 700.0	7 900.0	4 000.0	975.4
1 953.1	27 900.0	9 316.7	5 225.0	1 211.5
2 552.1	34 000.0	11 216.7	6 625.0	1 540.0
2 439.2	46 200.0	11 016.7	7 000.0	1 406.6
2 475.0	58 700.0	11 266.7	8 325.0	883.0
2 986.1	72 000.0	13 433.3	10 625.0	1 201.2
3 975.7	73 900.0	15 600.0	14 050.0	2 094.5
4 175.3	78 000.0	15 333.3	13 725.0	1 807.0
3 923.6	88 400.0	14 283.3	14 275.0	2 556.5
4 375.0	88 000.0	14 166.7	17 425.0	1 837.8
4 175.3	121 200.0	15 716.7	18 475.0	1 961.0
4 583.3	145 900.0	16 866.7	14 625.0	2 156.1
5 408.3	130 900.0	18 983.3	22 725.0	2 990.0
5 607.6	170 500.0	18 133.3	25 725.0	2 597.5
6 024.3	171 900.0	16 066.7	29 525.0	5 154.0
6 180.6	189 100.0	17 816.7	32 700.0	5 903.5

按收入水平分组农村居民家庭人均生活消费支出(1994~2014)
Per Capita Consumption Expenditures of Rural Households by 5 Income Levels

表 2-38　　　　单位:元 (Unit: yuan)

年　份 Year	总平均 Total Average	低收入户 Low Income	较低收入户 Medium-low Income	中间收入户 Medium Income	较高收入户 Medium-high Income	高收入户 High Income
1994	2 715	1 578	1 989	2 635	2 952	4 640
1995	3 368	1 813	2 680	2 704	3 408	6 546
1996	3 868	2 229	2 860	3 182	4 221	6 995
1997	4 228	2 558	3 334	3 986	4 866	6 532
1998	4 207	2 468	3 163	3 347	4 871	7 362
1999	3 867	2 275	2 940	4 181	4 279	5 909
2000	4 138	2 390	3 387	3 887	5 487	5 880
2001	4 753	2 921	3 250	4 334	5 356	8 449
2002	5 311	2 350	4 341	4 834	5 873	9 683
2003	5 670	2 886	3 681	5 363	6 286	10 769
2004	6 329	4 076	4 914	5 309	6 992	10 971
2005	7 265	4 618	5 690	6 317	7 059	12 975
2006	8 006	4 788	6 001	6 951	8 015	15 058
2007	8 845	4 890	6 077	7 305	9 541	17 317
2008	9 115	5 024	6 280	9 555	10 700	14 517
2009	9 804	5 472	6 266	9 026	12 843	16 035
2010	10 225	5 026	7 881	8 739	15 103	15 187
2011	11 272	6 979	9 881	11 701	11 654	16 531
2012	12 096	7 784	8 813	10 802	13 725	19 773
2013	13 425	8 011	10 048	12 150	15 793	20 775
2014	15 291	9 629	12 208	13 487	17 909	22 645

平均每百户城市居民家庭年末耐用消费品拥有量(1980~2014年)
Main Durable Goods Owned Per 100 Urban Households

表 2-39

年 份 Year	彩色电视机(台) Colour TV Set(set)	照相机(台) Camera(unit)	洗衣机(台) Washing Machine (set)	电冰箱(台) Refrigerator (set)	组合音响(台) Stereo(set)
1980		7			
1981	1	10	1		
1982	1	11	4	…	
1983	3	13	9	2	
1984	6	13	13	4	
1985	22	20	26	20	
1986	36	28	39	47	
1987	44	31	50	62	
1988	54	37	62	73	
1989	66	40	67	85	
1990	77	44	72	88	1
1991	81	43	72	92	3
1992	89	42	71	93	5
1993	94	46	76	92	7
1994	101	54	73	95	11
1995	109	52	78	98	13
1996	113	52	82	101	15
1997	119	54	87	102	18
1998	128	59	92	103	21
1999	144	68	93	103	28
2000	147	71	93	102	32
2001	154	72	99	103	34
2002	160	79	92	104	33
2003	168	70	94	102	40
2004	178	80	96	104	45
2005	177	85	97	104	48
2006	179	86	98	104	48
2007	183	89	98	103	52
2008	180	86	98	104	49
2009	185	91	99	104	50
2010	188	95	99	104	52
2011	191	94	100	105	48
2012	192	98	101	106	49
2013	169	53	88	93	16
2014	175	56	90	95	17

注：国家统计局2012年进行住户调查一体化改革，上海城市居民收支调查范围自2013年起由原来的市中心城市地区扩大至郊区的城镇地区，耐用消费品拥有量有所波动。

Note: The National Bureau of Statistics carried out the reform of household survey integration in 2012. Since 2013, the scope of Shanghai urban household income and expenditure survey has expanded from the original urban areas to suburban urban areas, and the ownership of durable consumer goods fluctuates.

表 2-39 续表　Continued

年　份 Year	家用汽车(辆) Automobile (unit)	家用电脑(台) Personal Computer (set)	家用空调(台) Household Air Conditioner(set)	移动电话(台) Mobile Phone (set)	淋浴热水器(台) Water Heater (set)	摄像机(台) Video Camera (unit)
1980						
1981						
1982						
1983						
1984						
1985						
1986						
1987						
1988						
1989						
1990						
1991						
1992			2		7	
1993			5		15	
1994			20		29	
1995		2	33		37	
1996		5	50	1	42	
1997		9	62	2	51	1
1998		13	69	6	54	3
1999		20	85	16	60	3
2000		26	96	29	64	3
2001	…	38	100	50	67	4
2002	…	51	118	93	76	5
2003	2	60	136	133	81	6
2004	4	70	159	161	88	8
2005	4	81	168	181	90	10
2006	5	91	175	200	93	11
2007	9	104	189	217	96	15
2008	11	109	191	219	95	15
2009	14	123	196	223	98	16
2010	17	129	200	230	98	17
2011	18	138	207	236	101	18
2012	20	144	207	239	100	19
2013	20	110	174	202	86	11
2014	22	119	183	211	89	12

平均每百户农村居民家庭年末耐用消费品拥有量(1985~2014年)
Main Durable Goods Owned Per 100 Rural Households

表2-40

年 份 Year	彩色电视机(台) Colour TV Set (set)	照相机(台) Camera(unit)	洗衣机(台) Washing Machine (set)	电冰箱(台) Refrigerator (set)	微波炉(台) Microwave Oven (set)
1985	4	1	2		
1986	7	1	5	1	
1987	9	2	13	4	
1988	12	3	30	11	
1989	19	4	39	21	
1990	25	4	45	29	
1991	25	4	48	30	
1992	28	5	55	38	
1993	36	4	54	42	
1994	44	5	57	50	
1995	49	6	63	56	
1996	53	7	67	65	
1997	62	7	67	68	
1998	74	9	66	72	7
1999	83	9	72	73	10
2000	97	14	69	74	14
2001	105	13	70	76	20
2002	120	13	71	79	28
2003	125	13	75	81	36
2004	137	14	80	85	44
2005	157	18	86	89	66
2006	167	22	89	94	71
2007	179	21	91	96	76
2008	186	21	93	101	81
2009	190	24	93	101	82
2010	198	27	95	103	84
2011	188	20	88	99	80
2012	190	20	90	101	83
2013	178	24	82	95	80
2014	139	13	61	78	56

注：国家统计局2012年进行住户调查一体化改革，2013年起，上海农村居民收支调查范围逐步转变为乡村地区，不再包含城乡结合部地区，耐用消费品拥有量有所波动。

Note: The National Bureau of Statistics carried out the reform of household survey integration in 2012. Since 2013, the scope of Shanghai rural household income and expenditure survey has gradually changed to rural areas, excluding urban-rural fringe areas, and the ownership of durable consumer goods fluctuates.

表 2-40 续表　Continued

年　份 Year	轻骑、摩托车(辆) Moped and Motorcycle (vehicle)	家用空调(台) Household Air Conditioner(set)	抽油烟机(台) Smoke Exhaust Ventilator(set)	热水淋浴器 (台) Water Heater (set)	移动电话 (部) Mobile Phone (set)	家用电脑(台) Personal Computer (set)	摄像机 (台) Video Camera (unit)
1985							
1986							
1987							
1988							
1989							
1990							
1991							
1992							
1993							
1994							
1995	22	1	9				
1996	33	3	15				
1997	46	4	22				
1998	55	7	26	29		1	
1999	61	8	32	37		1	
2000	73	14	35	44	19	5	
2001	73	16	39	47	35	7	
2002	83	24	42	53	63	12	1
2003	88	37	45	61	91	15	1
2004	91	55	51	66	112	23	2
2005	72	84	60	78	130	32	2
2006	74	99	65	83	148	38	3
2007	60	120	69	89	147	43	3
2008	55	129	71	90	156	47	4
2009	49	135	71	94	174	54	5
2010	46	147	74	96	194	60	5
2011	28	130	64	90	189	50	3
2012	25	136	67	91	200	49	4
2013	18	138	58	86	183	58	3
2014	12	83	31	57	171	42	1

主要统计指标解释

第一部分 上海居民收支与生活状况调查主要数据（新口径，表2-1到表2-18）

■居民可支配收入（城镇/农村常住居民）

指居民可用于最终消费支出和储蓄的总和，即居民可用于自由支配的收入。既包括现金收入，也包括实物收入。按照收入的来源，可支配收入包含四项，分别为：工资性收入、经营净收入、财产净收入和转移净收入。

■居民消费支出（城镇/农村常住居民）

指居民用于满足家庭日常生活消费需要的全部支出，既包括现金消费支出，也包括实物消费支出。消费支出可划分为食品烟酒、衣着、居住、生活用品及服务、交通通信、教育文化娱乐、医疗保健以及其他用品及服务八大类。

第二部分 历年城镇和农村住户调查主要数据（老口径，表2-19到表2-40）

■城镇居民家庭可支配收入

指居民家庭可用于最终消费支出和其他非义务性支出以及储蓄的总和，即居民家庭可以用来自由支配的收入。它是家庭总收入扣除交纳的所得税、个人交纳的社会保障费以及调查户的记账补贴后的收入。

■城镇居民家庭消费支出

指居民家庭用于满足家庭日常生活消费需要的全部支出，包括食品、衣着、居住、家庭设备用品及服务、交通和通信、教育文化娱乐服务、医疗保健、其他商品及服务等八大类。消费支出构成是按照商品或服务的用途进行分类，如果消费支出的目的与用途不一致时，必须按照用途归入相应类内。

■农村居民可支配收入

指农村居民获得的经过初次分配与再分配后的收入。可支配收入可用于住户的最终消费、非义务性支出以及储蓄。

农村居民可支配收入＝总收入-家庭经营费用支出-税费支出-生产性固定资产折旧-财产性支出-转移性支出。

■农村居民家庭生活消费支出

指农村住户用于物质生活和精神生活方面的支出。包括食品，衣着，居住，家庭设备用品及服务，医疗保健，交通和通信，文教娱乐用品及服务，其他商品和服务等消费支出。

■恩格尔系数

指食品支出占全部消费支出的比重，是反映人们生活水平高低的一项重要指标。国际上常用恩格尔系数来衡量一个国家和地区人民生活水平和富足程度。联合国粮农组织提出的标准，恩格尔系数在59%以上为贫困型阶段，50–59%为温饱型阶段；40–49%为小康型阶段；30–39%为富裕型阶段；30%以下为最富裕阶段。

■平均消费倾向

指居民消费支出占可支配收入的比重。在实际计算居民家庭平均消费倾向时，收入通常以居民家庭可支配收入来表示。消费倾向是度量居民生活水平的重要指标，一般来说，居民收入越高，消费倾向越低；收入越低，消费倾向越高。在收入既定的前提下，居民消费倾向越高，表明消费欲望越强烈，对经济增长的拉动作用越大；反之，则相反。

EXPLANATORY NOTES ON MAIN STATISTICAL INDICATORS

Part 1 Data of Survey on Income, Expenditure and Living Conditions of Residents in Shanghai (New Statistics Scope, from Chart 2-1 to 2-18)

■Disposable Income of Households (usual resident households in urban/rural areas)

It refers to the income of households for purpose of final expenditure and savings. It includes income both in cash and in kind. By sources of income, disposable income includes four categories: income from wages and salaries, net business income, net income from properties and net income from transfer.

■Consumption Expenditure of Households (usual resident households in urban/rural areas)

It refers to all expenditure of households for living expenditure to satisfy family daily living. It includes expenditure in cash and in kind. It includes eight categories: food, tobacco and liquor; clothing; housing; household facilities, articles and services; transportation and communications; education, culture and recreation; health care and medical services, and miscellaneous goods and services.

Part 2 Historical Data of Urban and Rural Household Survey (Old Statistics Scope, from Chart 2-19 to 2-40)

■Disposable Income of Urban Households

It refers to the actual income at the disposal of members of the urban households which can be used for final consumption, other non-compulsory expenditure and savings. This equals to total income minus income tax, personal contribution to social security and subsidy for keeping diaries in being a sample household.

■Consumption Expenditure of Urban Households

It refers to total expenditure of urban households for consumption in daily life, including expenditure on the eight categories of food; clothing; housing; household facilities, articles and services ; transportation and communication; education, culture and recreation services; health care and medical services; miscellaneous goods and services.

■Disposable Income of Rural Households

It refers to the income of the rural households after first distribution and redistribution, which can be used for final consumption, other non-compulsory expenditure and savings.

Disposable Income of rural households = total income - household operation expenses - taxes and fees-depreciation of fixed assets for production - expenses on properties - expenses on transfers.

■Consumption Expenditure of Rural Households

It refers to total expenditure of rural households for consumption in daily life, including expenditure on the eight categories of food; clothing; housing; household facilities, articles and services; transportation and communication; education, culture and recreation articles and services; health care and medical services; miscellaneous goods and services.

■Engel's Coefficient

It refers to the percentage of expenditure on food to the total consumption. It is an important indicator which reflects the living level of people. Internationally, it is often used to measure the living and prosperity level of people in a country or region. According to the standard provided by FAO, countries(regions) whose Engel's coefficient is over 59% are of the poor stage; 50–59% are of the subsistence stage; 40–49% are of the well-off stage; 30–39% are of the rich stage; below 30% are of the very rich stage.

■Average Propensity to Consume

It refers to the percentage of income that went for consumption. Usually, we select a household's disposable income as the income when we calculate this gauge. Propensity to consume is an important measurement of living standard. Generally speaking, the higher income will generate the lower propensity to consume, and the lower income will generate the higher propensity to consume. Given the fixed income, the higher propensity to consume indicates a stronger desire for consumption, which in turn will give a bigger push to the economic growth, and the other way around, the opposite will be true.

Chapter 3
第三篇

价格指数
PRICE INDEX

简要说明

一、本篇资料的主要内容

本篇价格指数资料，反映生产、流通、消费、投资与交易等环节的价格变动趋势和变动幅度。主要包括居民消费价格指数、商品零售价格指数、工业生产者出厂价格指数、工业生产者购进价格指数、固定资产投资价格指数、房地产价格指数、农产品生产者价格指数等。

二、本篇的资料来源

价格指数编制由国家统计局上海调查总队消费价格调查处、生产价格调查处、农业农村调查处组织实施，依据国家统计局统一制定的价格统计调查制度，由上海调查总队直接以及通过区调查队从基层采集原始价格数据汇总后上报。

三、居民消费、商品零售价格指数调查方法

编制居民消费、商品零售价格指数的资料采用抽样调查和重点调查相结合的方法取得，即在全市选择不同经济区域和分布合理的商品销售或服务网点，以及有代表性的商品或服务作为样本，对其市场价格进行定期调查，以样本推断总体。目前，居民消费、商品零售价格调查已涉及全市 16 个区。

1. 价格调查点的抽选方法：对全市消费市场进行摸底调查、掌握市场的基本情况（经营品种、销售额等指标）基础上，将各种类型的商场（店）、超市、农贸市场、服务网点以销售额（成交额或经营规模）为标志，从高到低排队，依据所需调查点的数量进行等距抽样。选择经营品种齐全、销售额大的商场（店）、超市、农贸市场、服务网点作为价格调查点。

2. 代表规格品根据全市的消费情况确定，必须遵循以下原则：(1)选择消费量较大的消费项目；(2)价格变动趋势和变动程度有较强的代表性，即选中规格品与未选中规格品的价格变动特征愈相关愈好；(3)在市场销售份额大体相等的情况下，同一基本分类的规格品之间，性质差异愈大愈好，价格变动特征的相关性愈低愈好；(4)生产和销售前景较好；(5)选中的工业消费品必须是合格产品，工业产品包装上必须有注册商标、产地、规格等级等标识。

目前，居民消费价格调查分为 8 大类，268 个基本分类，全市每月共调查 1700 种以上的规格品价格；商品零售价格分为 16 个大类，197 个基本分类，全市每月调查 900 种以上的规格品价格。

3. 价格调查方法：居民消费、商品零售价格调查是抽样调查，主要方法是定人、定点、定时直接调查。

4. 权数的确定：居民消费价格指数的权数主要根据全市城镇居民家庭消费支出构成确定；商品零售价格指数的权数主要根据全市社会商品零售额资料确定。

5. 指数计算方法：使用链式拉氏公式计算，每 5 年更换 1 次基期，目前固定基期为 2020 年。

四、工业生产者价格指数调查方法

工业生产者价格包括工业企业产品第一次出售时的出厂价格（以下简称工业生产者出厂价格）和企业作为中间投入的原材料、燃料、动力购进价格（以下简称工业生产者购进价格）。该项调查采用重点调查与典型调查相结合的调查方法，重点调查对象为规模以上工业法人企业；典型调查对象规模以下工业法人企业。

1. 选择代表企业的原则：(1)按工业行业选择调查企业，各中类行业原则上都要有调查企业；(2)大型企业应尽量都选上(或占相当大比重);(3)选择生产正常、稳定的企业作为调查对象。根据以上原则,上海共选择近1000家工业企业进行工业生产者价格调查。

2. 选择代表产品的原则:(1)按工业行业选择基本分类和代表产品;(2)选择对国计民生影响大的产品;(3)选择生产较为稳定的产品;(4)选择有发展前景的产品;(5)选择具有地方特色的产品。根据《工业生产者价格调查目录》,上海工业生产者出厂价格调查涵盖全市35个工业大类行业,400余个基本分类的约1000种产品;工业生产者购进价格调查涵盖9大类,300余个基本分类的1000余种产品。

3. 工业生产者价格调查采用企业网上直报的形式。

五、农产品生产者价格指数

农产品生产者价格是指农产品生产者直接出售其产品时实际获得的单位产品价格。农产品生产者价格调查采用抽样调查和重点调查相结合的方法。内容包括被调查单位生产并出售的主要农产品。农产品代表产品的选择涵盖农、林、牧、渔四大类、各中类以及90%以上的小类,一般是生产量和销售量大的对国计民生影响大、稳定性强的产品,具有发展前景的新产品和具有地方特色的产品。代表品一般稳定五年。调查周期为季度。

BRIEF INTRODUCTION

I. Main Contents

Data on price indices in this chapter show the changing trends and the changing rates in the prices of production, trade, consumption, investment and transaction, mainly including consumer price indices, retail price indices, producer price indices for industrial products, purchasing price indices for industrial producers, price indices for investment in fixed assets, house price indices, producer price indices for farm products.

II. Sources of Data

Statistics on price indices, organized and compiled by NBS Survey Office in Shanghai, are collected from the grassroots units or survey offices in districts in accordance with the scheme of price survey system stipulated by the National Bureau of Statistics, and then statistics are tabulated and reported to the higher agencies.

III. Consumer Price Indices and Retail Price Indices

Data for compilation of the consumer price indices and the retail price indices in Shanghai are collected through a combination of sample surveys and surveys of key units. Areas distributed in the city's economic regions, representative commodities and representative services are selected as samples. Regular surveys are conducted to collect data on their market prices. Population parameters are inferred on the basis of the sample data. At present, 16 districts in Shanghai are all included in the survey of the consumer price indices and the retail price indices.

(1) The selection of sample survey areas: Based on the basic conditions (including product varieties, their sales and etc.) the city's consumer market, the city's consumer market, shops, supermarkets, wet markets and service outlets of different varieties are ranked by sales (turnover or scales) and then selected on the number of survey areas needed via systematic sampling method schemes. The price survey areas should be shops, supermarkets, wet markets and service outlets with a wide range of products and big sales.

(2) The goods are selected on the city's consumption conditions, following these principles: (a) goods sold in large quantities (b) Representative for the price changing trends and the changing rates, which means selected goods are highly relevant with those unselected (c) Under the conditions of similar market shares, the bigger the differences in nature among goods and the lower the price relevance, the better (d) Good production and sales outlook (e) Qualified industrial goods, with registered trademark, origin and grade printed on the packaging.

At present, data are collected on more than 1,700 specifications each month in the city under 268 basic headings in 8 categories in the consumer price surveys. For the retail price surveys, data are collected on more than 900 specifications each month under 197 basic headings in 16 categories.

(3) Method of data collection: Sample surveys are used for the consumer price indices and the retail price indices, with method of direct survey with fixed people, fixed location and fixed time period.

(4) Determination of the weights: The weights of the consumer price indices are determined according to the composition of the consumption expenditures of Shanghai's urban and rural households. The weights of the retail price indices are determined mainly according to the total retail sales of commodities in the city.

(5) Method of calculation: the approach of the chain Lapsers with 2020 being a base period.

IV. Producer Price Indices

Producer prices include Producer Prices for Industrial Products, which are the prices of manufactured goods when they are sold for the first time, and Purchasing Prices for Industrial Producers, which are prices paid by industrial enterprises when they purchase productive inputs such as raw materials, fuels and power from the market or from other enterprises. Ethologically, the survey is a combination of the key enterprises' survey and typical enterprises' survey, where key enterprises refer to those industrial enterprises above set scale and typical enterprises refer to those industrial enterprises under set scale.

(1) Principles for the selection of representative enterprises: (a) Enterprises to be covered in the survey are selected by industrial sectors. In principle, every second-level classification should have representative enterprises; (b) All (or a majority of) large-scale enterprises should be selected; (c) Enterprises selected should be those with normal and stable production. According to these principles, nearly 1000 enterprises in Shanghai are selected for this survey.

(2) Principle for the selection of representative goods: (a) The goods are selected by industrial sectors; (b) The selected goods should have great importance in the national economy and people's living conditions; (c) The production of the goods selected should be stable; (d) The prospects of the goods selected should be promising; (e) The goods selected should be of local specialties.

(3) Online direct reporting method is used for the data collection of Producer Price survey.

V.Producer Price Indices for Agriculture Products

Producer price indices for agriculture products refers to the actual price per unit through directly selling their products by producers of farm products. The survey program of Price Index for Farm Products is a combined use of sampling survey and typical units´ survey. It covers main farm products produced and sold by the units surveyed. Representative farm products include those in Agriculture, Forestry, Animal Husbandry and Fishery, 90% of small classification in medium-sized classification. The products are generally with large production and sales, having great impact on the national economy and people´s living conditions, with strong stability, with promising to new products and with local characters. Representative products are for 5 years. The survey is conducted quarterly.

各种价格指数(1978~2022，以上年价格为 100)

Price Indices(preceding year=100)

表 3-1

年 份 year	居民消费 价格指数 Consumer Price Index	商品零售 价格指数 Retail Price Index	工业生产者 出厂价格指数 Producer Price Index for Industrial Products	工业生产者 购进价格指数 Purchasing Price Index for Industrial Producers	新建商品住宅 销售价格指数 Price Index for Newly Built Commodity Residential Housing	二手住宅 销售价格指数 Price Index for Existing Residential Housing	农产品生产者 价格指数 Producer Price Index for Agriculture Products
1978	100.5	100.1					
1980	105.9	106.5					
1985	115.2	116.4					
1986	106.3	106.7					
1987	108.1	108.8					
1988	120.1	121.3					
1989	115.9	116.7					
1990	106.3	104.8					
1991	110.5	109.5					
1992	110.0	109.7	110.4	109.6			
1993	120.2	117.5	128.0	129.2			
1994	123.9	117.5	118.2	121.6			
1995	118.7	113.0	107.9	113.3			
1996	109.2	105.0	97.6	97.6			
1997	102.8	98.8	97.8	98.6			
1998	100.0	95.1	93.9	94.1			
1999	101.5	97.3	97.6	97.1			
2000	102.5	96.4	102.5	107.1			
2001	100.0	98.6	96.7	98.7			
2002	100.5	98.7	96.4	97.7			
2003	100.1	99.0	101.4	106.4			
2004	102.2	100.9	103.6	116.4			110.8
2005	101.0	99.4	101.7	106.8			105.7
2006	101.2	100.2	100.6	104.8			101.9
2007	103.2	102.4	101.2	104.1			110.2
2008	105.8	105.3	102.2	110.3			109.7
2009	99.6	99.4	93.8	89.8			102.2
2010	103.1	101.7	102.3	111.2			107.1
2011	105.2	104.1	102.9	107.5	102.5	102.2	110.9
2012	102.8	101.2	98.4	94.7	98.8	99.1	101.4
2013	102.3	100.2	98.2	96.5	114.2	109.7	104.1
2014	102.7	100.9	98.9	95.9	107.0	104.6	99.5
2015	102.4	101.1	96.1	90.6	103.5	104.0	102.4
2016	103.2	100.8	98.8	97.7	132.8	130.0	106.6
2017	101.7	100.9	103.5	108.9	110.2	109.6	98.4
2018	101.6	101.6	101.7	105.2	99.8	98.2	100.5
2019	102.5	100.4	98.8	98.7	102.0	99.7	105.6
2020	101.7	100.9	98.3	96.9	103.6	103.5	106.7
2021	101.2	101.3	102.1	107.3	104.5	108.6	104.4
2022	102.5	101.7	102.6	104.9	103.8	103.7	102.6

注：国家统计局从 1993 年开始编制固定资产投资价格指数。从 2011 年起，工业品价格出厂价格指数和原材料燃料动力购进价格指数，分别改为工业生产者出厂价格指数和工业生产者购进价格指数。

Note: Price Indices for Investment in Fixed Assets have been compiled by The National Bureau of Statistics since 1993. And since 2011, Producer Price Index for Industrial Products and Purchasing Price Indices of Raw Materials, Fuels and Power have been Changed to Producer Price Indices for Industrial Products and Purchasing Price Indices for Industrial Producers respectively.

各种价格定基指数(1978~2022)
Fixed-base Price Indices

表 3-2

年　份 Year	居民消费价格指数 (以 1978 年价格为 100) Consumer Price Index (1978=100)	商品零售价格指数 (以 1978 年价格为 100) Retail Price Index (1978=100)	工业生产者出厂价格指数 (以 2000 年价格为 100) Producer Price Index for Industrial Products (2000=100)	工业生产者购进价格指数 (以 2000 年价格为 100) Purchasing Price Index for Industrial Producers (2000=100)
1978	100.0	100.0		
1980	106.9	107.6		
1985	128.2	130.4		
1986	136.3	139.1		
1987	147.3	151.4		
1988	176.9	183.6		
1989	205.1	214.3		
1990	218.0	224.6		
1991	240.9	245.9		
1992	265.0	269.8		
1993	318.5	317.0		
1994	394.6	372.4		
1995	468.4	420.9		
1996	511.5	441.9		
1997	525.8	436.6		
1998	525.8	415.2		
1999	533.7	404.0		
2000	547.0	389.5		
2001	547.0	384.0	96.7	98.7
2002	549.7	379.0	93.2	96.4
2003	550.1	375.4	94.5	102.6
2004	561.9	378.8	97.9	119.4
2005	567.3	376.7	99.6	127.5
2006	574.2	377.3	100.2	133.6
2007	592.3	386.5	101.4	139.1
2008	626.5	407.1	103.6	153.4
2009	624.0	404.8	97.2	137.8
2010	643.4	411.7	99.4	153.2
2011	676.7	428.4	102.3	164.7
2012	695.9	433.6	100.7	156.0
2013	711.9	434.3	98.9	150.5
2014	730.7	438.0	97.8	144.3
2015	748.4	442.8	94.0	130.7
2016	772.6	446.3	92.9	127.7
2017	785.7	450.3	96.2	139.1
2018	798.3	457.5	97.8	146.3
2019	818.2	459.3	96.6	144.4
2020	832.3	463.4	95.0	139.9
2021	842.2	469.6	97.0	150.1
2022	863.5	477.6	99.5	157.5

居民消费分类价格指数(1978~2015，以上年价格为100)

表3-3

年　份 Year	居民消费 价格指数 Consumer Price Index	食　品 Food	烟　酒 Tobacco and Liquors	衣　着 Clothing
1978	100.5	100.1		99.9
1980	105.9	106.6		99.9
1985	115.2	125.1		100.5
1986	106.3	109.9		101.6
1987	108.1	111.2		107.5
1988	120.1	124.7		121.8
1989	115.9	113.3		123.8
1990	106.3	103.6		110.9
1991	110.5	112.7		106.3
1992	110.0	113.1		109.8
1993	120.2	121.1		119.2
1994	123.9	130.2		117.4
1995	118.7	124.4		109.0
1996	109.2	109.7		108.8
1997	102.8	99.3		101.0
1998	100.0	97.7		93.0
1999	101.5	97.6		98.2
2000	102.5	98.1		94.9
2001	100.0	100.3	98.9	98.9
2002	100.5	102.9	98.9	97.5
2003	100.1	101.3	99.8	97.5
2004	102.2	108.3	98.3	94.2
2005	101.0	104.5	99.7	92.1
2006	101.2	102.5	100.2	106.4
2007	103.2	109.4	100.7	101.3
2008	105.8	115.3	101.7	101.6
2009	99.6	102.1	100.8	99.3
2010	103.1	107.7	101.1	98.6
2011	105.2	110.8	101.3	104.3
2012	102.8	105.8	101.4	103.0
2013	102.3	104.4	100.1	100.0
2014	102.7	103.2	101.0	103.7
2015	102.4	102.9	104.2	107.8

注：1. 家庭设备用品及维修服务：1978~1993年为日用品类，1994~2000年为家庭设备及用品类。2. 医疗保健和个人用品：1978~1993年为药及医药用品类，1994~2000年为医疗保健类。3. 交通和通信：1994~2000年为交通和通信工具类。4. 娱乐教育文化用品及服务：1978~1993年为文化娱乐用品类，1994~2000年为娱乐教育文化用品类。

Note: 1. Household Facilities, Articles and Repair Services is Daily Use Articles from 1978 to 1993 and Household Facilities and Articles from 1994 to 2000. 2. Health Care and Personal Articles is Medicines and Medical Products from 1978 to 1993 and Medical and Health Care from 1994 to 2000, 3. Transportation and Communication is Transport and Communication Tools from 1994 to 2000. 4. Recreation, Education, Culture Articles and Services is Culture and Recreation Articles from 1978 to 1993 and Recreation, Education and Culture Articles from 1994 to 2000.

Consumer Price Indices by Category(preceding year=100)

家庭设备用品及维修服务 Household Facilities, Articles and Repair Services	医疗保健和个人用品 Health Care and Personal Articles	交通和通信 Transportation and Communication	娱乐教育文化用品及服务 Recreation, Education, Culture Articles and Services	居 住 Residence
100.2	100.0		100.0	
100.1	99.3		100.3	
102.0	103.1		99.8	
102.4	106.3		100.6	
106.2	102.6		101.3	
113.9	107.8		108.9	
108.3	115.8		135.6	
108.6	103.0		94.9	
112.5	97.7		90.8	
101.3	106.9		90.9	
108.5	107.6		99.2	
110.8	112.3	103.5	115.6	120.3
103.5	108.2	93.4	103.2	120.1
99.9	107.6	98.6	105.3	109.7
92.4	103.3	99.5	96.9	120.3
93.1	102.6	94.9	92.8	113.4
97.6	101.0	81.4	95.7	105.8
96.6	99.9	93.3	92.1	103.3
97.2	97.4	98.1	102.1	102.3
97.7	97.6	96.9	100.8	100.0
98.4	100.0	96.3	100.3	101.1
97.8	100.0	96.5	99.9	101.6
100.8	100.3	97.5	98.3	102.9
102.7	101.1	97.3	98.2	102.9
103.3	100.2	96.9	97.3	104.5
108.3	103.1	97.5	98.2	102.5
101.5	99.4	97.5	98.0	96.6
101.1	103.7	97.4	100.9	103.5
107.1	104.1	100.2	99.2	105.4
103.5	100.6	100.8	99.3	102.8
101.3	100.0	100.4	100.1	103.9
101.8	100.4	100.1	101.8	104.6
102.9	99.3	97.6	100.3	104.6

居民消费分类价格指数（2016～2022，以上年价格为100）

表3-4

年　份 Year	居民消费价格指数 Consumer Price Index	食品烟酒 Food, Tobacco and Alcohol	衣　着 Clothing	居　住 Residence
2016	103.2	103.7	100.8	105.1
2017	101.7	101.2	100.5	101.7
2018	101.6	102.3	98.3	100.2
2019	102.5	105.0	103.2	101.9
2020	101.7	105.3	100.9	100.8
2021	101.2	100.5	99.5	101.1
2022	102.5	104.5	99.0	101.0

注：2021年，交通通信、教育文化娱乐和其他用品及服务的中文表述有所调整。
Note: There are some minor adjustments in the Chinese expressions of Transportation and Communication, Education Culture and Recreation, Other Articles and Services in 2021.

居民消费分类价格指数（1978～1993，以1978年价格为100）

表3-5

年　份 Year	居民消费价格指数 Consumer Price Index	食　品 Food	衣　着 Clothing	日用品 Daily Use Articles
1978	100.0	100.0	100.0	100.0
1979	100.9	101.7	100.0	100.2
1980	106.9	108.4	99.9	100.3
1981	108.3	109.8	99.3	99.6
1982	108.7	111.9	96.3	95.8
1983	108.9	113.6	90.9	94.4
1984	111.3	117.5	90.8	94.0
1985	128.2	147.0	91.2	95.8
1986	136.3	161.6	92.7	98.2
1987	147.3	179.7	99.6	104.2
1988	176.9	224.1	121.3	118.7
1989	205.1	253.9	150.2	128.6
1990	218.0	263.0	166.5	139.6
1991	240.9	296.5	177.1	157.1
1992	265.0	335.2	194.4	159.1
1993	318.5	406.0	231.7	172.7

注：由于居民消费价格分类从1978年来经历四次大调整，1978～1993年、1994～2000年、2001～2015年、2016～2022年四个阶段的居民消费价格分类内容不完全一致，因此在使用历年分类指数时注意数据口径衔接。
Note: Consumer Price Indices by Category has been adjusted for 4 times, so Consumer Price Indices by Category of the four periods (1978-1993, 1994-2000, 2001-2015 and 2016-2022) are not of the same calibre. Please notice the different calibres when use these data.

Consumer Price Indices by Category(preceding year=100)

生活用品及服务 Articles for Daily Use and Services	交通通信 Transportation and Communication	教育文化娱乐 Education, Culture and Recreation	医疗保健 Health Care	其他用品及服务 Other Articles and Services
101.2	97.0	102.7	109.0	103.3
101.5	100.7	100.9	106.6	102.6
101.4	104.0	103.1	102.4	102.4
100.9	97.8	101.2	103.3	103.3
99.8	96.6	101.1	101.2	102.9
100.7	104.0	102.7	98.9	100.9
102.0	104.4	103.5	102.1	100.6

Consumer Price Indices by Category(1978=100)

文化娱乐用品 Culture and Recreation Articles	书报杂志 Books, Newspapers and Magazines	药及医药用品 Medicines and Medical Products	燃　料 Fuels	服务项目 Services
100.0	100.0	100.0	100.0	100.0
101.5	100.0	99.5	100.0	100.3
101.7	100.0	98.8	100.0	100.4
101.9	100.0	99.3	100.0	100.5
100.7	100.0	108.0	100.0	100.7
100.1	100.0	110.1	100.0	101.3
98.9	100.0	116.3	100.0	104.0
98.7	125.7	119.8	100.0	109.7
99.3	144.3	127.4	100.0	112.3
100.5	144.3	130.7	102.8	113.9
109.6	172.0	141.0	106.3	125.1
148.6	319.4	163.2	106.5	135.3
140.9	364.5	168.2	123.7	165.0
128.0	377.6	164.2	209.5	196.2
116.4	415.3	175.5	268.2	220.7
115.5	438.2	188.9	421.8	305.3

居民消费分类价格指数（1994~2000，以1993年价格为100）

表 3-6

年　份 Year	居民消费价格指数 Consumer Price Index	食　品 Food	衣　着 Clothing	家庭设备及用品 Household Facilities and Articles
1994	123.9	130.2	117.4	110.8
1995	147.1	162.0	128.0	114.7
1996	160.6	177.7	139.2	114.6
1997	165.1	176.4	140.6	105.9
1998	165.1	172.4	130.8	98.6
1999	167.6	168.2	128.4	96.2
2000	171.8	165.0	121.9	92.9

居民消费分类价格指数（2001~2015，以2000年价格为100）

表 3-7

年　份 Year	居民消费价格指数 Consumer Price Index	食　品 Food	烟　酒 Tobacco and Liquors	衣　着 Clothing
2001	100.0	100.3	98.9	98.9
2002	100.5	103.2	97.9	96.4
2003	100.6	104.6	97.6	94.0
2004	102.8	113.2	96.0	88.6
2005	103.7	118.3	95.6	81.6
2006	105.0	121.3	95.9	86.8
2007	108.3	132.7	96.5	88.0
2008	114.6	153.0	98.1	89.4
2009	114.1	156.1	98.9	88.8
2010	117.6	168.2	100.0	87.6
2011	123.7	186.3	101.3	91.3
2012	127.2	197.2	102.8	94.0
2013	130.2	205.8	102.9	94.0
2014	133.6	212.4	103.9	97.5
2015	136.9	218.5	108.2	105.1

Consumer Price Indices by Category(1993=100)

医疗保健 Medical and Health Care	交通和通信工具 Transport and Communication Tools	娱乐教育文化用品 Education, Culture Articles and Services	居 住 Residence	服务项目 Services
112.3	103.5	115.6	120.3	120.6
121.5	96.7	119.3	144.5	150.4
130.7	95.3	125.6	158.5	178.8
135.1	94.8	121.7	190.7	219.8
138.6	90.0	113.0	216.2	251.4
140.0	73.3	108.1	228.8	306.5
139.9	68.4	99.6	236.4	399.7

Consumer Price Indices by Category(2000=100)

家庭设备用品及维修服务 Household Facilities, Articles and Repair Services	医疗保健和个人用品 Health Care and Personal Articles	交通和通信 Transportation and Communication	娱乐教育文化用品及服务 Recreation, Education and Culture Articles and Services	居 住 Residence
97.2	97.4	98.1	102.1	102.3
94.9	95.1	95.0	102.9	102.3
93.4	95.1	91.5	103.2	103.4
91.4	95.0	88.4	103.2	105.1
92.1	95.3	86.2	101.4	108.2
94.6	96.3	83.8	99.6	111.3
97.7	96.6	81.2	96.9	116.3
105.8	99.6	79.2	95.2	119.3
107.4	99.0	77.2	93.2	115.2
108.6	102.7	75.2	94.1	119.2
116.2	106.9	75.3	93.3	125.6
120.3	107.6	75.9	92.7	129.2
121.8	107.6	76.2	92.8	134.2
124.0	108.0	76.3	94.5	140.4
127.5	107.2	74.4	94.8	146.8

居民消费分类价格指数(2016~2020，以2015年价格为100)

表3-8

年　份 Year	居民消费价格指数 Consumer Price Index	食品烟酒 Food, Tobacco and Alcohol	衣　着 Clothing	居　住 Residence
2016	103.2	103.7	100.8	105.1
2017	105.0	105.0	101.3	106.9
2018	106.6	107.4	99.6	107.2
2019	109.2	112.8	102.8	109.2
2020	111.1	118.7	103.7	110.1

居民消费分类价格指数(2021~2022，以2020年价格为100)

表3-9

年　份 Year	居民消费价格指数 Consumer Price Index	食品烟酒 Food, Tobacco and Alcohol	衣　着 Clothing	居　住 Residence
2021	101.2	100.5	99.5	101.1
2022	103.9	105.1	99.0	102.0

Consumer Price Indices by Category(2015=100)

生活用品及服务 Articles for Daily Use and Services	交通和通信 Transportation and Communication	教育文化和娱乐 Education, Culture and Recreation	医疗保健 Health Care	其他用品和服务 Other Articles and Services
101.2	97.0	102.7	109.0	103.3
102.7	97.7	103.6	116.2	106.0
104.2	101.6	106.8	119.0	108.5
105.1	99.3	108.2	122.9	112.1
104.9	95.9	109.4	124.4	115.4

Consumer Price Indices by Category(2020=100)

生活用品及服务 Articles for Daily Use and Services	交通通信 Transportation and Communication	教育文化娱乐 Education, Culture and Recreation	医疗保健 Health Care	其他用品及服务 Other Articles and Services
100.7	104.0	102.7	98.9	100.9
103.1	107.4	107.6	101.3	102.9

居民消费分类价格指数(2001~2015，以上年价格为100)

表3-10

指　标	Indicators	2001年	2005年	2006年	2007年
居民消费价格指数	**Consumer Price Index**	**100.0**	**101.0**	**101.2**	**103.2**
#消费品价格指数	Consumer Goods Price Index	98.6	100.4	101.2	104.0
服务项目价格指数	Services Price Index	105.4	102.7	101.2	100.9
食　品	**Food**	**100.3**	**104.5**	**102.5**	**109.4**
粮　食	Grain	102.9	103.0	101.9	101.6
淀粉及制品	Starch and Derived Products	103.6	105.2	95.6	101.8
干豆类及豆制品	Beans and Bean Products	95.6	103.0	99.0	108.7
油　脂	Oil or Fat	84.5	91.2	97.6	129.8
肉禽及其制品	Meat, Poultry and Processed Products	99.3	105.7	100.6	123.0
蛋	Eggs	102.4	105.8	95.4	121.8
水产品	Aquatic Products	100.1	114.2	102.0	101.4
菜	Vegetables	108.9	103.3	105.2	113.5
调味品	Flavouring	99.2	102.1	104.4	104.6
糖	Sugars	101.4	103.2	102.1	99.8
茶及饮料	Tea and Beverages	98.4	99.3	100.5	101.8
干鲜瓜果	Dried and Fresh Fruits	104.3	99.4	111.5	111.8
糕点饼干面包	Cakes, Biscuits and Bread	100.5	98.1	98.9	101.5
液体乳及乳制品	Milk and Dairy Products	100.8	100.8	102.3	106.2
在外用膳食品	Dining Out	98.0	104.5	102.5	107.6
其它食品	Other Foods	99.2	101.1	102.8	100.9
烟　酒	**Tobacco and Liquors**	**98.9**	**99.7**	**100.2**	**100.7**
烟　草	Tobacco	99.2	99.5	99.8	100.6
酒	Liquors	98.2	99.8	100.2	101.0
衣　着	**Clothing**	**98.9**	**92.1**	**106.4**	**101.3**
服　装	Garments	96.4	90.8	106.3	103.1
衣着材料	Clothing Materials	98.7	105.1	97.8	100.7
鞋袜帽	Footgear and Hats	106.2	94.5	107.9	95.4
衣着加工服务费	Clothing Manufacturing Services	100.0	103.4	100.0	102.0
家庭设备用品及维修服务	**Household Facilities, Articles and Repair Services**	**97.2**	**100.8**	**102.7**	**103.3**
耐用消费品	Durable Consumer Goods	94.7	98.6	101.2	102.9
室内装饰品	Interior Decorations	101.0	99.3	100.0	100.2
床上用品	Bed Articles	100.5	96.9	100.6	103.1
家庭日用杂品	Daily Use Household Articles	98.6	103.4	102.8	102.1
家庭服务及加工维修服务	Household Services and Maintenance and Renovation	100.0	109.8	112.0	108.5
医疗保健和个人用品	**Health Care and Personal Articles**	**97.4**	**100.3**	**101.1**	**100.2**
医疗保健	Health Care	96.5	100.4	98.1	98.4
个人用品及服务	Personal Articles and Services	99.8	100.2	107.1	103.0
交通和通信	**Transportation and Communication**	**98.1**	**97.5**	**97.3**	**96.9**
交　通	Transportation	102.3	99.9	98.9	98.8
通　信	Communication	94.4	94.9	94.9	94.3
娱乐教育文化用品及服务	**Recreation, Education and Culture Articles and Services**	**102.1**	**98.3**	**98.2**	**97.3**
文娱用耐用消费品及服务	Durable Consumer Goods and Services for Culture and Recreation	91.2	85.8	87.8	83.8
教　育	Education	109.6	99.5	100.0	99.8
文化娱乐类	Cultural and Recreational Articles	105.2	102.6	101.6	99.8
旅　游	Touring and Outing	96.2	107.0	103.0	103.4
居　住	**Residence**	**102.3**	**102.9**	**102.9**	**104.5**
建房及装修材料	Construction and Decoration Materials	97.5	103.9	107.0	106.9
住房租金	Renting				
自有住房	Private Housing	99.8	106.9	102.3	105.6
水、电、燃料	Water, Electricity and Fuels	101.7	101.0	100.4	100.3

Consumer Price Indices by Category(preceding year=100)

2008 年	2009 年	2010 年	2011 年	2012 年	2013 年	2014 年	2015 年
105.8	**99.6**	**103.1**	**105.2**	**102.8**	**102.3**	**102.7**	**102.4**
107.4	100.4	103.5	105.9	102.8	103.7	101.9	102.0
101.6	97.5	102.0	103.9	103.0	101.5	104.0	103.2
115.3	**102.1**	**107.7**	**110.8**	**105.8**	**104.4**	**103.2**	**102.9**
107.3	103.7	112.0	113.5	102.9	103.7	102.4	103.0
107.9	106.0	95.5	106.6	109.5	101.6	102.5	103.9
132.5	100.2	108.7	114.7	109.5	103.1	100.4	101.2
124.7	80.3	105.6	117.5	103.8	97.9	95.5	98.5
122.9	95.5	104.3	119.9	105.1	103.7	101.4	105.3
106.4	103.0	106.1	113.5	98.2	102.2	106.0	98.0
111.2	105.4	116.4	113.7	105.8	105.0	102.7	101.3
120.6	116.5	111.0	99.8	111.1	108.1	101.5	107.5
109.5	104.0	106.5	107.7	103.5	102.5	103.1	104.9
107.4	101.3	103.8	104.8	103.5	102.1	102.0	102.2
106.9	103.0	103.9	105.1	103.1	100.4	103.2	103.9
112.3	100.3	112.0	114.5	102.8	107.3	111.6	96.8
112.5	102.8	100.5	108.8	102.8	101.7	102.6	101.8
119.4	100.5	102.3	108.2	103.8	108.1	110.1	99.2
114.3	101.8	105.6	107.9	107.8	103.3	101.9	104.1
104.3	99.3	105.0	107.4	108.1	102.6	103.4	104.2
101.7	**100.8**	**101.1**	**101.3**	**101.4**	**100.1**	**101.0**	**104.2**
100.1	100.4	101.0	100.3	100.0	100.1	101.2	104.9
103.4	100.8	101.6	103.9	105.0	99.9	100.7	102.5
101.6	**99.3**	**98.6**	**104.3**	**103.0**	**100.0**	**103.7**	**107.8**
101.7	99.4	99.9	105.4	103.9	100.3	102.4	107.3
103.8	102.9	102.9	119.8	104.9	98.5	103.1	106.3
100.6	98.3	93.6	99.0	99.3	98.4	108.5	109.8
106.6	103.3	107.2	119.1	105.5	105.4	110.0	105.5
108.3	**101.5**	**101.1**	**107.1**	**103.5**	**101.3**	**101.8**	**102.9**
107.2	100.0	99.6	102.8	103.0	99.5	100.9	101.8
100.9	99.0	99.2	101.5	105.0	98.0	93.6	102.2
101.7	99.9	104.2	116.4	99.1	100.8	98.4	103.4
110.4	103.3	99.4	107.6	103.0	101.1	100.5	101.4
116.5	106.1	108.8	118.0	109.1	108.8	110.7	108.5
103.1	**99.4**	**103.7**	**104.1**	**100.6**	**100.0**	**100.4**	**99.3**
100.5	101.0	100.8	100.6	99.9	100.8	101.7	100.7
106.2	97.7	107.1	107.4	101.3	99.3	99.2	98.0
97.5	**97.5**	**97.4**	**100.2**	**100.8**	**100.4**	**100.1**	**97.6**
99.2	99.7	98.7	101.8	102.6	101.3	100.6	97.3
95.1	94.4	95.3	96.3	96.5	97.8	98.7	98.2
98.2	**98.0**	**100.9**	**99.2**	**99.3**	**100.1**	**101.8**	**100.3**
85.0	82.8	89.4	89.7	87.8	88.7	93.7	95.9
101.2	102.1	101.2	101.8	102.0	103.0	102.4	102.5
100.7	104.2	101.0	102.8	101.8	100.3	101.0	100.7
101.7	93.9	115.9	99.9	102.1	103.4	107.9	97.9
102.5	**96.6**	**103.5**	**105.4**	**102.8**	**103.9**	**104.6**	**104.6**
104.5	100.8	102.1	103.3	105.0	101.4	99.8	101.4
			105.6	100.2	104.0	105.2	107.3
101.3	81.3	103.0	107.1	103.2	104.9	105.3	105.5
100.5	106.4	103.8	101.8	101.4	102.8	105.9	102.4

居民消费分类价格指数(2016~2020，以上年价格为100)
Consumer Price Indices by Category(preceding year=100)

表 3-11

指 标	Indicators	2016年	2017年	2018年	2019年	2020年
居民消费价格指数	**Consumer Price Index**	**103.2**	**101.7**	**101.6**	**102.5**	**101.7**
#消费品价格指数	Consumer Goods Price Index	102.2	101.2	101.6	102.8	102.6
服务价格指数	Services Price Index	104.5	102.3	101.6	102.0	100.5
食品烟酒	**Food, Tobacco and Alcohol**	**103.7**	**101.2**	**102.3**	**105.0**	**105.3**
食 品	Food	104.8	100.6	102.5	106.4	106.3
粮 食	Grain	100.9	101.7	100.3	100.7	101.5
薯 类	Tubers	113.0	92.6	105.7	109.6	108.4
豆 类	Beans	100.4	100.1	105.4	111.3	99.9
食用油	Edible Oil and Fats	99.9	101.5	100.2	100.6	106.6
菜	Vegetables	110.6	94.9	107.1	103.5	105.9
畜肉类	Meat of Livestock	108.3	99.3	98.8	118.7	131.0
禽肉类	Meat of Poultry	101.6	102.1	106.3	111.3	99.9
水产品	Aquatic Products	107.8	103.5	101.3	100.3	100.6
蛋 类	Eggs	98.4	98.5	108.6	105.2	96.7
奶 类	Milk	101.4	99.7	101.3	101.6	100.7
干鲜瓜果类	Fruits and Nuts	101.8	104.0	102.9	107.4	94.4
糖果糕点类	Candy and Cake	102.3	103.3	101.9	100.7	101.9
调味品	Flavouring	104.8	105.2	100.4	100.2	103.6
其他食品	Other Foods	102.3	100.7	103.7	102.3	100.4
茶及饮料	Tea and Beverages	100.8	101.0	103.2	101.6	101.8
烟 酒	Tobacco and Alcohol	102.2	102.3	101.3	101.0	102.8
在外餐饮	Dining Out	101.6	102.4	101.9	102.8	103.6
衣 着	**Clothing**	**100.8**	**100.5**	**98.3**	**103.2**	**100.9**
服 装	Garments	101.3	100.2	98.6	103.6	101.5
服装材料	Clothing Materials	103.6	100.4	101.8	102.5	101.6
其他衣着及配件	Other Clothing and Accessories	100.4	100.4	100.8	98.1	100.6
衣着加工服务费	Clothing Manufacturing Services	103.6	103.8	108.3	107.5	102.6
鞋 类	Footwear	98.8	101.2	95.6	102.1	98.6
居 住	**Residence**	**105.1**	**101.7**	**100.2**	**101.9**	**100.8**
租赁房房租	Rent of Rental Housing	107.3	101.8	99.7	101.8	101.0
住房保养维修及管理	Housing Maintenance and Management	103.1	103.9	105.9	102.8	102.4
水电燃料	Water, Electricity and Fuels	99.0	101.1	100.6	99.4	99.6
自有住房	Private Housing	106.4	101.6	99.5	102.3	100.9
生活用品及服务	**Articles for Daily Use and Services**	**101.2**	**101.5**	**101.4**	**100.9**	**99.8**
家具及室内装饰品	Furniture and Interior Decorations	100.2	101.2	103.0	100.9	99.3
家用器具	Household Appliances	100.4	100.4	99.8	98.7	96.6
家用纺织品	Household Textiles	101.9	100.3	99.0	99.2	100.4
家庭日用杂品	Daily Use Household Articles	100.5	101.6	102.1	100.7	100.4
个人护理用品	Personal-Care Supplies	99.6	100.5	100.4	101.6	101.0
家庭服务	Household Services	106.6	104.9	103.7	104.2	101.6
交通和通信	**Transportation and Communication**	**97.0**	**100.7**	**104.0**	**97.8**	**96.6**
交 通	Transportation	96.8	101.1	105.1	97.5	94.2
通 信	Communication	97.3	100.0	102.2	98.3	100.8
教育文化和娱乐	**Education, Culture and Recreation**	**102.7**	**100.9**	**103.1**	**101.2**	**101.1**
教 育	Education	104.6	104.6	106.9	103.9	102.5
文化娱乐	Culture and Recreation	101.6	98.6	100.7	99.4	100.1
医疗保健	**Health Care**	**109.0**	**106.6**	**102.4**	**103.3**	**101.2**
药品及医疗器具	Medicine and Medical Instruments	110.6	102.2	101.1	102.9	102.4
医疗服务	Medical Services	107.3	111.6	103.8	103.6	100.0
其他用品和服务	**Other Articles and Services**	**103.3**	**102.6**	**102.4**	**103.3**	**102.9**
其他用品类	Other Articles	104.6	101.0	100.5	105.8	111.3
其他服务类	Other Services	102.5	103.6	103.6	101.8	97.4

居民消费分类价格指数(2021～2022，以上年价格为100)
Consumer Price Indices by Category (preceding year=100)

表 3-12

指　标	Indicators	2021年	2022年
居民消费价格指数	**Consumer Price Index**	**101.2**	**102.5**
#消费品价格指数	Consumer Goods Price Index	100.9	102.6
服务价格指数	Services Price Index	101.5	101.8
食品烟酒	**Food,Tobacco and Alcohol**	**100.5**	**104.5**
食　品	Food	99.6	105.8
粮　食	Grain	99.1	103.4
薯　类	Tubers	100.9	106.0
豆　类	Beans	117.3	103.1
食用油	Edible Oil and Fats	107.4	110.7
菜及食用菌	Vegetables and Edible Mushrooms	105.2	111.6
畜肉类	Meat of Livestock	86.2	98.3
禽肉类	Meat of Poultry	89.7	109.2
水产品	Aquatic Products	105.4	106.8
蛋　类	Eggs	104.5	116.0
奶　类	Milk	103.7	98.1
干鲜瓜果类	Fruits and Nuts	105.6	111.2
糖果糕点类	Candy and Cake	102.5	103.3
调味品	Flavouring	100.9	105.8
其他食品类	Other Foods	100.4	105.5
茶及饮料	Tea and Beverages	101.0	101.7
烟　酒	Tobacco and Alcohol	104.0	101.8
在外餐饮	Dining Out	101.8	102.4
衣　着	**Clothing**	**99.5**	**99.0**
服　装	Garments	99.4	99.1
鞋　类	Footwear	99.8	98.4
居　住	**Residence**	**101.1**	**101.0**
租赁房房租	Rent of Rental Housing	101.1	100.6
住房保养维修及管理	Housing Maintenance and Management	102.3	102.3
水电燃料	Water, Electricity and Fuels	101.0	102.8
自有住房	Private Housing	101.0	100.6
生活用品及服务	**Articles for Daily Use and Services**	**100.7**	**102.0**
家具及室内装饰品	Furniture and Interior Decorations	101.6	103.0
家用器具	Household Appliances	102.0	102.6
家用纺织品	Household Textiles	97.8	98.7
家庭日用杂品	Daily Use Household Articles	99.8	100.5
个人护理用品	Personal-Care Supplies	98.8	101.3
家庭服务	Household Services	103.4	105.1
交通通信	**Transportation and Communication**	**104.0**	**104.4**
交　通	Transportation	104.7	106.2
通　信	Communication	101.4	98.0
教育文化娱乐	**Education, Culture and Recreation**	**102.7**	**103.5**
教　育	Education	102.3	104.3
文化娱乐	Culture and Recreation	103.1	102.6
医疗保健	**Health Care**	**98.9**	**102.1**
药品及医疗器具	Medicine and Medical Instruments	94.9	97.5
医疗服务	Medical Services	101.7	105.0
其他用品及服务	**Other Articles and Services**	**100.9**	**100.6**
其他用品	Other Articles	102.8	101.4
其他服务	Other Services	99.1	99.7

居民消费分类价格指数(2001~2015，以2000年价格为100)

表3-13

指　标	Indicators	2001年	2005年
居民消费价格指数	**Consumer Price Index**	**100.0**	**103.7**
#消费品价格指数	Consumer Goods Price Index	98.6	100.8
服务项目价格指数	Services Price Index	105.4	114.7
食　品	**Food**	**100.3**	**118.3**
粮　食	Grain	102.9	141.0
淀粉及制品	Starch and Derived Products	103.6	142.8
干豆类及豆制品	Beans and Bean Products	95.6	119.4
油　脂	Oil or Fat	84.5	90.8
肉禽及其制品	Meat, Poultry and Processed Products	99.3	126.8
蛋	Eggs	102.4	135.6
水产品	Aquatic Products	100.1	134.0
菜	Vegetables	108.9	122.0
调味品	Flavouring	99.2	103.7
糖	Sugars	101.4	107.3
茶及饮料	Tea and Beverages	98.4	95.8
干鲜瓜果	Dried and Fresh Fruit	104.3	121.0
糕点饼干面包	Cakes, Biscuits and Bread	100.5	99.6
液体乳及乳制品	Milk and Dairy Products	100.8	100.0
在外用膳食品	Dining Out	98.0	111.8
其它食品	Other Foods	99.2	99.3
烟　酒	**Tobacco and Liquors**	**98.9**	**95.7**
烟　草	Tobacco	99.2	93.7
酒	Liquors	98.2	96.7
衣　着	**Clothing**	**98.9**	**81.6**
服　装	Garments	96.4	78.6
衣着材料	Clothing Materials	98.7	102.4
鞋袜帽	Footgear and Hats	106.2	86.8
衣着加工服务费	Clothing Manufacturing Services	100.0	104.5
家庭设备用品及维修服务	**Household Facilities, Articles and Repair Services**	**97.2**	**92.1**
耐用消费品	Durable Consumer Goods	94.7	86.8
室内装饰品	Interior Decorations	101.0	98.5
床上用品	Bed Articles	100.5	99.4
家庭日用杂品	Daily Use Household Articles	98.6	93.9
家庭服务及加工维修服务	Household Services and Maintenance and Renovation	100.0	108.5
医疗保健和个人用品	**Health Care and Personal Articles**	**97.4**	**95.3**
医疗保健	Health Care	96.5	91.6
个人用品及服务	Personal Articles and Services	99.8	105.7
交通和通信	**Transportation and Communication**	**98.1**	**86.2**
交　通	Transportation	102.3	100.2
通　信	Communication	94.4	74.6
娱乐教育文化用品及服务	**Recreation, Education and Culture Articles and Services**	**102.1**	**101.4**
文娱用耐用消费品及服务	Durable Consumer Goods and Services for Culture and Recreation	91.2	55.1
教　育	Education	109.6	122.2
文化娱乐类	Cultural and Recreational Articles	105.2	122.7
旅　游	Touring and Outing	96.2	101.4
居　住	**Residence**	**102.3**	**108.2**
建房及装修材料	Construction and Decoration Materials	97.5	104.5
自有住房	Private Housing	99.8	97.8
水、电、燃料	Water, Electricity and Fuels	101.7	109.3

Consumer Price Indices by Category (2000 = 100)

2006年	2007年	2008年	2009年	2010年	2011年	2012年	2013年	2014年	2015年
105.0	**108.3**	**114.6**	**114.1**	**117.7**	**123.7**	**127.3**	**130.2**	**133.6**	**136.9**
102.1	106.2	114.0	114.4	118.4	125.4	128.8	133.6	136.2	138.9
116.1	117.1	119.0	116.0	118.4	123.0	126.7	128.6	133.8	138.0
121.3	**132.7**	**153.0**	**156.1**	**168.2**	**186.3**	**197.2**	**205.8**	**212.4**	**218.5**
143.7	146.0	156.5	162.3	181.7	206.3	212.4	220.2	225.3	232.1
136.5	139.0	150.0	158.9	151.8	161.8	177.2	180.0	184.5	191.7
118.2	128.5	170.3	170.7	185.5	212.8	233.1	240.4	241.3	244.1
88.7	115.1	143.5	115.2	121.6	142.9	148.3	145.2	138.8	136.6
127.6	156.9	192.7	184.1	192.0	230.2	242.1	251.0	254.5	267.9
129.4	157.6	167.7	172.6	183.1	207.8	204.0	208.4	220.9	216.4
136.6	138.5	154.0	162.3	189.0	214.8	227.4	238.7	245.2	248.3
128.4	145.7	175.6	204.7	227.1	226.7	251.9	272.2	276.3	297.0
108.3	113.3	124.0	129.0	137.4	147.9	153.1	156.9	161.7	169.7
109.6	109.4	117.5	119.0	123.5	129.4	133.9	136.7	139.5	142.6
96.3	98.0	104.7	107.8	112.0	117.7	121.4	121.9	125.8	130.7
134.9	150.8	169.4	170.0	190.4	218.0	224.1	240.5	268.3	259.5
98.5	100.0	112.5	115.6	116.1	126.4	129.9	132.2	135.5	137.9
102.3	108.7	129.8	130.5	133.5	144.4	149.8	162.0	178.4	177.1
114.6	123.4	141.1	143.6	151.7	163.7	176.5	182.4	185.8	193.5
102.1	103.0	107.4	106.6	111.9	120.3	129.9	133.3	137.9	143.7
95.9	**96.5**	**98.2**	**98.9**	**100.0**	**101.3**	**102.8**	**102.8**	**103.9**	**108.2**
93.5	94.1	94.2	94.5	95.4	95.7	95.6	95.8	96.9	101.6
96.9	97.9	101.2	102.0	103.7	107.8	113.2	113.1	113.9	116.8
86.8	**88.0**	**89.4**	**88.8**	**87.5**	**91.3**	**94.0**	**93.9**	**97.5**	**105.1**
83.5	86.1	87.6	87.1	87.0	91.6	95.2	95.5	97.8	104.9
100.1	100.8	104.6	107.7	110.8	132.7	139.2	137.1	141.3	150.2
93.7	89.4	89.9	88.4	82.7	81.9	81.3	80.0	86.8	95.4
104.5	106.6	113.6	117.4	125.8	149.9	158.1	166.5	183.2	193.2
94.6	**97.7**	**105.8**	**107.4**	**108.6**	**116.2**	**120.2**	**121.8**	**123.9**	**127.5**
87.8	90.4	96.9	96.9	96.5	99.2	102.1	101.6	102.6	104.4
98.5	98.7	99.6	98.6	97.8	99.3	104.2	102.1	95.6	97.7
100.0	103.1	104.8	104.7	109.1	126.9	125.8	126.7	124.7	128.9
96.5	98.6	108.8	112.4	111.8	120.3	123.9	125.3	125.9	127.7
121.5	131.8	153.5	162.9	177.2	209.1	228.1	248.3	275.0	298.4
96.4	**96.6**	**99.6**	**99.1**	**102.7**	**106.9**	**107.6**	**107.6**	**108.0**	**107.2**
89.8	88.4	88.9	89.8	90.5	91.0	90.9	91.6	93.2	93.9
113.2	116.6	123.8	121.0	129.6	139.2	141.0	140.0	138.8	136.0
83.8	**81.2**	**79.2**	**77.2**	**75.2**	**75.3**	**76.0**	**76.2**	**76.3**	**74.4**
99.1	97.9	97.2	96.9	95.6	97.4	99.9	101.3	101.8	99.1
70.8	66.8	63.5	59.9	57.2	55.0	53.1	52.0	51.3	50.4
99.6	**96.9**	**95.2**	**93.3**	**94.1**	**93.3**	**92.7**	**92.8**	**94.5**	**94.8**
48.4	40.5	34.4	28.5	25.5	22.9	20.1	17.8	16.7	16.0
122.2	122.0	123.5	126.1	127.6	129.9	132.5	136.5	139.7	143.1
124.7	124.5	125.4	130.6	132.0	135.7	138.1	138.6	140.0	140.9
104.5	108.1	109.9	103.1	119.6	119.4	121.9	126.1	136.1	133.2
111.3	**116.3**	**119.3**	**115.2**	**119.2**	**125.6**	**129.2**	**134.2**	**140.4**	**146.8**
111.8	119.4	124.8	125.7	128.3	132.6	139.2	141.2	140.9	143.0
100.1	105.7	107.0	87.0	89.6	96.0	99.0	103.9	109.4	115.4
109.7	110.0	110.6	117.6	122.1	124.3	126.0	129.5	137.1	140.5

居民消费分类价格指数(2016~2020，以2015年价格为100)
Consumer Price Indices by Category(2015=100)

表3-14

指　标	Indicators	2016年	2017年	2018年	2019年	2020年
居民消费价格指数	**Consumer Price Index**	**103.2**	**105.0**	**106.6**	**109.2**	**111.1**
#消费品价格指数	Consumer Goods Price Index	102.2	103.4	105.1	108.0	110.9
服务价格指数	Services Price Index	104.5	107.0	108.7	110.9	111.5
食品烟酒	**Food, Tobacco and Alcohol**	**103.7**	**105.0**	**107.4**	**112.8**	**118.7**
食　品	Food	104.8	105.5	108.1	115.1	122.3
粮　食	Grain	100.9	102.6	102.9	103.7	105.3
薯　类	Tubers	113.0	104.6	110.6	121.2	131.4
豆　类	Beans	100.4	100.5	105.9	117.9	117.7
食用油	Edible Oil and Fats	99.9	101.4	101.7	102.3	109.1
菜	Vegetables	110.6	105.0	112.5	116.4	123.3
畜肉类	Meat of Livestock	108.3	107.5	106.3	126.2	165.3
禽肉类	Meat of Poultry	101.6	103.7	110.2	122.6	122.5
水产品	Aquatic Products	107.8	111.6	113.0	113.3	114.0
蛋　类	Eggs	98.4	96.9	105.3	110.7	107.1
奶　类	Milk	101.4	101.1	102.5	104.1	104.9
干鲜瓜果类	Fruits and Nuts	101.8	105.9	108.9	117.0	110.5
糖果糕点类	Candy and Cake	102.3	105.6	107.6	108.4	110.4
调味品	Flavouring	104.8	110.2	110.7	110.8	114.8
其他食品	Other Foods	102.3	103.0	106.8	109.3	109.7
茶及饮料	Tea and Beverages	100.8	101.8	105.0	106.7	108.6
烟　酒	Tobacco and Alcohol	102.2	104.5	105.9	106.9	109.9
在外餐饮	Dining Out	101.6	104.1	106.0	109.0	112.9
衣　着	**Clothing**	**100.8**	**101.3**	**99.6**	**102.8**	**103.7**
服　装	Garments	101.3	101.5	100.1	103.7	105.3
服装材料	Clothing Materials	103.6	104.0	105.9	108.5	110.3
其他衣着及配件	Other Clothing and Accessories	100.4	100.8	101.6	99.7	100.3
衣着加工服务费	Clothing Manufacturing Services	103.6	107.5	116.5	125.2	128.5
鞋　类	Footwear	98.8	100.0	95.6	97.6	96.3
居　住	**Residence**	**105.1**	**106.9**	**107.2**	**109.2**	**110.1**
租赁房房租	Rent of Rental Housing	107.3	109.2	108.9	110.9	112.0
住房保养维修及管理	Housing Maintenance and Management	103.1	107.1	113.4	116.6	119.3
水电燃料	Water, Electricity and Fuels	99.0	100.1	100.7	100.1	99.7
自有住房	Private Housing	106.4	108.1	107.6	110.0	111.0
生活用品及服务	**Articles for Daily Use and Services**	**101.2**	**102.7**	**104.2**	**105.1**	**104.9**
家具及室内装饰品	Furniture and Interior Decorations	100.2	101.4	104.5	105.4	104.7
家用器具	Household Appliances	100.4	100.8	100.7	99.3	96.0
家用纺织品	Household Textiles	101.9	102.2	101.2	100.4	100.8
家庭日用杂品	Daily Use Household Articles	100.5	102.1	104.3	105.0	105.4
个人护理用品	Personal-Care Supplies	99.6	100.1	100.5	102.2	103.2
家庭服务	Household Services	106.6	111.8	116.0	120.9	122.8
交通和通信	**Transportation and Communication**	**97.0**	**97.7**	**101.6**	**99.3**	**95.9**
交　通	Transportation	96.8	97.8	102.8	100.2	94.4
通　信	Communication	97.3	97.4	99.5	97.8	98.6
教育文化和娱乐	**Education, Culture and Recreation**	**102.7**	**103.6**	**106.8**	**108.2**	**109.4**
教　育	Education	104.6	109.4	117.0	121.5	124.6
文化娱乐	Culture and Recreation	101.6	100.2	100.9	100.2	100.3
医疗保健	**Health Care**	**109.0**	**116.2**	**119.0**	**122.9**	**124.4**
药品及医疗器具	Medicine and Medical Instruments	110.6	113.0	114.3	117.6	120.5
医疗服务	Medical Services	107.3	119.7	124.2	128.7	128.7
其他用品和服务	**Other Articles and Services**	**103.3**	**106.0**	**108.5**	**112.1**	**115.4**
其他用品类	Other Articles	104.6	105.6	106.1	112.2	124.9
其他服务类	Other Services	102.5	106.2	110.1	112.1	109.2

居民消费分类价格指数(2021～2022，以 2020 年价格为 100)
Consumer Price Indices by Category(2020 = 100)

表 3-15

指　标	Indicators	2021 年	2022 年
居民消费价格指数	**Consumer Price Index**	**101.2**	**103.9**
# 消费品价格指数	Consumer Goods Price Index	100.9	103.9
服务价格指数	Services Price Index	101.5	103.9
食品烟酒	**Food, Tobacco and Alcohol**	**100.5**	**105.1**
食　品	Food	99.6	104.9
粮　食	Grain	99.1	102.3
薯　类	Tubers	100.9	98.9
豆　类	Beans	117.3	120.9
食用油	Edible Oil and Fats	107.4	126.6
菜及食用菌	Vegetables and Edible Mushrooms	105.2	111.5
畜肉类	Meat of Livestock	86.2	86.5
禽肉类	Meat of Poultry	89.7	103.1
水产品	Aquatic Products	105.4	107.9
蛋　类	Eggs	104.5	121.9
奶　类	Milk	103.7	103.1
干鲜瓜果类	Fruits and Nuts	105.6	116.7
糖果糕点类	Candy and Cake	102.5	107.9
调味品	Flavouring	100.9	109.1
其他食品类	Other Foods	100.4	108.1
茶及饮料	Tea and Beverages	101.0	104.6
烟　酒	Tobacco and Alcohol	104.0	106.2
在外餐饮	Dining Out	101.8	105.2
衣　着	**Clothing**	**99.5**	**99.0**
服　装	Garments	99.4	99.1
鞋　类	Footwear	99.8	98.9
居　住	**Residence**	**101.1**	**102.0**
租赁房房租	Rent of Rental Housing	101.1	101.6
住房保养维修及管理	Housing Maintenance and Management	102.3	105.6
水电燃料	Water, Electricity and Fuels	101.0	103.5
自有住房	Private Housing	101.0	101.4
生活用品及服务	**Articles for Daily Use and Services**	**100.7**	**103.1**
家具及室内装饰品	Furniture and Interior Decorations	101.6	105.5
家用器具	Household Appliances	102.0	104.0
家用纺织品	Household Textiles	97.8	95.9
家庭日用杂品	Daily Use Household Articles	99.8	102.0
个人护理用品	Personal-Care Supplies	98.8	101.1
家庭服务	Household Services	103.4	108.0
交通通信	**Transportation and Communication**	**104.0**	**107.4**
交　通	Transportation	104.7	110.0
通　信	Communication	101.4	98.8
教育文化娱乐	**Education, Culture and Recreation**	**102.7**	**107.6**
教　育	Education	102.3	108.5
文化娱乐	Culture and Recreation	103.1	106.7
医疗保健	**Health Care**	**98.9**	**101.3**
药品及医疗器具	Medicine and Medical Instruments	94.9	93.5
医疗服务	Medical Services	101.7	106.9
其他用品及服务	**Other Articles and Services**	**100.9**	**102.9**
其他用品	Other Articles	102.8	107.2
其他服务	Other Services	99.1	98.7

商品零售价格指数(2016~2022，以上年价格为100)
Retail Price Indices by Category(preceding year=100)

表3-16

指　标	Indicators	2016年	2017年	2018年	2019年	2020年	2021年	2022年
商品零售价格指数	**Retail Price Index**	**100.8**	**100.9**	**101.6**	**100.4**	**100.9**	**101.3**	**101.7**
食　品	Food	104.1	101.1	102.3	105.2	105.9	100.5	104.7
粮　食	Grain	100.9	101.7	100.3	100.7	101.5	99.1	103.4
薯　类	Tubers	113.0	92.6	105.7	109.6	108.4	100.9	106.0
豆　类	Beans	100.4	100.1	105.4	111.3	99.9	117.3	103.1
食用油	Edible Oil and Fats	99.9	101.5	100.2	100.6	106.6	107.4	110.7
菜	Vegetables	110.6	94.9	107.1	103.5	105.9	105.2	111.6
畜肉类	Meat of Livestock	108.3	99.3	98.8	118.7	131.0	86.2	98.3
禽肉类	Meat of Poultry	101.6	102.1	106.3	111.3	99.9	89.7	109.2
水产品	Aquatic Products	107.8	103.5	101.3	100.3	100.6	105.4	106.8
蛋　类	Eggs	98.4	98.5	108.6	105.2	96.7	104.5	116.0
奶　类	Milk	101.4	99.7	101.3	101.6	100.7	103.7	98.1
干鲜瓜果类	Fruits and Nuts	101.8	104.0	102.9	107.4	94.4	105.6	111.2
糖果糕点类	Candy and Cake	102.3	103.3	101.9	100.7	101.9	102.5	103.3
调味品	Flavouring	104.8	105.2	100.4	100.2	103.6	100.9	105.8
其他食品类	Other Foods	102.3	100.7	103.7	102.3	100.4	100.4	105.5
在外餐饮	Dining Out	101.6	102.4	101.9	102.8	103.6	101.8	102.4
饮料、烟酒	Beverages, Tobacco and Alcohol	102.0	102.0	101.6	101.0	102.6	103.2	101.8
服装、鞋帽	Garments, Shoes and Hats	100.7	100.4	98.0	103.1	100.8	99.4	98.8
纺织品	Textiles	102.4	100.3	99.2	99.1	100.1	98.3	98.8
家用电器及音像器材	Household Appliances and Audio-video Equipment	99.2	99.6	97.9	99.5	97.7	101.9	100.6
文化办公用品	Cultural and Office Articles	103.2	100.1	100.4	97.8	101.4	101.6	100.9
日用品	Articles for Daily Use	100.4	101.0	101.0	101.4	100.7	100.6	101.4
体育娱乐用品	Sports and Recreation Articles	99.5	101.2	101.3	99.5	100.4	100.3	102.2
交通、通信用品	Transportation and Communication Appliances	97.1	98.6	100.4	95.6	98.5	101.2	98.6
家　具	Furniture	100.1	101.2	103.2	100.9	99.3	101.9	103.3
化妆品	Cosmetics	99.4	100.4	100.4	101.7	100.9	98.9	101.4
金银饰品	Gold and Silver Ornaments	107.4	101.7	100.6	109.6	117.1	102.8	102.0
中西药品及医疗保健用品	Traditional Chinese and Western Medicines and Health Care Articles	111.0	102.2	101.2	103.1	102.4	94.4	97.3
书报杂志及电子出版物	Books, Newspapers, Magazines and Electronic Publications	101.1	99.7	106.0	105.8	106.5	99.9	98.0
燃　料	Fuels	95.6	108.2	110.9	94.5	88.2	112.9	115.9
建筑材料及五金电料	Building Materials and Hardware	99.6	100.7	105.3	102.3	101.8	104.4	101.6

商品零售价格指数（2001~2015，以上年价格为 100）
Retail Price Indices by Category (preceding year=100)

表 3-17

指　标	Indicators	2001 年	2005 年	2006 年	2007 年
商品零售价格指数	**Retail Price Index**	**98.6**	**99.4**	**100.2**	**102.4**
食　品	Food	98.4	104.7	102.7	109.6
粮　食	Grain	100.1	102.1	102.4	101.4
淀粉及制品	Starch and Derived Products	100.4	105.2	95.6	101.8
干豆类及豆制品	Beans and Bean Products	111.3	103.6	99.5	108.6
油　脂	Oil or Fat	81.4	91.2	97.6	129.8
肉禽及其制品	Meat Poultry and Processed Products	100.4	105.5	100.6	123.0
蛋	Eggs	110.7	105.8	95.4	121.8
水产品	Aquatic Products	90.1	114.4	102.0	101.4
菜	Vegetables	107.1	103.4	105.2	113.5
调味品	Flavouring	99.5	102.1	104.4	104.6
糖	Sugars	104.4	103.8	103.8	99.1
干鲜瓜果	Dried and Fresh Fruits	107.3	99.4	111.5	111.8
糕点饼干面包	Cakes, Biscuits and Bread	99.8	98.4	98.9	101.5
液体乳及乳制品	Milk and Dairy Products	99.8	100.8	102.3	106.2
在外用膳食品	Dining Out	100.7	104.4	102.5	107.6
其它食品	Other Foods	99.5	101.1	102.8	100.9
饮料、烟酒	Beverages, Tobacco and Alcohol	98.4	99.6	100.1	100.9
服装、鞋帽	Garments, Shoes and Hats	107.7	92.6	106.6	101.2
纺织品	Textiles	98.8	99.4	100.1	102.6
家用电器及音像器材	Household Appliances and Audio-video Equipment	95.0	93.1	92.6	92.2
文化办公用品	Cultural and Office Articles	98.7	91.6	95.2	93.9
日用品	Articles for Daily Use	99.0	100.5	102.5	101.8
体育娱乐用品	Sports and Recreation Articles	99.1	94.7	95.6	92.9
交通、通信用品	Transportation and Communication Appliances	97.4	88.5	87.5	90.8
家　具	Furniture	90.4	100.1	101.2	101.8
化妆品	Cosmetics	100.7	96.1	98.0	101.2
金银珠宝	Gold and Silver Jewellery	87.2	107.3	114.7	106.2
中西药品及医疗保健用品	Traditional Chinese and Western Medicines and Health Care Articles	98.7	97.7	97.6	98.0
书报杂志及电子出版物	Books, Newspapers, Magazines and Electronic Publications	99.5	98.0	100.8	103.6
燃　料	Fuels	111.4	109.1	110.0	103.0
建筑材料及五金电料	Building Materials and Hardware	101.8	104.0	106.1	107.6

表 3-17 续表 1　Continued

指　标	Indicators	2008 年	2009 年	2010 年	2011 年
商品零售价格指数	**Retail Price Index**	**105.3**	**99.4**	**101.7**	**104.1**
食　品	Food	115.3	102.0	107.6	111.0
粮　食	Grain	107.3	103.7	112.0	113.3
淀粉及制品	Starch and Derived Products	107.9	106.0	95.5	106.6
干豆类及豆制品	Beans and Bean Products	132.5	100.2	108.7	114.7
油　脂	Oil or Fat	124.7	80.3	105.6	117.3
肉禽及其制品	Meat Poultry and Processed Products	122.9	95.6	104.2	119.9
蛋	Eggs	106.4	103.0	106.1	113.5
水产品	Aquatic Products	110.8	105.2	116.1	113.7
菜	Vegetables	120.6	116.5	111.0	99.8
调味品	Flavouring	109.5	104.0	106.5	107.5
糖	Sugars	107.4	101.3	103.8	104.8
干鲜瓜果	Dried and Fresh Fruits	112.3	100.3	112.1	114.5
糕点饼干面包	Cakes, Biscuits and Bread	112.5	102.8	100.5	108.8
液体乳及乳制品	Milk and Dairy Products	119.4	100.4	102.3	108.2
在外用膳食品	Dining Out	114.3	101.8	105.6	107.9
其它食品	Other Foods	104.3	99.3	105.0	107.4
饮料、烟酒	Beverages, Tobacco and Alcohol	102.7	101.2	101.9	102.3
服装、鞋帽	Garments, Shoes and Hats	101.5	99.2	98.4	103.9
纺织品	Textiles	102.1	100.5	103.9	117.6
家用电器及音像器材	Household Appliances and Audio-video Equipment	94.7	90.8	92.4	96.0
文化办公用品	Cultural and Office Articles	94.9	93.9	97.7	94.7
日用品	Articles for Daily Use	105.8	102.4	100.3	106.2
体育娱乐用品	Sports and Recreation Articles	92.2	92.1	95.9	103.8
交通、通信用品	Transportation and Communication Appliances	89.5	91.1	94.0	98.3
家　具	Furniture	108.2	99.9	101.1	104.2
化妆品	Cosmetics	101.8	100.5	101.0	104.8
金银珠宝	Gold and Silver Jewellery	110.3	98.6	111.7	107.9
中西药品及医疗保健用品	Traditional Chinese and Western Medicines and Health Care Articles	100.7	100.6	99.8	99.4
书报杂志及电子出版物	Books, Newspapers, Magazines and Electronic Publications	101.8	111.4	103.2	102.1
燃　料	Fuels	112.0	102.1	112.8	107.2
建筑材料及五金电料	Building Materials and Hardware	106.6	97.9	103.3	104.2

表 3-17 续表 2 Continued

指 标	Indicators	2012 年	2013 年	2014 年	2015 年
商品零售价格指数	**Retail Price Index**	**101.2**	**100.2**	**100.9**	**101.1**
食 品	Food	105.9	104.5	103.2	102.8
粮 食	Grain	103.0	103.6	102.0	103.0
淀粉及制品	Starch and Derived Products	109.5	101.6	102.5	103.9
干豆类及豆制品	Beans and Bean Products	109.5	103.1	100.4	101.2
油 脂	Oil or Fat	103.8	97.5	95.0	98.0
肉禽及其制品	Meat Poultry and Processed Products	105.1	103.7	101.4	105.3
蛋	Eggs	98.2	102.2	106.0	98.0
水产品	Aquatic Products	105.8	105.0	102.7	101.3
菜	Vegetables	111.1	108.0	101.5	107.5
调味品	Flavouring	103.5	102.4	103.1	104.8
糖	Sugars	103.5	102.0	102.0	102.2
干鲜瓜果	Dried and Fresh Fruits	102.8	107.3	111.6	96.8
糕点饼干面包	Cakes, Biscuits and Bread	102.8	101.7	102.6	101.8
液体乳及乳制品	Milk and Dairy Products	103.8	108.1	110.1	99.2
在外用膳食品	Dining Out	107.8	103.3	101.9	104.1
其它食品	Other Foods	108.1	102.6	103.4	104.2
饮料、烟酒	Beverages, Tobacco and Alcohol	102.1	100.1	101.4	103.9
服装、鞋帽	Garments, Shoes and Hats	102.9	99.9	103.6	107.9
纺织品	Textiles	99.5	100.6	99.1	104.1
家用电器及音像器材	Household Appliances and Audio-video Equipment	96.2	94.9	96.5	99.3
文化办公用品	Cultural and Office Articles	94.1	94.9	98.2	99.2
日用品	Articles for Daily Use	102.1	100.2	99.9	101.5
体育娱乐用品	Sports and Recreation Articles	100.0	98.6	98.6	99.4
交通、通信用品	Transportation and Communication Appliances	95.4	96.8	98.8	97.8
家 具	Furniture	103.3	99.7	102.6	101.8
化妆品	Cosmetics	101.1	100.8	102.3	100.1
金银珠宝	Gold and Silver Jewellery	99.2	93.7	93.7	95.2
中西药品及医疗保健用品	Traditional Chinese and Western Medicines and Health Care Articles	100.0	101.0	101.7	100.6
书报杂志及电子出版物	Books, Newspapers, Magazines and Electronic Publications	102.1	100.9	100.6	101.7
燃 料	Fuels	102.0	99.3	99.8	91.2
建筑材料及五金电料	Building Materials and Hardware	102.6	100.6	99.3	99.6

商品零售价格指数(2001~2015，以2000年价格为100)

表3-18

指　标	Indicators	2001年	2005年	2006年
商品零售价格指数	**Retail Price Index**	**98.6**	**96.7**	**96.9**
食　品	Food	98.4	113.9	116.9
粮　食	Grain	100.1	128.1	131.1
淀粉及制品	Starch and Derived Products	100.4	125.2	119.6
干豆类及豆制品	Beans and Bean Products	111.3	139.3	138.6
油　脂	Oil or Fat	81.4	88.8	86.7
肉禽及其制品	Meat Poultry and Processed Products	100.4	125.5	126.2
蛋	Eggs	110.7	141.0	134.5
水产品	Aquatic Products	90.1	116.7	119.0
菜	Vegetables	107.1	114.3	120.3
调味品	Flavouring	99.5	103.8	108.4
糖	Sugars	104.4	108.8	113.0
干鲜瓜果	Dried and Fresh Fruits	107.3	128.8	143.6
糕点饼干面包	Cakes, Biscuits and Bread	99.8	99.4	98.3
液体乳及乳制品	Milk and Dairy Products	99.8	101.5	103.8
在外用膳食品	Dining Out	100.7	107.9	110.6
其它食品	Other Foods	99.5	98.9	101.7
饮料、烟酒	Beverages, Tobacco and Alcohol	98.4	94.1	94.2
服装、鞋帽	Garments, Shoes and Hats	107.7	86.0	91.6
纺织品	Textiles	98.8	99.5	99.6
家用电器及音像器材	Household Appliances and Audio-video Equipment	95.0	73.9	68.4
文化办公用品	Cultural and Office Articles	98.7	72.2	68.7
日用品	Articles for Daily Use	99.0	96.9	99.3
体育娱乐用品	Sports and Recreation Articles	99.1	86.6	82.8
交通、通信用品	Transportation and Communication Appliances	97.4	68.5	59.9
家　具	Furniture	90.4	88.4	89.5
化妆品	Cosmetics	100.7	93.7	91.8
金银珠宝	Gold and Silver Jewellery	87.2	107.5	123.3
中西药品及医疗保健用品	Traditional Chinese and Western Medicines and Health Care Articles	98.7	90.1	88.0
书报杂志及电子出版物	Books, Newspapers, Magazines and Electronic Publications	99.5	94.5	95.2
燃　料	Fuels	111.4	150.8	165.9
建筑材料及五金电料	Building Materials and Hardware	101.8	115.9	123.0

Retail Price Indices by Category(2000 = 100)

2007年	2008年	2009年	2010年	2011年	2012年	2013年	2014年	2015年
99.2	**104.5**	**103.9**	**105.7**	**110.0**	**111.3**	**111.5**	**112.5**	**113.7**
128.1	147.7	150.7	162.3	180.1	190.7	199.2	205.6	211.4
133.0	142.6	147.9	165.7	187.7	193.3	200.4	204.4	210.5
121.8	131.4	139.3	133.0	141.8	155.3	157.7	161.7	168.0
150.5	199.5	199.9	217.3	249.2	273.0	281.5	282.6	285.9
112.5	140.3	112.6	118.9	139.5	144.8	141.2	134.1	131.4
155.2	190.7	182.2	190.0	227.8	239.5	248.3	251.8	265.1
163.9	174.3	179.5	190.4	216.1	212.1	216.7	229.7	225.1
120.7	133.8	140.7	163.4	185.8	196.6	206.5	212.1	214.7
136.5	164.5	191.7	212.8	212.4	236.1	255.0	258.8	278.3
113.4	124.1	129.2	137.6	147.9	153.1	156.8	161.7	169.5
112.0	120.3	121.8	126.4	132.5	137.2	139.9	142.7	145.9
160.5	180.2	180.8	202.6	231.9	238.4	255.8	285.4	276.1
99.8	112.2	115.4	115.9	126.1	129.6	131.9	135.2	137.7
110.3	131.7	132.3	135.3	146.3	151.8	164.2	180.8	179.5
119.0	136.1	138.6	146.4	157.9	170.3	176.0	179.3	186.7
102.6	107.0	106.2	111.5	119.8	129.4	132.8	137.3	143.2
95.0	97.6	98.8	100.6	102.9	105.1	105.3	106.7	110.9
92.8	94.1	93.4	91.9	95.5	98.2	98.1	101.7	109.7
102.2	104.4	104.9	109.0	128.2	127.5	128.3	127.1	132.4
63.1	59.8	54.3	50.2	48.1	46.3	43.9	42.4	42.1
64.5	61.2	57.5	56.2	53.2	50.1	47.5	46.7	46.3
101.1	107.0	109.7	110.0	116.8	119.2	119.5	119.4	121.2
76.9	70.9	65.3	62.6	65.0	65.0	64.1	63.3	62.9
54.4	48.7	44.4	41.7	41.0	39.1	37.9	37.4	36.6
91.1	98.6	98.5	99.6	103.7	107.2	106.9	109.6	111.6
92.9	94.6	95.0	96.0	100.6	101.7	102.5	104.9	105.0
131.0	144.4	142.4	159.1	171.7	170.2	159.5	149.5	142.3
86.2	86.8	87.3	87.1	86.6	86.5	87.5	88.9	89.5
98.6	100.4	111.8	115.4	117.8	120.3	121.4	122.2	124.2
170.9	191.5	195.5	220.5	236.4	241.1	239.4	238.9	217.7
132.3	141.1	138.2	142.7	148.7	152.6	153.5	152.4	151.8

商品零售价格指数(2016~2022，以2015年价格为100)
Retail Price Indices by Category(2015=100)

表3-19

指　标	Indicators	2016年	2017年	2018年	2019年	2020年	2021年	2022年
商品零售价格指数	**Retail Price Index**	**100.8**	**101.7**	**103.3**	**103.7**	**104.7**	**106.1**	**107.9**
食　品	Food	104.1	105.2	107.6	113.2	119.9	120.5	126.1
粮　食	Grain	100.9	102.6	102.9	103.7	105.3	104.3	107.8
薯　类	Tubers	113.0	104.6	110.6	121.2	131.4	132.6	140.6
豆　类	Beans	100.4	100.5	105.9	117.9	117.7	138.1	142.4
食用油	Edible Oil and Fats	99.9	101.4	101.7	102.3	109.1	117.1	129.6
菜	Vegetables	110.6	105.0	112.5	116.4	123.3	129.8	144.8
畜肉类	Meat of Livestock	108.3	107.5	106.3	126.2	165.3	142.4	140.0
禽肉类	Meat of Poultry	101.6	103.7	110.2	122.6	122.5	109.9	120.0
水产品	Aquatic Products	107.8	111.6	113.0	113.3	114.0	120.2	128.3
蛋　类	Eggs	98.4	96.9	105.3	110.7	107.1	111.8	129.7
奶　类	Milk	101.4	101.1	102.5	104.1	104.9	108.8	106.7
干鲜瓜果类	Fruits and Nuts	101.8	105.9	108.9	117.0	110.5	116.6	129.6
糖果糕点类	Candy and Cake	102.3	105.6	107.6	108.4	110.4	113.2	117.0
调味品	Flavouring	104.8	110.2	110.7	110.8	114.8	115.9	122.6
其他食品类	Other Foods	102.3	103.0	106.8	109.3	109.7	110.2	116.2
在外餐饮	Dining Out	101.6	104.1	106.0	109.0	112.9	114.9	117.6
饮料、烟酒	Beverages, Tobacco and Alcohol	102.0	104.0	105.7	106.7	109.5	113.0	115.0
服装、鞋帽	Garments, Shoes and Hats	100.7	101.2	99.2	102.2	103.0	102.4	101.2
纺织品	Textiles	102.4	102.8	101.9	101.0	101.1	99.4	98.2
家用电器及音像器材	Household Appliances and Audio-video Equipment	99.2	98.8	96.7	96.3	94.1	95.9	96.4
文化办公用品	Cultural and Office Articles	103.2	103.3	103.7	101.4	102.9	104.5	105.4
日用品	Articles for Daily Use	100.4	101.4	102.4	103.8	104.5	105.2	106.7
体育娱乐用品	Sports and Recreation Articles	99.5	100.8	102.1	101.6	102.0	102.3	104.6
交通、通信用品	Transportation and Communication Appliances	97.1	95.7	96.1	91.9	90.5	91.6	90.3
家　具	Furniture	100.1	101.4	104.6	105.5	104.8	106.8	110.3
化妆品	Cosmetics	99.4	99.7	100.2	101.9	102.8	101.7	103.1
金银饰品	Gold and Silver Ornaments	107.4	109.2	109.8	120.4	140.9	144.9	147.8
中西药品及医疗保健用品	Traditional Chinese and Western Medicines and Health Care Articles	111.0	113.4	114.8	118.4	121.2	114.4	111.3
书报杂志及电子出版物	Books, Newspapers, Magazines and Electronic Publications	101.1	100.8	106.9	113.1	120.4	120.3	117.9
燃　料	Fuels	95.6	103.5	114.7	108.4	95.6	107.9	125.1
建筑材料及五金电料	Building Materials and Hardware	99.6	100.3	105.6	108.1	110.0	114.9	116.7

工业生产者出厂价格指数(1992~2022，以上年价格为100)
Producer Price Indices for Industrial Products(preceding year=100)

表 3-20

指 标	Indicators	1992 年	1995 年	1996 年	1997 年	1998 年
工业生产者出厂价格指数	**Producer Price Index for Industrial Products**	**110.4**	**107.9**	**97.6**	**97.8**	**93.9**
按轻重工业分	**Grouped by Light and Heavy Industries**					
轻工业	Light Industry	105.8	112.3	96.3	97.1	93.4
以农产品为原料	Using Farm Products as Raw Materials	108.2	114.9	101.7	100.5	93.0
以非农产品为原料	Using Non-farm Products as Raw Materials	103.3	109.6	90.5	94.0	93.9
重工业	Heavy Industry	115.2	104.4	98.6	98.4	94.2
采 掘	Mining and Quarrying					
原 料	Raw Material	119.0	102.4	95.8	99.5	91.6
加 工	Processing	109.2	108.8	104.1	97.3	96.5
按用途分	**Grouped by Uses**					
生产资料	Means of Production	112.4	107.3	95.8	96.9	92.9
采 掘	Mining and Quarrying					
原 料	Raw Material	113.7	106.3	92.5	97.8	92.0
加 工	Processing	109.7	110.0	104.3	95.7	94.3
生活资料	Consumer Goods	107.4	108.9	100.3	99.1	95.4
食 品	Food	115.5	112.8	106.2	102.9	100.9
衣 着	Clothing	105.6	113.7	98.3	101.5	88.3
一般日用品	Non-Durable Consumer Goods	105.9	111.8	102.0	98.1	96.0
耐用消费品	Durable Consumer Goods	104.8	94.4	95.9	96.3	98.0

表 3-20 续表 1 Continued

指 标	Indicators	1999 年	2000 年	2001 年	2002 年	2003 年	2004 年
工业生产者出厂价格指数	**Producer Price Index for Industrial Products**	**97.6**	**102.5**	**96.7**	**96.4**	**101.4**	**103.6**
按轻重工业分	**Grouped by Light and Heavy Industries**						
轻工业	Light Industry	99.3	99.9	97.8	97.0	99.2	101.0
以农产品为原料	Using Farm Products as Raw Materials	100.1	99.4	99.8	98.9	101.0	103.2
以非农产品为原料	Using Non-farm Products as Raw Materials	98.4	100.2	95.4	94.9	98.3	99.8
重工业	Heavy Industry	96.5	104.3	96.1	96.1	102.9	105.0
采 掘	Mining and Quarrying			100.0	100.4	112.6	119.3
原 料	Raw Material	96.4	110.9	98.7	98.1	108.0	113.1
加 工	Processing	96.5	99.0	94.7	95.0	100.9	102.3
按用途分	**Grouped by Uses**						
生产资料	Means of Production	96.4	105.4	96.3	95.8	103.1	106.1
采 掘	Mining and Quarrying			100.0	100.4	112.6	119.3
原 料	Raw Material	97.9	110.8	97.9	97.6	107.5	112.8
加 工	Processing	94.5	99.0	94.9	94.7	101.5	103.7
生活资料	Consumer Goods	99.5	98.0	97.3	97.3	98.1	98.7
食 品	Food	101.3	98.2	102.6	102.6	100.1	101.3
衣 着	Clothing	100.8	99.9	99.6	99.8	99.7	102.5
一般日用品	Non-Durable Consumer Goods	100.0	97.4	97.2	97.1	99.3	101.3
耐用消费品	Durable Consumer Goods	97.6	97.3	95.1	94.7	96.1	94.6

表 3-20 续表 2 Continued

指 标	Indicators	2005 年	2006 年	2007 年	2008 年	2009 年	2010 年
工业生产者出厂价格指数	**Producer Price Index for Industrial Products**	**101.7**	**100.6**	**101.2**	**102.2**	**93.8**	**102.3**
按轻重工业分	**Grouped by Light and Heavy Industries**						
轻工业	Light Industry	100.6	98.8	100.0	99.1	94.8	97.1
以农产品为原料	Using Farm Products as Raw Materials	100.4	100.6	103.1	103.6	101.1	102.6
以非农产品为原料	Using Non-farm Products as Raw Materials	100.7	98.2	99.1	97.9	93.1	95.6
重工业	Heavy Industry	102.3	102.4	102.3	105.2	92.9	106.9
采 掘	Mining and Quarrying	124.5	114.7	101.5	125.8	82.5	116.9
原 料	Raw Material	109.7	108.2	104.0	110.7	91.8	116.8
加 工	Processing	99.9	100.3	101.7	102.8	93.5	102.9
按用途分	**Grouped by Uses**						
生产资料	Means of Production	103.2	101.2	101.4	102.5	92.1	102.7
采 掘	Mining and Quarrying	124.5	114.7	101.5	125.8	82.5	116.9
原 料	Raw Material	109.8	107.8	103.9	110.2	92.0	116.6
加 工	Processing	100.9	99.6	100.9	100.5	92.2	99.2
生活资料	Consumer Goods	98.7	98.9	100.2	101.3	100.6	100.7
食 品	Food	100.6	100.5	104.8	105.3	102.0	104.4
衣 着	Clothing	101.4	100.4	101.7	102.2	100.3	100.6
一般日用品	Non-Durable Consumer Goods	100.7	100.9	101.0	102.2	101.9	101.7
耐用消费品	Durable Consumer Goods	95.7	95.4	95.6	97.2	98.5	97.6

表 3-20 续表 3 Continued

指 标	Indicators	2011 年	2012 年	2013 年	2014 年	2015 年	2016 年
工业生产者出厂价格指数	**Producer Price Index for Industrial Products**	**102.9**	**98.4**	**98.2**	**98.9**	**96.1**	**98.8**
按轻重工业分	**Grouped by Light and Heavy Industries**						
轻工业	Light Industry	103.9	100.7	99.2	99.1	98.6	99.8
以农产品为原料	Using Farm Products as Raw Materials	104.6	101.8	99.9	99.8	98.8	100.4
以非农产品为原料	Using Non-farm Products as Raw Materials	103.3	99.8	98.5	98.6	98.5	99.2
重工业	Heavy Industry	102.6	97.9	98.0	98.8	95.5	98.6
采 掘	Mining and Quarrying	115.0	100.1	103.9	102.2	85.2	92.8
原 料	Raw Material	110.3	99.1	97.6	98.2	86.8	96.8
加 工	Processing	100.6	97.6	98.1	99.0	97.7	99.0
按用途分	**Grouped by Uses**						
生产资料	Means of Production	102.8	98.1	97.9	98.7	95.1	98.5
采 掘	Mining and Quarrying	115.0	100.1	103.9	102.2	85.2	92.8
原 料	Raw Material	110.3	99.1	97.6	98.1	86.6	97.3
加 工	Processing	100.8	97.8	98.0	98.9	97.4	98.8
生活资料	Consumer Goods	102.9	99.5	99.2	99.4	99.3	99.7
食 品	Food	105.5	103.3	99.9	100.4	99.3	100.3
衣 着	Clothing	101.9	99.6	100.2	100.4	100.0	101.2
一般日用品	Non-Durable Consumer Goods	105.1	100.9	97.5	99.2	98.7	100.9
耐用消费品	Durable Consumer Goods	100.2	96.2	99.7	98.9	99.6	98.6

表 3-20 续表 4　Continued

指　标	Indicators	2017 年	2018 年	2019 年	2020 年	2021 年	2022 年
工业生产者出厂价格指数	**Producer Price Index for Industrial Products**	**103.5**	**101.7**	**98.8**	**98.3**	**102.1**	**102.6**
按轻重工业分	**Grouped by Light and Heavy Industries**						
轻工业	Light Industry	101.2	100.5	101.3	101.4	100.8	101.1
以农产品为原料	Using Farm Products as Raw Materials	101.1	101.9	101.7	101.6	102.3	101.7
以非农产品为原料	Using Non-farm Products as Raw Materials	101.4	99.2	101.0	101.2	99.8	100.6
重工业	Heavy Industry	104.1	102.0	98.1	97.5	102.4	103.0
采　掘	Mining and Quarrying	110.7	116.4	98.2	83.7	97.6	100.7
原　料	Raw Material	114.6	107.5	92.9	90.4	114.3	112.3
加　工	Processing	101.6	100.6	99.4	99.1	99.7	100.7
按用途分	**Grouped by Uses**						
生产资料	Means of Production	104.9	102.3	98.1	98.1	104.8	103.6
采　掘	Mining and Quarrying	110.7	116.4	98.2	83.7	97.6	100.7
原　料	Raw Material	113.0	107.4	92.4	89.7	114.1	112.1
加　工	Processing	102.8	100.9	99.6	100.3	102.2	101.2
生活资料	Consumer Goods	100.3	100.2	100.4	98.9	96.1	100.2
食　品	Food	100.7	101.0	101.9	102.7	103.0	102.8
衣　着	Clothing	98.1	100.2	103.4	99.1	98.8	100.1
一般日用品	Non-Durable Consumer Goods	104.3	100.9	103.7	103.9	99.7	100.2
耐用消费品	Durable Consumer Goods	98.3	99.4	97.6	94.3	92.2	99.3

工业生产者出厂价格指数（2009～2022，以2000年价格为100）

表3-21

指　标	Indicators	2009年	2010年
工业生产者出厂价格指数	**Producer Price Index for Industrial Products**	**97.2**	**99.4**
按轻重工业分	**Grouped by Light and Heavy Industries**		
轻工业	Light Industry	88.7	86.1
以农产品为原料	Using Farm Products as Raw Materials	112.2	115.1
以非农产品为原料	Using Non-farm Products as Raw Materials	79.3	75.8
重工业	Heavy Industry	104.7	111.9
采　掘	Mining and Quarrying	203	237.3
原　料	Raw Material	148.3	173.2
加　工	Processing	91.1	93.7
按用途分	**Grouped by Uses**		
生产资料	Means of Production	101.0	103.7
生活资料	Consumer Goods	91.4	92.0
#食　品	Food	121.5	126.8
衣　着	Clothing	107.8	108.4
一般日用品	Non-Durable Consumer Goods	101.5	103.2
耐用消费品	Durable Consumer Goods	68.5	66.9

Producer Price Indices for Industrial Products(2000=100)

2011年	2012年	2013年	2014年	2015年	2016年	2017年	2018年	2019年	2020年	2021年	2022年
102.3	**100.7**	**98.9**	**97.8**	**94.0**	**92.9**	**96.2**	**97.8**	**96.6**	**95.0**	**97.0**	**99.5**
89.5	90.1	89.4	88.6	87.4	87.2	88.2	88.7	89.9	91.2	91.9	92.9
120.4	122.6	122.5	122.3	120.8	121.3	122.6	124.9	127.0	129.0	132.0	134.2
78.3	78.1	76.9	75.8	74.7	74.1	75.1	74.5	75.2	76.1	75.9	76.4
114.8	112.4	110.2	108.9	104.0	102.5	106.7	108.9	106.8	104.1	106.6	109.8
272.9	273.2	283.9	290.1	247.2	229.4	253.9	295.5	290.2	242.9	237.1	238.8
191.0	189.3	184.8	181.5	157.5	152.5	174.8	188.0	174.7	157.9	180.5	202.7
94.3	92.0	90.3	89.4	87.3	86.4	87.8	88.3	87.8	87.0	86.7	87.3
106.6	104.6	102.4	101.1	96.1	94.7	99.3	101.6	99.7	97.8	102.5	106.2
94.7	94.2	93.4	92.8	92.2	91.9	92.2	92.4	92.8	91.8	88.2	88.4
133.8	138.2	138.1	138.7	137.7	138.1	139.1	140.5	143.2	147.1	151.5	155.7
110.5	110.1	110.3	110.7	110.7	112.0	109.9	110.1	113.8	112.8	111.4	111.5
108.5	109.5	106.8	105.9	104.5	105.4	109.9	110.9	115.0	119.5	119.1	119.3
67.0	64.5	64.3	63.6	63.3	62.4	61.3	61.0	59.5	56.1	51.7	51.3

主要工业行业工业品出厂价格指数(1992~2022，以上年价格为100)

表3-22

指　标	Indicators	1992年	1995年
按工业行业分	**Grouped by Industrial Sector**		
石油和天然气开采业③	Mining of Petroleum and Natural Gas		
农副食品加工业	Processing of Food from Agricultural Products	117.3	115.2
食品制造业	Manufacture of Foodstuff		
酒、饮料和精制茶制造业	Manufacture of Wine, Beverages and Refined Tea	106.8	119.7
烟草制品业	Manufacture of Tobacco	113.7	109.7
纺织业①	Manufacture of Textile	105.5	112.2
纺织服装、服饰业①	Manufacture of Textile Wearing Apparel		
皮革、毛皮、羽毛及其制品和制鞋业①	Manufacture of Leather, Fur, Feather Products and Footwear	111.8	129.6
木材加工和木、竹、藤、棕、草制品业	Processing of Timber, Manufacture of Wood, Bamboo, Rattan, Palm and Straw Products	102.8	86.1
家具制造业	Manufacture of Furniture	117.7	
造纸和纸制品业	Manufacture of Paper and Paper Products	100.7	151.0
印刷和记录媒介复制业②	Printing, Replication of Recording Media		
文教、工美、体育和娱乐用品制造业①	Manufacture of Culture, Education, Art, Sports and Recreation Products	117.9	98.8
石油加工、炼焦和核燃料加工业	Processing of Petroleum, Coking and Processing of Nuclear Fuel	121.3	94.1
化学原料和化学制品制造业	Manufacture of Raw Chemical Materials and Chemical Products	109.4	124.5
医药制造业	Manufacture of Medicines	98.9	113.3
化学纤维制造业	Manufacture of Chemical Fibers	99.1	133.6
橡胶和塑料制品业①	Manufacture of Rubber and Plastic Products	103.4	110.3
非金属矿物制品业	Manufacture of Non-metallic Mineral Products	113.6	98.5
黑色金属冶炼和压延加工业①	Smelting and Pressing of Ferrous Metals	116.7	93.7
有色金属冶炼和压延加工业	Smelting and Pressing of Non-ferrous Metals	112.3	130.8
金属制品业①	Manufacture of Metal Products	104.4	110.4
通用设备制造业①	Manufacture of General Purpose Machinery	109.1	105.5
专用设备制造业①	Manufacture of Special Purpose Machinery		105.5
汽车制造业⑤	Manufacture of Automotives		
铁路、船舶、航空航天和其他运输设备制造业⑤	Manufacture of Railroads, Ships, Aerospace and Other Transportation Equipment		
电气机械和器材制造业①	Manufacture of Electrical Machinery and Equipment	111.9	122.7
计算机、通信和其他电子设备制造业	Manufacture of Communication Equipment, Computers and Other Electronic Equipment	94.8	65.2
仪器仪表制造业①	Manufacture of Measuring Instruments	99.8	106.2
其他制造业①	Other Manufacturing		
废弃资源综合利用业④	Comprehensive Utilization of Waste Resources		
金属制品、机械和设备修理业⑤	Repairing of Metal Products, Machinery and Equipment		
电力、热力生产和供应业	Production and Supply of Electric Power and Thermal Power	138.0	117.3
燃气生产和供应业	Production and Supply of Gas	115.7	152.5
水的生产和供应业	Production and Supply of Water	121.5	124.5

注：①2012年起按新口径编制。
②2000起新增印刷业记录媒介的复制。
③2001年起新增石油和天然气开采业。
④2003年起新增废弃资源综合利用业。
⑤2012年起新增汽车制造业，铁路、船舶、航空航天和其他运输设备制造业，金属制品、机械和设备修理业。

Note: ①These indices have been calculated in accordance with new methods since 2012.
②Printing, Replication of Recording Media has been added since 2000.
③Mining of Petroleum and Natural Gas has been added since 2001.
④Comprehensive Utilization of Waste Resources has been added since 2003.
⑤Manufacture of Automotives, Manufacture of Railroads, Ships, Aerospace and other Transportation Equipment, Repairing of Metal Products, Machinery and Equipment have been added since 2012.

Producer Price Indices for Industrial Products by Sector (preceding year=100)

1996年	1997年	1998年	1999年	2000年	2001年	2002年	2003年	2004年	2005年	2006年	2007年
					100.0	100.4	112.6	119.3	124.5	114.7	101.5
105.9	101.2	94.7	95.1	89.6	101.8	100.0	107.7	113.3	101.2	100.3	120.6
	102.8	95.4	101.4	100.4	101.1	99.7	99.7	101.5	101.1	101.1	102.7
93.0	93.7	103.3	95.9	95.5	99.5	99.6	101.8	99.4	100.7	101.8	100.4
106.4	107.1	107.5	110.7	109.8	108.4	110.6	100.0	103.3	102.4	101.1	100.9
99.4	100.8	93.9	98.0	100.3	97.6	96.0	101.9	104.1	100.4	100.3	100.7
	95.3	68.7	104.7	97.6	99.2	100.3	100.4	101.8	101.1	100.2	102.3
96.9	113.8	97.4	96.4	97.5	100.9	99.0	98.8	101.0	100.7	101.0	100.2
70.9	90.1	77.9	95.8	96.0	97.1	96.2	97.9	97.9	101.4	101.7	104.6
	84.7	91.7	99.8	100.6	99.7	96.7	98.9	100.6	101.1	100.6	101.0
101.3	83.5	91.9	94.6	110.0	95.8	94.0	98.1	99.2	98.5	99.6	100.2
				100.4	99.8	95.8	99.2	98.9	100.0	97.2	97.6
105.0	97.6	98.4	107.0	110.0	100.0	99.0	99.9	100.6	101.1	99.6	100.3
100.3	109.7	90.5	106.3	134.6	100.2	98.8	119.0	117.6	120.1	113.4	104.9
88.7	99.9	89.2	100.7	117.1	96.7	97.0	106.4	113.4	110.1	103.5	104.0
99.1	96.4	102.5	108.4	91.0	98.9	98.2	94.8	94.9	99.4	98.7	103.1
66.6	92.2	89.3	104.3	115.9	91.7	90.9	108.7	115.7	107.6	99.1	101.7
104.9	96.1	98.3	97.0	97.5	98.8	99.6	99.7	98.7	102.0	102.1	100.9
98.8	104.8	90.3	94.4	108.4	102.2	96.4	100.1	105.3	95.6	96.9	101.9
97.9	95.6	93.8	94.1	104.5	99.4	97.4	119.6	122.0	111.0	97.1	108.7
89.9	91.1	84.9	93.4	110.4	92.8	95.7	106.1	123.2	113.7	145.0	106.7
101.0	94.5	97.3	97.8	98.1	98.5	97.2	99.9	109.7	104.8	103.9	107.6
105.9	97.9	97.6	95.6	98.7	96.6	97.5	98.0	101.0	101.8	100.7	100.5
	100.6	96.5	94.3	100.4	99.8	98.1	97.7	98.8	99.0	98.7	99.7
93.1	99.0	95.1	91.6	97.4	97.6	95.4	97.6	102.9	101.8	105.8	102.3
83.6	82.6	86.7	88.4	92.9	87.1	88.6	95.0	95.3	94.8	95.9	96.2
99.5	101.8	95.9	95.0	96.6	97.4	96.3	97.7	98.3	98.1	98.0	99.2
	86.0	92.8	105.9	96.6	93.8	103.4	105.2	110.3	102.4	108.7	102.0
							109.0	110.2	101.4	90.7	109.1
111.7	113.1	99.1	95.8	98.3	100.1	99.6	99.3	101.9	101.3	101.0	100.7
112.9	122.4	107.5	99.3	100.0	101.1	100.8	107.1	104.1	100.2	106.8	103.8
100.0	116.3	114.6	121.2	100.0	100.7	117.0	100.0	100.0	100.0	100.1	100.0

表 3-22 续表 Continued

指 标	Indicators	2008 年	2009 年
按工业行业分	**Grouped by Industrial Sector**		
石油和天然气开采业③	Mining of Petroleum and Natural Gas	125.8	82.5
农副食品加工业	Processing of Food from Agricultural Products	120.7	87.3
食品制造业	Manufacture of Foodstuff	106.8	104.3
酒、饮料和精制茶制造业	Manufacture of Wine, Beverages and Refined Tea	100.7	101.2
烟草制品业	Manufacture of Tobacco	100.0	105.2
纺织业①	Manufacture of Textile	100.7	100.4
纺织服装、服饰业①	Manufacture of Textile Wearing Apparel	102.3	100.7
皮革、毛皮、羽毛及其制品和制鞋业①	Manufacture of Leather, Fur, Feather Products and Footwear	100.3	99.0
木材加工和木、竹、藤、棕、草制品业	Processing of Timber, Manufacture of Wood, Bamboo, Rattan, Palm and Straw Products	104.6	103.5
家具制造业	Manufacture of Furniture	100.1	98.4
造纸和纸制品业	Manufacture of Paper and Paper Products	103.8	105.7
印刷和记录媒介复制业②	Printing, Replication of Recording Media	102.2	99.8
文教、工美、体育和娱乐用品制造业①	Manufacture of Culture, Education, Art, Sports and Recreation Products	100.3	99.5
石油加工、炼焦和核燃料加工业	Processing of Petroleum, Coking and Processing of Nuclear Fuel	122.4	95.1
化学原料和化学制品制造业	Manufacture of Raw Chemical Materials and Chemical Products	104.9	87.0
医药制造业	Manufacture of Medicines	105.6	100.8
化学纤维制造业	Manufacture of Chemical Fibers	100.4	88.2
橡胶和塑料制品业①	Manufacture of Rubber and Plastic Products	100.1	102.1
非金属矿物制品业	Manufacture of Non-metallic Mineral Products	105.7	97.9
黑色金属冶炼和压延加工业①	Smelting and Pressing of Ferrous Metals	114.1	79.6
有色金属冶炼和压延加工业	Smelting and Pressing of Non-ferrous Metals	92.2	83.2
金属制品业①	Manufacture of Metal Products	101.9	95.1
通用设备制造业①	Manufacture of General Purpose Machinery	101.6	98.6
专用设备制造业①	Manufacture of Special Purpose Machinery	101.1	101.9
汽车制造业⑤	Manufacture of Automotives		
铁路、船舶、航空航天和其他运输设备制造业⑤	Manufacture of Railroads, Ships, Aerospace and Other Transportation Equipment		
电气机械和器材制造业①	Manufacture of Electrical Machinery and Equipment	101.4	96.6
计算机、通信和其他电子设备制造业	Manufacture of Communication Equipment, Computers and Other Electronic Equipment	94.5	88.4
仪器仪表制造业①	Manufacture of Measuring Instruments	100.1	98.0
其他制造业①	Other Manufacturing	111.2	99.8
废弃资源综合利用业④	Comprehensive Utilization of Waste Resources	133.2	75.0
金属制品、机械和设备修理业⑤	Repairing of Metal Products, Machinery and Equipment		
电力、热力生产和供应业	Production and Supply of Electric Power and Thermal Power	102.0	103.7
燃气生产和供应业	Production and Supply of Gas	104.8	110.1
水的生产和供应业	Production and Supply of Water	101.3	120.9

2010 年	2011 年	2012 年	2013 年	2014 年	2015 年	2016 年	2017 年	2018 年	2019 年	2020 年	2021 年	2022 年
116.9	115.0	100.1	103.9	102.2	85.2	92.8	110.7	116.4	98.2	83.7	97.6	100.7
106.9	119.6	104.0	99.0	96.3	92.2	100.9	100.4	102.1	103.8	106.3	116.2	109.0
104.8	106.7	103.7	101.9	102.1	100.7	100.0	102.6	101.9	101.4	100.7	101.7	102.1
104.4	103.2	105.3	95.9	98.5	97.7	99.6	103.6	107.6	100.4	99.9	101.0	101.4
103.7	100.0	103.0	100.6	100.0	100.0	100.1	100.0	100.5	102.4	103.3	100.5	100.0
102.2	104.3	98.3	98.8	98.5	97.9	101.6	107.5	109.8	97.5	97.8	102.2	101.3
100.9	102.4	99.4	100.1	100.3	99.6	102.3	98.9	99.6	103.0	100.6	99.4	101.3
100.0	100.1	99.4	101.7	101.6	100.4	98.2	96.4	101.3	104.2	96.9	97.6	98.0
99.8	106.2	103.5	100.3	102.7	101.4	99.2	99.0	99.1	98.1	94.9	98.0	106.5
93.1	102.8	100.3	99.8	100.0	100.2	101.3	100.6	101.0	98.0	99.3	100.1	101.6
100.5	105.0	101.1	97.8	99.0	99.0	99.7	106.3	104.4	100.4	99.3	100.5	99.6
99.8	101.4	99.3	98.0	100.1	98.8	99.3	100.6	99.4	101.5	100.8	108.9	103.6
101.4	107.0	102.8	93.0	95.0	97.5	109.7	103.3	101.6	114.5	116.8	98.7	104.7
121.2	116.7	102.3	98.2	95.3	73.9	91.3	114.5	120.2	95.7	80.8	121.1	128.5
117.2	110.9	96.8	96.8	99.0	87.3	100.2	116.3	102.8	89.0	94.8	115.9	103.7
100.3	103.1	101.8	97.3	100.2	101.5	99.5	109.1	100.4	101.9	102.4	96.1	95.6
115.7	113.6	91.2	98.1	97.0	91.7	89.9	115.3	110.7	90.1	83.3	119.9	104.9
101.5	107.6	99.9	99.3	98.0	95.4	97.1	102.0	101.1	98.8	97.1	102.5	99.0
102.6	108.0	95.4	97.1	100.5	95.6	96.2	109.6	113.8	104.2	101.6	106.1	97.9
115.1	110.1	88.0	98.4	97.7	86.0	96.8	119.4	103.4	96.4	100.5	129.4	92.2
127.8	112.8	91.0	93.8	95.9	91.0	93.7	113.0	102.3	100.6	100.6	118.4	103.1
107.3	103.2	98.6	96.2	96.5	95.7	99.8	108.4	103.7	99.6	99.5	105.4	101.9
99.5	98.9	99.4	98.1	98.9	99.6	100.7	101.0	102.8	102.4	99.8	100.9	101.6
99.7	100.5	100.6	99.5	101.0	101.9	101.7	99.9	100.3	102.5	100.7	96.7	99.6
		96.3	98.5	99.7	99.0	98.5	98.1	99.1	97.2	94.7	94.4	99.2
		98.5	98.0	99.3	99.5	98.9	100.3	100.2	101.2	107.2	94.9	99.8
100.9	100.8	98.1	97.4	98.4	97.9	96.7	99.2	98.5	98.1	97.7	102.8	102.6
91.5	98.1	99.4	98.3	98.5	99.3	99.4	99.8	98.3	99.3	101.3	95.5	103.6
99.6	101.4	98.8	99.8	99.8	99.6	100.8	101.5	100.1	99.1	100.6	99.5	100.8
112.1	116.3	100.5	99.9	100.1	101.6	93.6	106.8	99.7	98.2	94.8	103.7	104.9
113.0	123.2	86.6	91.2	95.0	74.4	92.9	98.0	100.8	100.1	100.8	100.5	95.4
		97.3	99.1	101.2	97.5	104.2	104.9	97.8	105.3	104.0	98.2	102.3
101.6	100.9	102.4	99.8	101.4	98.8	96.9	100.4	99.0	98.5	94.2	99.9	111.2
104.2	109.0	97.0	93.8	98.8	100.2	98.0	96.3	98.5	99.7	98.1	100.6	110.8
112.7	110.1	100.8	104.7	118.0	101.2	99.7	99.8	98.2	101.6	101.3	103.9	115.7

主要工业行业工业品出厂价格指数(2009~2022，以2000年价格为100)

表3-23

指　标	Indicators	2009年	2010年
按工业行业分	**Grouped by Industrial Sector**		
石油和天然气开采业	Mining of Petroleum and Natural Gas	203.0	237.3
农副食品加工业	Processing of Food from Agricultural Products	160.3	171.4
食品制造业	Manufacture of Foodstuff	119.2	124.9
酒、饮料和精制茶制造业	Manufacture of Wine, Beverages and Refined Tea	105.1	109.7
烟草制品业	Manufacture of Tobacco	136.2	141.2
纺织业	Manufacture of Textile	101.9	104.1
纺织服装、服饰业	Manufacture of Textile Wearing Apparel	108.6	109.6
皮革、毛皮、羽毛及其制品和制鞋业	Manufacture of Leather, Fur, Feather Products and Footwear	100.9	100.9
木材加工和木、竹、藤、棕、草制品业	Processing of Timber, Manufacture of Wood, Bamboo, Rattan, Palm and Straw Products	104.4	104.2
家具制造业	Manufacture of Furniture	97.1	90.4
造纸和纸制品业	Manufacture of Paper and Paper Products	94.7	95.2
印刷和记录媒介复制业	Printing, Replication of Recording Media	90.8	90.6
文教、工美、体育和娱乐用品制造业	Manufacture of Culture, Education, Art, Sports and Recreation Products	100.3	101.7
石油加工、炼焦和核燃料加工业	Processing of Petroleum, Coking and Processing of Nuclear Fuel	230.2	279.0
化学原料和化学制品制造业	Manufacture of Raw Chemical Materials and Chemical Products	122.5	143.6
医药制造业	Manufacture of Medicines	94.2	94.5
化学纤维制造业	Manufacture of Chemical Fibers	100.8	116.6
橡胶和塑料制品业	Manufacture of Rubber and Plastic Products	103.9	105.5
非金属矿物制品业	Manufacture of Non-metallic Mineral Products	101.3	103.9
黑色金属冶炼和压延加工业	Smelting and Pressing of Ferrous Metals	150.4	173.1
有色金属冶炼和压延加工业	Smelting and Pressing of Non-ferrous Metals	156.7	200.3
金属制品业	Manufacture of Metal Products	119.1	127.8
通用设备制造业	Manufacture of General Purpose Machinery	96.2	95.7
专用设备制造业	Manufacture of Special Purpose Machinery	94.9	94.6
汽车制造业	Manufacture of Automotives		
铁路、船舶、航空航天和其他运输设备制造业	Manufacture of Railroads, Ships, Aerospace and Other Transportation Equipment		
电气机械和器材制造业	Manufacture of Electrical Machinery and Equipment	93.1	93.9
计算机、通信和其他电子设备制造业	Manufacture of Communication Equipment, Computers and Other Electronic Equipment	55.2	50.5
仪器仪表制造业	Manufacture of Measuring Instruments	81.6	81.3
其他制造业	Other Manufacturing	126.2	141.5
废弃资源综合利用业	Comprehensive Utilization of Waste Resources	120.5	136.2
金属制品、机械和设备修理业	Repairing of Metal Products, Machinery and Equipment		
电力、热力生产和供应业	Production and Supply of Electric Power and Thermal Power	109.9	111.7
燃气生产和供应业	Production and Supply of Gas	145.6	151.7
水的生产和供应业	Production and Supply of Water	144.4	162.7

Producer Price Indices for Industrial Products by Sector(2000 = 100)

2011 年	2012 年	2013 年	2014 年	2015 年	2016 年	2017 年	2018 年	2019 年	2020 年	2021 年	2022 年
272.9	273.2	283.9	290.1	247.2	229.4	253.9	295.5	290.2	242.9	237.1	238.8
205.0	213.2	211.1	203.3	187.4	189.1	189.9	193.9	201.3	214.0	248.7	271.1
133.3	138.2	140.8	143.8	144.8	144.8	148.6	151.4	153.5	154.6	157.2	160.5
113.2	119.2	114.3	112.6	110.0	109.6	113.5	122.2	122.7	122.6	123.8	125.5
141.2	145.4	146.3	146.3	146.3	146.4	146.4	147.1	150.6	155.6	156.4	156.4
108.6	106.8	105.5	103.9	101.7	103.3	111.0	122.0	119.0	116.4	119.0	120.5
112.2	111.5	111.6	111.9	111.5	114.1	112.8	112.4	115.8	116.5	115.8	117.3
101.0	100.4	102.1	103.7	104.1	102.2	98.5	99.8	104.0	100.8	98.4	96.4
110.7	114.6	114.9	118.0	119.7	118.7	117.5	116.4	114.2	108.4	106.2	113.1
92.9	93.2	93.0	93.0	93.2	94.4	95.0	95.9	94.0	93.3	93.4	94.9
100.0	101.1	98.9	97.9	96.9	96.6	102.7	107.2	107.6	106.8	107.3	106.9
91.9	91.3	89.5	89.6	88.5	87.9	88.4	87.9	89.2	89.9	97.9	101.4
108.8	111.8	104.0	98.8	96.3	105.6	109.1	110.8	126.9	148.2	146.3	153.2
325.6	333.1	327.1	311.7	230.3	210.3	240.8	289.6	277.1	223.9	271.1	348.4
159.3	154.2	149.3	147.8	129.0	129.3	150.4	154.6	137.6	130.4	151.1	156.7
97.4	99.2	96.5	96.7	98.2	97.7	106.6	107.0	109.0	111.6	107.2	102.5
132.5	120.8	118.5	114.9	105.4	94.8	109.3	121.0	109.0	90.8	108.9	114.2
113.5	113.4	112.6	110.3	105.2	102.1	104.1	105.3	104.0	101.0	103.5	102.5
112.2	107.0	103.9	104.4	99.8	96.0	105.2	119.7	124.7	126.7	134.4	131.6
190.6	167.7	165.0	161.2	138.6	134.2	160.2	165.7	159.7	160.5	207.7	191.5
225.9	205.6	192.9	185.0	168.4	157.8	178.3	182.5	183.6	184.7	218.7	225.5
131.9	130.1	125.2	120.8	115.6	115.4	125.1	129.7	129.2	128.6	135.5	138.1
94.6	94.0	92.2	91.2	90.8	91.4	92.3	94.9	97.2	97.0	97.9	99.5
95.1	95.7	95.2	96.2	98.0	99.7	99.6	99.9	102.4	103.1	99.7	99.3
	96.3	94.9	94.6	93.7	92.3	90.5	89.8	87.3	82.7	78.1	77.5
	98.5	96.5	95.8	95.3	94.3	94.6	94.8	95.9	102.8	97.6	97.4
94.7	92.9	90.5	89.1	87.2	84.3	83.6	82.4	80.8	78.9	81.1	83.2
49.5	49.2	48.4	47.7	47.4	47.1	47.0	46.2	45.9	46.5	44.4	46.0
82.4	81.4	81.2	81.0	80.7	81.3	82.5	82.6	81.9	82.4	82.0	82.7
164.6	165.4	165.2	165.4	168.0	157.2	167.9	167.4	164.4	155.9	161.7	169.6
167.8	145.3	132.5	125.9	93.7	87.0	85.3	85.9	86.0	86.7	87.1	83.1
	97.3	96.4	97.6	95.2	99.2	104.1	101.8	107.2	111.5	109.5	112.0
112.7	115.4	115.2	116.8	115.4	111.8	112.2	111.2	109.5	103.1	103.0	114.5
165.4	160.4	150.5	148.7	149.0	146.0	140.6	138.5	138.1	135.5	136.3	151.0
179.1	180.5	189.0	223.0	225.7	225.0	224.6	220.5	224.0	226.9	235.7	272.7

工业生产者购进价格指数（1992~2022，以上年价格为100）

表 3-24

指　标	Indicators	1992 年	1995 年	1996 年
工业生产者购进价格指数	**Purchasing Price Index for Industrial Producers**	**109.6**	**113.3**	**97.6**
燃料、动力类	Fuel and Power	117.9	107.6	109.9
黑色金属材料类	Ferrous Metals	112.1	99.1	96.0
#钢　材	Rolled-steel	117.8	98.8	98.5
有色金属材料类	Non-ferrous Metals	109.9	131.7	87.3
化工原料类	Chemical Raw Materials	87.8	124.1	93.7
木材及纸浆类	Timber and Paper Pulps	103.9	121.3	102.8
建筑材料类及非金属矿类	Building Materials and Non-metal Minerals	109.1	92.1	123.9
其它工业原材料及半成品类	Other Industrial Raw and Processed Materials			
农副产品类	Agricultural Materials	110.7	123.3	100.6
纺织原料类	Textile Raw Materials	101.6	114.8	90.0

表 3-24 续表　Continued

指　标	Indicators	2008 年	2009 年	2010 年
工业生产者购进价格指数	**Purchasing Price Index for Industrial Producers**	**110.3**	**89.8**	**111.2**
燃料、动力类	Fuel and Power	135.6	76.0	129.0
黑色金属材料类	Ferrous Metals	117.0	86.7	113.9
#钢　材	Rolled-steel	114.1	87.8	105.0
有色金属材料类	Non-ferrous Metals	96.4	86.3	129.4
化工原料类	Chemical Raw Materials	105.9	87.5	116.0
木材及纸浆类	Timber and Paper Pulps	102.6	96.3	103.4
建筑材料类及非金属矿类	Building Materials and Non-metal Minerals	109.0	98.6	105.4
其它工业原材料及半成品类	Other Industrial Raw and Processed Materials	102.3	96.7	102.3
农副产品类	Agricultural Materials	107.6	100.0	108.2
纺织原料类	Textile Raw Materials	103.2	99.2	106.4

Purchasing Price Indices for Industrial Producers (preceding year = 100)

1997 年	1998 年	1999 年	2000 年	2001 年	2002 年	2003 年	2004 年	2005 年	2006 年	2007 年
98.6	**94.1**	**97.1**	**107.1**	**98.7**	**97.7**	**106.4**	**116.4**	**106.8**	**104.8**	**104.1**
103.2	97.4	102.1	116.7	99.9	101.6	107.7	124.8	124.1	110.9	104.3
98.3	99.0	96.0	96.7	104.5	100.1	113.7	134.6	103.2	92.7	106.6
94.8	98.0	94.4	102.6	99.7	96.9	108.9	123.2	109.9	95.9	104.4
96.4	83.3	98.5	111.4	93.2	95.1	102.5	119.9	112.2	139.1	107.2
96.4	86.0	100.8	123.5	90.4	92.7	107.3	114.3	111.1	103.2	105.2
105.3	75.2	92.9	101.6	94.9	97.6	99.3	100.9	101.5	100.3	102.0
90.9	91.9	102.1	99.5	101.6	96.3	103.0	115.1	88.9	99.8	102.7
96.0	92.3	100.7	104.6	100.9	97.7	98.9	103.0	99.3	103.3	102.2
119.5	92.2	93.8	97.2	99.3	99.5	109.2	110.4	98.1	105.1	106.7
96.0	100.2	87.1	96.9	96.8	94.5	102.0	104.9	101.8	100.5	101.8

2011 年	2012 年	2013 年	2014 年	2015 年	2016 年	2017 年	2018 年	2019 年	2020 年	2021 年	2022 年
107.5	**94.7**	**96.5**	**95.9**	**90.6**	**97.7**	**108.9**	**105.2**	**98.7**	**96.9**	**107.3**	**104.9**
117.9	98.9	90.4	93.9	68.3	91.3	121.5	117.2	95.7	83.4	125.6	128.9
110.9	85.2	96.3	89.7	81.7	101.1	117.7	103.2	101.1	101.9	116.2	96.7
105.9	93.6	95.2	95.5	89.5	101.4	116.9	103.6	95.9	99.5	112.7	100.0
113.8	91.0	93.0	93.4	88.8	99.6	111.1	103.6	107.3	110.8	116.1	104.3
110.5	96.4	97.2	96.8	89.4	97.2	110.9	105.4	93.9	92.8	111.8	103.8
103.6	98.1	99.5	99.3	99.3	98.3	104.9	103.7	96.8	98.1	105.9	105.0
116.0	93.7	98.9	102.3	94.2	98.1	111.5	109.2	102.0	98.7	109.4	94.5
100.9	97.1	97.3	98.0	97.0	99.0	102.2	101.2	99.0	99.5	99.8	101.2
111.7	102.5	99.5	97.1	94.1	94.4	104.4	100.5	101.3	103.9	115.4	105.7
110.6	99.1	100.1	99.9	100.2	100.8	102.7	101.4	101.5	97.9	101.7	102.4

工业生产者购进价格指数(2009~2022，以2000年价格为100)

表3-25

指 标	Indicators	2009年	2010年	2011年
工业生产者购进价格指数	**Purchasing Price Index for Industrial Producers**	**137.8**	**153.2**	**164.7**
燃料、动力类	Fuel and Power	201.9	260.5	307.1
黑色金属材料类	Ferrous Metals	165.4	188.4	208.9
#钢 材	Rolled-steel	142.9	150.0	158.9
有色金属材料类	Non-ferrous Metals	151.5	196.0	223.0
化工原料类	Chemical Raw Materials	114.9	133.3	147.3
木材及纸浆类	Timber and Paper Pulps	95.2	98.4	101.9
建筑材料类及非金属矿类	Building Materials and Non-metal Minerals	113.5	119.6	138.7
其它工业原材料及半成品类	Other Industrial Raw and Processed Materials	104.1	106.5	107.5
农副产品类	Agricultural Materials	141.0	152.6	170.5
纺织原料类	Textile Raw Materials	104.5	111.2	123.0

房地产价格指数(1998~2010)(以上年价格为100)

表3-26

指 标	Indicators	1998年	1999年
房屋销售价格指数	**House Price Index**	**95.7**	**96.2**
新建房	Newly Built Property	95.7	96.0
住 宅	Residential Housing	95.7	96.3
#普通住宅	Ordinary Residence Housing	97.6	97.6
多层住宅	Multi-storey Housing	99.0	98.7
高层住宅	High-rise Housing	95.6	94.6
高档住宅	High-grade Residence Housing	85.2	88.2
非住宅	Non-residential Property	96.1	91.7
#办公楼	Office Building	92.0	90.3
商业营业用房	Commercial Building		
二手房	Existing Property	94.4	96.6
住 宅	Residence Housing	94.4	96.6

注：按照国家统计局调查制度规定，从2008年开始，“商品房”改为“新建房”，“商业娱乐用房”改为“商业营业用房”。
Note: Since the year of 2008, “Commodity property” has been renamed as “New Built Property”, and “Commercial/Recreational Building” has been renamed as “Commercial Building”.

Purchasing Price Indices for Industrial Producers (2000=100)

2012年	2013年	2014年	2015年	2016年	2017年	2018年	2019年	2020年	2021年	2022年
156.0	**150.5**	**144.3**	**130.7**	**127.7**	**139.1**	**146.3**	**144.4**	**139.9**	**150.1**	**157.5**
303.7	274.5	257.8	176.1	160.8	195.4	228.9	219.2	182.8	229.6	296.0
178.0	171.4	153.7	125.6	127.0	149.5	154.3	156.0	159.0	184.8	178.7
148.7	141.6	135.2	121.0	122.7	143.4	148.6	142.5	141.8	159.8	159.8
202.9	188.7	176.2	156.5	155.9	173.2	179.4	192.5	213.3	247.6	258.2
142.0	138.0	133.6	119.4	116.1	128.8	135.8	127.5	118.3	132.3	137.3
100.1	99.6	98.9	98.2	96.5	101.2	105.0	101.6	99.7	105.6	110.9
130.0	128.6	131.6	124.0	121.6	135.6	148.1	151.1	149.1	163.1	154.1
104.4	101.6	99.6	96.6	95.6	97.7	98.9	97.9	97.4	97.2	98.4
174.8	173.9	168.9	158.9	150.0	156.6	157.5	159.5	165.7	191.2	202.1
121.9	122.0	121.9	122.1	123.1	126.4	128.2	130.1	127.4	129.6	132.7

House Price Indices (Preceding Year=100)

2000年	2001年	2002年	2003年	2004年	2005年	2006年	2007年	2008年	2009年	2010年
98.6	**104.4**	**107.3**	**120.1**	**115.9**	**109.7**	**98.7**	**103.4**	**105.9**	**100.8**	**107.3**
98.5	101.8	108.2	120.5	115.8	109.2	97.0	103.1	105.3	100.6	106.8
98.5	102.1	108.7	121.4	115.8	109.2	96.8	103.4	105.7	101.1	107.6
98.2	102.6	109.0	122.3	117.3	110.0	92.7	105.2	107.9	101.1	109.0
99.9	104.6	109.5	125.0	115.3	108.6	88.9	104.7	108.0	101.1	108.5
96.1	101.3	108.6	123.1	118.1	110.5	93.0	105.6	107.7	101.1	109.4
95.9	97.8	103.9	114.6	118.3	110.3	99.7	103.3	105.7	101.5	105.5
98.2	98.3	103.8	111.7	116.1	108.5	98.6	102.1	103.9	99.0	102.2
98.4	96.8	103.3	116.0	115.8	107.9	100.1	102.8	103.8	99.0	103.5
99.4	101.9	103.1	112.4	117.2	108.7	97.3	101.2	104.1	99.1	101.4
99.1	110.8	105.7	121.6	117.5	110.6	101.8	103.8	106.8	101.1	107.8
99.1	110.8	105.7	121.6	117.5	110.6	101.8	103.8	106.8	101.1	107.8

房地产价格指数(2011~2022)(以上年价格为100)

表3-27

指　标	Indicators	2011年	2012年	2013年
新建商品住宅	**Newly Built Commodity Residential Housing**	**102.5**	**98.8**	**114.2**
#90平方米以下	Below 90 sq.m	104.2	99.2	114.9
90~144平方米	90-144 sq.m	102.8	98.7	113.5
144平方米以上	Above 144 sq.m	101.5	98.7	114.5
二手住宅	**Existing Residential Housing**	**102.2**	**99.1**	**109.7**
#90平方米以下	Below 90 sq.m	102.8	99.5	110.5
90~144平方米	90-144 sq.m	102.2	99.6	109.2
144平方米以上	Above 144 sq.m	100.5	97.5	108.6

注：根据国家统计局规定，2011年开始，房地产价格统计调查采用新方法，数据来源渠道、指标设置、计算方法等进行了较大的调整。
Note: New methodology has been adopted to the statistics of house price since 2011, when crucial changes were made to data source, indicator definition and method of computation.

House Price Indices (Preceding Year = 100)

2014 年	2015 年	2016 年	2017 年	2018 年	2019 年	2020 年	2021 年	2022 年
107.0	**103.5**	**132.8**	**110.2**	**99.8**	**102.0**	**103.6**	**104.5**	**103.8**
108.0	104.1	134.7	110.4	100.4	101.8	103.0	104.1	103.4
106.7	104.4	133.0	111.0	99.0	102.1	103.6	104.5	103.5
106.6	102.5	131.9	109.4	100.3	101.9	103.9	104.6	104.5
104.6	**104.0**	**130.0**	**109.6**	**98.2**	**99.7**	**103.5**	**108.6**	**103.7**
105.2	104.4	130.7	110.5	97.4	99.3	103.2	109.0	103.0
104.5	103.8	129.2	109.2	98.7	100.3	104.3	108.4	104.1
103.2	103.4	129.9	108.2	99.4	99.5	103.0	107.8	104.6

农产品生产者价格指数（2004～2022，以上年价格为100）
Producer Price Indices for Agriculture Products (preceding year=100)

表 3-28

年份 year	总指数 General Index	#种植业 Planting Products	#粮食 Grain	牧业 Animal Husbandry Products	#生猪 hogs	渔业 Fishery Products
2004	110.8	108.1	184.3	107.8	127.6	114.7
2005	105.7	108.2	108.8	102.1	96.9	104.9
2006	101.9	104.1	104.7	94.4	88.0	107.5
2007	110.2	106.2	102.8	128.8	147.7	102.6
2008	109.7	105.5	106.3	113.0	115.0	116.0
2009	102.2	108.7	104.9	90.1	81.2	101.0
2010	107.1	110.5	119.6	100.0	97.2	107.3
2011	110.9	106.1	109.8	121.4	132.5	113.2
2012	101.4	103.4	103.3	94.4	88.1	104.1
2013	104.1	104.5	105.5	101.9	99.6	106.9
2014	99.5	98.8	100.9	99.8	89.4	99.7
2015	102.4	102.4	99.8	103.6	112.7	100.9
2016	106.6	105.3	98.4	110.1	121.0	106.4
2017	98.4	95.6	99.2	91.0	85.7	115.6
2018	100.5	102.8	99.9	93.0	84.8	102.5
2019	105.6	102.8	102.3	126.7	150.2	96.7
2020	106.7	101.5	101.0	129.1	161.3	103.2
2021	104.4	108.3	101.8	87.9	63.7	109.0
2022	102.6	103.4	99.9	93.5	85.7	107.0

主要统计指标解释

■居民消费价格指数

是度量一组代表性消费商品及服务项目价格水平随着时间而变动的相对数，反映居民家庭购买的消费品及服务价格水平的变动情况。它是宏观经济分析和决策、价格总水平监测和调控以及国民经济核算的重要指标。其按年度计算的变动率通常被用来作为反映通货膨胀或紧缩程度的指标。

现行的居民消费价格指数按用途分为八个大类，包括食品烟酒、衣着、居住、生活用品及服务、交通通信、教育文化娱乐、医疗保健、其他用品及服务。

■商品零售价格指数

是反映一定时期内城乡商品零售价格变动趋势和程度的相对数。商品零售价格的变动直接影响城乡居民的生活支出和国家的财政收入，影响居民购买力和市场供需的平衡，影响消费与积累的比例关系。因此，该指数可以从一个侧面对上述经济活动进行观察和分析。

■工业生产者出厂价格指数

是反映一定时期内全部工业产品出厂价格的变动趋势和程度的统计指标，包括工业企业售给本企业以外所有单位的各种产品和直接售给居民用于生活消费的产品，可用于扣除工业总产值及增加值中价格变动因素的影响。

■工业生产者购进价格指数

是反映工业企业作为生产投入，从物资交易市场和能源、原材料生产企业购买原材料、燃料和动力产品的价格变动趋势和程度的统计指标，可用于扣除工业企业物质消耗成本中价格变动因素的影响。

■新建商品住宅销售价格指数

是反映新建的、用于居住的进入房地产市场进行交易的房屋，第一次进行产权登记时的实际交易价格（合同价格）的变动趋势和程度的统计指标，由成本、税金、利润等组成。

■二手住宅销售价格指数

是反映用于居住的进入房地产市场进行交易的房屋，再次进行产权登记时的实际交易价格的变动趋势和程度的统计指标。

■农产品生产者价格指数

是反映一定时期内，农产品生产者出售农产品价格水平变动趋势及幅度的相对数。该指数可以客观反映农产品生产价格水平和结构变动情况，满足农业与国民经济核算需要。其中某代表品生产价格指数是通过对全部有出售该产品行为的调查单位的个体指数进行几何平均求得的，类价格指数是通过对其所属的类(或代表品)的价格指数进行加权平均求得的。季度累计价格指数的计算方法与分季指数的计算方法相同。

EXPLANATORY NOTES ON MAIN STATISTICAL INDICATORS

■Consumer Price Index

It is an index that reflects the time–based change of prices of a group of representative consumption commodities and services. It is an important reference factor for macro–economic analysis and strategy, monitoring and adjustment of overall price level and the national economic budgeting. The year–on–year change of the index is often a norm reflecting the inflation or deflation.

The current CPI covers eight categories of goods and services: food,tobacco and alcohol, clothing, residence, articles for daily use and services, transportation and communication, education, culture and recreation, health care, and other articles and services.

■Retail Price Index

It reflects the trend and degree of change in retail prices of commodities during a given period. The change in retail prices of commodities directly affect the living expenditure of urban and rural residents, government revenue, purchasing power of residents and the equilibrium of market supply and demand, and the ratio of consumption to accumulation. Therefore, the retail price indices are useful to analyse the changes of the above economic activities.

■Producer Price Index for Industrial Products

Producer Price Index for Industrial Products reflects the trend and degree of changes in general sales prices of all industrial products during a given period, including sales of industrial products by an industrial enterprise to all units outside this enterprise, as well as sales of consumer goods to residents. It can be used to remove the impact of price changes on gross output value and value–added of the industrial sector.

■Purchasing Price Index for Industrial Producers

Purchasing Price Index for Industrial Producers reflects the trend and degree of changes in prices paid by industrial enterprises when they purchase productive inputs such as raw materials, fuels and power from the market or from other enterprises during a given period. It can be used to measure the real consumption of inputs of industrial enterprises by removing the impact of price changes.

■Price Index for Newly Built Commodity Residential Housing

Price Index for Newly Built Commodity Residential Housing reflects the trend and degree of changes in the trade prices of newly built commodity housing for residential use at their first registration of property right , including costs, taxes and profits.

■Price Index for Existing Residential Housing

Price Index for Existing Residential Housing reflects the trend and degree of changes in the trade prices of existing housing for residential use at their successive registration of property right.

■Producer Price Index for Agriculture Products

It reflects the trend and degree of changes in producers' prices received by farmers when they sell farm products during a given period. These indices depict the change in the level and structure of producer prices for farm products of the country and meet the needs of agricultural statistics and national accounts statistics. The producer price index for a given product is calculated as the geometrical mean of individual indices for all surveyed units which sell such product, and the indices for a product category is obtained as the weighted mean of price indices for all products in the category. Method for calculating accumulative quarterly indices is the same as for calculating the individual quarterly indices.

Chapter 4
第四篇

上 海 调 查 年 鉴 SHANGHAI SURVEY YEARBOOK

农 业
AGRICULTURE

简要说明

一、本篇资料的主要内容

本篇资料反映本市农业生产和农村经济的基本情况，内容主要包括农林牧渔业产值、农作物播种面积、主要农产品产量、农业机械拥有量、农业产业化组织、自然村数量等方面的统计资料。

二、本篇的资料来源

主要由上海市统计局和国家统计局上海调查总队根据《农村统计报表制度》和《农业农村调查报表制度》的有关资料和上海市农业委员会的相关资料整理提供。

三、本篇资料的统计范围

农业统计范围为上海市行政区域和上海光明食品（集团）有限公司所属的域外农场，包括闵行区、宝山区、嘉定区、松江区、金山区、青浦区、奉贤区、崇明区和浦东新区（农村）行政区域范围内所有建制乡镇、行政村和涉农街道、居委会辖区内的生产经营单位和农户；上海光明食品（集团）、上海水产（集团）总公司、青东农场、前卫农场、上实现代农业园区以及其他中央属、市属和军委系统的农业生产（经营）活动单位。

1. 种植业：指对各种农作物的种植活动。包括谷物、豆类、薯类、棉花、油料、糖料、麻类、烟叶、蔬菜、园艺作物、水果、坚果、饮料和香料作物、中草药及其他作物的种植。

2. 林业：包括林木的栽培（不包括茶园、桑园和果园的栽培、管理和收获等活动），木材和竹材的采运，林产品的采集。

3. 牧业：包括牲畜饲养和放牧，家禽饲养以及野生动物的捕猎和饲养。

4. 渔业：包括水生动物和海藻类植物的养殖和捕捞。

5. 农林牧渔服务业：指对种植业、林业、牧业、渔业生产活动进行的各种支持性服务。但不包括各种科学技术和专业性技术服务活动。

农村社会经济统计范围包括除城关镇以外所有乡镇的社会经济活动。

《农村统计报表制度》和《农业农村调查报表制度》包括的三部分内容：

一是农林牧渔业统计调查。包括农作物播种面积、主要农作物产量、农产量抽样调查等内容，调查方法由统计部门确定。其中，水果、林业、渔业、农业机械和部分畜牧业数据来源为农委相关部门，调查方法由资料来源相关部门确定。

二是农业产值综合统计。包括农业总产值、农林牧渔业中间消耗、农产品出口、种源农业等内容，调查方法由统计部门确定。

三是农村社会经济基本情况统计。包括乡镇社会经济基本情况、行政村基本情况等内容。上海参照国家统计局《县域社会经济基本情况统计报表制度》充实部分指标进行调查。

BRIEF INTRODUCTION

Ⅰ. Main Contents

The data in this chapter reflect the basic conditions of agricultural production and rural economy in Shanghai. The main contents include output of agriculture, forestry, animal husbandry and fishery, sown area of farm crops, output of major agricultural products, agricultural machinery, condition of agricultural industrialization organization, number of villages.

II. Sources of Data

Data in this chapter are provided by Shanghai Municipal Statistics Bureau and the Survey Office of the National Bureau of Statistics in Shanghai using data from the Statistical Survey System on Rural Areas and Agricultural Industry and data provided by Shanghai Municipal Agricultural Commission.

Ⅲ. Statistical Scopes

Data on agriculture cover the whole Shanghai Municipality and exclave farm belonging to Shanghai Bright Food (Group), including Minhang, Baoshan, Jiading, Songjiang, Jinshan, Qingpu, Fengxian, Chongming districts, and Pudong New Area (rural area). Included in agriculture statistics are production activities in agriculture by rural production units and by rural households; production activities of farms in counties, villages and rural communities; production activities in agriculture undertaken by Shanghai Bright Food (Group), Shanghai Fisheries (Group) Corporation, the Qingdong Farm, the Qianwei Farm, SIIC Modern Agriculture Park and agricultural production units owned by the central government, municipal government and military agencies.

(1) Agriculture: it refers to cultivation of farm crops, including cereals, beans, tuber crops, cotton, oil-bearing crops, sugar crops, hemp, tobacco leaves, vegetables, gardening plants, fruits, nuts, crops for beverages and spices, medicinal herbs and other farm crops.

(2) Forestry: it includes the planting of trees (excluding activities of planting, managing and harvesting of tea, mulberry fields and fruits), cutting and transport of timber and bamboo and collection of forest products.

(3) Animal husbandry: it includes the raising and grazing of domestic animals and poultry, and the hunting and raising of wild animals.

(4) Fishery: it includes cultivation and catching of aquatic animals and seaweed.

(5) Services in support of agriculture, forestry, animal husbandry and fishery: they include supporting services to production activities in agriculture, forestry, animal husbandry and fishery but do not include activities of science and technology and professional services.

Rural social and economic statistics cover social and economic activities in all townships except towns, where county governments are located.

Statistical Survey System on Rural Areas and Agricultural Industry consists of three parts:

First, it includes statistics on agriculture, forestry, animal husbandry and fishery, including agricultural production area, main crop output and sampling survey of agricultural products, whose survey methodologies are determined by the statistics department. Fruit, forestry, fishery, agricultural machinery and part of animal husbandry data are provided by Shanghai Municipal Agriculture Commission, and survey methodologies are determined by relevant providers of the data.

Second, it includes comprehensive statistics on value of agricultural output, including output of agriculture, intermediate consumption of agriculture, forestry, animal husbandry, and fishery, export of agricultural products, and seed industries. Survey methodologies are determined by the statistics department.

Third, it includes comprehensive statistics on rural areas. The data include basic conditions of social and economic activities at county, township and rural administrations, and municipal agricultural zones. Data are provided according to Statistical Reporting System on the Basic Condition of Social and Economic Activities of Counties with additional standards supplemented by Shanghai authorities.

农业总产值(1978~2022)
Gross Output Value of Agriculture

表 4-1 单位:亿元(Unit:100 million yuan)

年 份 Year	合 计 Total	种植业 Farming	林 业 Forestry	牧 业 Animal Husbandry	副 业 Others	渔 业 Fishery	农林牧渔服务业 Services in Support of Agriculture, Forestry, Animal Husbandry and Fishery
1978	18.26	13.49	0.06	3.67	0.18	0.86	
1980	18.90	11.40	0.06	6.27	0.20	0.97	
1985	31.38	15.63	0.21	12.25	0.47	2.82	
1986	33.76	16.83	0.24	12.75	0.49	3.45	
1987	38.84	17.69	0.34	15.48	0.54	4.79	
1988	53.07	22.47	0.45	22.18	0.54	7.43	
1989	60.63	25.53	0.39	26.41	0.42	7.88	
1990	68.16	29.09	0.37	30.25	0.41	8.04	
1991	73.65	30.51	0.39	33.38	0.40	8.97	
1992	80.01	32.80	0.43	37.19	0.41	9.18	
1993	96.20	40.52	0.41	42.95		12.32	
1994	140.24	60.19	0.49	62.04		17.52	
1995	182.47	77.71	0.45	81.48		22.83	
1996	200.95	87.64	0.67	85.46		27.18	
1997	204.41	85.20	0.47	88.37		30.37	
1998	206.75	89.10	0.84	87.27		29.54	
1999	206.90	87.86	0.98	86.35		31.71	
2000	216.50	89.81	1.41	87.35		37.92	
2001	227.61	95.53	3.52	88.43		40.13	
2002	233.57	97.21	7.75	83.48		45.13	
2003	247.29	98.17	13.05	81.13		49.21	5.73
2004	248.89	109.32	13.14	70.77		49.90	5.76
2005	233.39	111.25	11.11	54.34		51.64	5.05
2006	237.01	119.99	10.43	46.29		55.25	5.05
2007	255.98	126.74	10.05	58.00		54.19	7.00
农普修订							
2007	257.76	128.17	10.06	58.07		54.46	7.00
2008	282.63	139.29	9.13	68.52		57.48	8.20
2009	287.76	151.00	9.02	64.72		54.54	8.49
2010	296.24	159.98	7.58	65.72		54.25	8.71
2011	328.24	169.82	7.73	83.82		57.14	9.73
2012	337.81	176.80	9.77	79.75		60.84	10.66
2013	342.29	177.93	9.80	79.52		63.35	11.69
2014	343.78	175.46	8.83	81.96		66.02	11.50
2015	327.71	167.86	12.30	80.84		55.67	11.04
2016	300.84	146.58	13.21	80.17		50.31	10.57
2017	292.61	146.40	15.31	61.17		58.39	11.34
2018	289.58	150.09	15.80	48.32		56.21	19.16
2019	284.84	145.81	18.27	48.24		54.95	17.56
2020	279.82	138.00	15.16	55.06		50.95	20.65
2021	268.93	144.94	8.68	45.34		47.72	22.24
2022	273.53	149.26	8.32	46.36		51.21	18.39

注：根据第三次农业普查结果，对 2007 年至 2017 年上海农业部分数据进行了重新修订，调查范围也相应修正为包括上海光明食品(集团)有限公司所属的域外农场(以下农普修订同)。

Note: In terms of Third National Agriculture Census, some data from 2007 to 2017 is revised, which includes the exclave farm belonging to Shanghai Bright Food (Group) (similarly hereinafter).

农业总产值结构(1978~2022)
Gross Output Value Composition of Agriculture

表 4-2 单位:%(Unit:%)

年 份 Year	合 计 Total	种植业 Farming	林 业 Forestry	牧 业 Animal Husbandry	副 业 Others	渔 业 Fishery	农林牧渔服务业 Services in Support of Agriculture, Forestry, Animal Husbandry and Fishery
1978	100.0	73.9	0.3	20.1	1.0	4.7	
1980	100.0	60.3	0.3	33.2	1.1	5.1	
1985	100.0	49.8	0.7	39.0	1.5	9.0	
1986	100.0	49.9	0.7	37.8	1.5	10.1	
1987	100.0	45.5	0.9	39.9	1.4	12.3	
1988	100.0	42.3	0.8	41.8	1.1	14.0	
1989	100.0	42.1	0.6	43.6	0.7	13.0	
1990	100.0	42.7	0.5	44.4	0.6	11.8	
1991	100.0	41.4	0.5	45.3	0.5	12.3	
1992	100.0	41.0	0.5	46.5	0.5	11.5	
1993	100.0	42.1	0.5	44.6		12.8	
1994	100.0	42.9	0.3	44.3		12.5	
1995	100.0	42.6	0.3	44.6		12.5	
1996	100.0	43.6	0.4	42.5		13.5	
1997	100.0	41.7	0.2	43.2		14.9	
1998	100.0	43.1	0.4	42.2		14.3	
1999	100.0	42.5	0.5	41.7		15.3	
2000	100.0	41.5	0.6	40.4		17.5	
2001	100.0	42.0	1.5	38.9		17.6	
2002	100.0	41.6	3.3	35.8		19.3	
2003	100.0	39.7	5.3	32.8		19.9	2.3
2004	100.0	43.9	5.3	28.4		20.0	2.3
2005	100.0	47.7	4.8	23.3		22.1	2.1
2006	100.0	50.6	4.4	19.5		23.3	2.2
2007	100.0	49.5	3.9	22.7		21.2	2.7
农普修订							
2007	100.0	49.7	3.9	22.6		21.1	2.7
2008	100.0	49.3	3.2	24.2		20.4	2.9
2009	100.0	52.5	3.1	22.5		19.0	2.9
2010	100.0	54.0	2.6	22.2		18.3	2.9
2011	100.0	51.7	2.4	25.5		17.4	3.0
2012	100.0	52.3	2.9	23.6		18.0	3.2
2013	100.0	52.0	2.9	23.2		18.5	3.4
2014	100.0	51.0	2.6	23.8		19.2	3.4
2015	100.0	51.2	3.7	24.7		17.0	3.4
2016	100.0	48.7	4.4	26.7		16.7	3.5
2017	100.0	50.0	5.2	20.9		20.0	3.9
2018	100.0	51.8	5.5	16.7		19.4	6.6
2019	100.0	51.2	6.4	16.9		19.3	6.2
2020	100.0	49.3	5.4	19.7		18.2	7.4
2021	100.0	53.9	3.2	16.9		17.7	8.3
2022	100.0	54.6	3.1	16.9		18.7	6.7

农业总产值指数(1978~2022，以1952年为100)
Indices of Gross Output Value of Agriculture(1952=100)

表4-3

年份 Year	合计 Total	种植业 Farming	林业 Forestry	牧业 Animal Husbandry	副业 Others	渔业 Fishery	农林牧渔服务业 Services in Support of Agriculture, Forestry, Animal Husbandry and Fishery
1978	286.1	254.6	493.5	448.2	19.9	831.3	
1980	263.6	200.2	754.4	519.1	389.7	865.1	
1985	323.2	224.6	528.9	813.0	274.2	1 060.4	
1986	342.6	227.9	663.7	901.9	279.9	1 242.6	
1987	350.5	230.6	685.7	926.3	309.9	1 314.2	
1988	372.7	242.7	819.4	1 017.5	307.7	1 329.8	
1989	377.6	234.9	665.5	1 100.6	241.1	1 427.8	
1990	399.1	245.3	689.3	1 215.6	237.2	1 366.0	
1991	418.4	243.4	758.4	1 339.9	231.1	1 435.6	
1992	442.6	257.9	710.5	1 447.1	235.9	1 403.5	
1993	423.1	239.6	638.7	1 406.6		1 386.7	
1994	456.1	244.4	643.8	1 509.3		1 787.5	
1995	506.3	264.7	618.1	1 627.0		2 098.5	
1996	548.3	291.4	832.0	1 744.1		2 241.2	
1997	579.3	313.5	656.2	1 812.1		2 397.7	
1998	593.2	329.4	913.9	1 847.0		2 316.2	
1999	608.2	339.2	1 274.7	1 873.6		2 403.8	
2000	631.9	359.4	2 047.3	1 858.4		2 675.8	
2001	676.7	369.8	3 107.8	1 943.9		3 259.1	
2002	697.0	370.9	7 629.6	1 866.1		3 679.5	100.0
2003	704.7	344.6	10 177.9	1 772.8		4 525.8	102.6
2004	656.8	366.7	10 218.6	1 373.9		4 376.4	103.2
2005	587.8	348.0	7 960.3	993.3		4 617.1	91.4
2006	591.9	359.1	7 474.7	918.8		4 884.9	90.3
2007	600.8	363.8	7 198.1	960.1		4 767.7	121.6
农普修订							
2007	605.3	367.8	7 209.5	961.1		4 791.2	121.4
2008	606.6	379.5	5 863.0	1 004.3		4 352.6	134.4
2009	607.8	378.3	5 681.4	1 071.0		4 081.2	139.8
2010	585.6	362.8	4 768.1	1 086.2		3 799.2	139.2
2011	587.7	364.4	4 573.5	1 150.3		3 536.4	147.6
2012	594.6	366.7	5 219.8	1 148.1		3 612.7	157.4
2013	582.1	352.7	5 393.3	1 146.0		3 535.7	168.7
2014	593.0	352.0	4 991.6	1 206.4		3 746.7	161.6
2015	562.0	333.5	6 108.8	1 153.4		3 387.9	150.3
2016	495.4	287.7	6 639.1	1 051.8		2 852.4	137.8
2017	474.4	287.2	7 587.7	798.9		3 094.2	145.3
2018	463.5	289.2	7 329.7	659.9		2 877.6	241.6
2019	429.8	266.7	8 165.2	534.2		2 881.0	216.6
2020	399.9	249.8	6 648.8	484.9		2 592.7	250.3
2021	373.3	238.7	3 834.7	479.5		2 247.0	266.4
2022	369.3	237.7	3 404.8	498.0		2 307.2	214.8

农作物总播种面积(1978~2022)
Total Sown Areas of Farm Crops

表 4-4　　　　单位:万公顷（Unit:10 000 hectares）

年　份 Year	农作物总播种面积 Total Sown Area	粮食作物 Grain Crops	经济作物 Cash Crops
1978	82.86	53.22	29.64
1980	77.60	49.39	28.21
1985	69.61	43.82	25.79
1986	67.90	44.68	23.22
1987	67.04	44.21	22.83
1988	64.79	42.45	22.34
1989	63.63	41.69	21.94
1990	63.11	41.71	21.40
1991	62.62	41.54	21.08
1992	60.14	39.24	20.90
1993	55.85	36.31	19.54
1994	53.68	34.97	18.71
1995	54.22	34.40	19.82
1996	57.01	35.38	21.63
1997	55.23	36.58	18.65
1998	55.64	35.25	20.39
1999	55.17	33.50	21.67
2000	52.15	25.88	26.27
2001	49.09	21.12	27.97
2002	47.67	18.77	28.90
2003	41.92	14.83	27.09
2004	40.44	15.47	24.97
2005	40.36	16.61	23.75
2006	40.14	16.55	23.59
2007	39.07	16.96	22.11
农普修订			
2007	40.06	17.92	22.14
2008	39.78	18.42	21.36
2009	41.72	21.55	20.17
2010	41.74	20.12	21.62
2011	42.19	20.83	21.36
2012	40.33	20.81	19.52
2013	39.29	19.05	20.24
2014	37.15	18.67	18.48
2015	35.17	18.13	17.04
2016	30.51	15.85	14.66
2017	28.59	13.31	15.28
2018	28.53	12.99	15.54
2019	26.43	11.74	14.69
2020	25.78	11.43	14.35
2021	26.68	11.74	14.94
2022	27.18	12.28	14.90

注：自 2007 年开始,“其它作物”并入“经济作物”统计。

Note：Since 2007,Other Farm Crops have incorporated into Cash Crops.

农作物总播种面积构成(1978~2022)
Total Sown Areas Composition of Farm Crops

表 4-5 单位:%(Unit:%)

年 份 Year	农作物总播种面积 Total Sown Area	粮食作物 Grain Crops	经济作物 Cash Crops
1978	100.0	64.2	35.8
1980	100.0	63.7	36.3
1985	100.0	63.0	37.0
1986	100.0	65.8	34.2
1987	100.0	66.0	34.0
1988	100.0	65.5	34.5
1989	100.0	65.5	34.5
1990	100.0	66.1	33.9
1991	100.0	66.4	33.6
1992	100.0	65.3	34.7
1993	100.0	65.0	35.0
1994	100.0	65.1	34.9
1995	100.0	63.5	36.5
1996	100.0	62.1	37.9
1997	100.0	66.2	33.8
1998	100.0	63.4	36.6
1999	100.0	60.7	39.3
2000	100.0	49.6	50.4
2001	100.0	43.0	57.0
2002	100.0	39.4	60.6
2003	100.0	35.4	64.6
2004	100.0	38.3	61.7
2005	100.0	41.1	58.9
2006	100.0	41.2	58.8
2007	100.0	43.4	56.6
农普修订 2007	100.0	44.7	55.3
2008	100.0	46.3	53.7
2009	100.0	51.7	48.3
2010	100.0	48.2	51.8
2011	100.0	49.4	50.6
2012	100.0	51.6	48.4
2013	100.0	48.5	51.5
2014	100.0	50.3	49.7
2015	100.0	51.6	48.4
2016	100.0	51.9	48.1
2017	100.0	46.6	53.4
2018	100.0	45.5	54.5
2019	100.0	44.4	55.6
2020	100.0	44.3	55.7
2021	100.0	44.0	56.0
2022	100.0	45.2	54.8

粮食作物播种面积(1978~2022)
Sown Areas of Grain Crops

表 4-6 单位:万公顷(Unit:10 000 hectares)

年 份 Year	粮 食 Grain Crops	#稻 谷 Rice	小 麦 Wheat	大 麦 Barley
1978	53.22	34.28	4.25	8.39
1980	49.39	30.45	5.05	7.22
1985	43.82	26.97	5.74	7.94
1986	44.68	28.52	7.28	5.78
1987	44.21	27.62	7.66	6.15
1988	42.45	25.96	7.03	7.16
1989	41.69	25.82	7.04	6.65
1990	41.71	25.34	7.72	6.62
1991	41.54	24.77	8.38	6.48
1992	39.24	23.48	7.77	6.27
1993	36.31	21.58	7.58	4.91
1994	34.97	21.00	6.23	5.54
1995	34.40	21.00	6.12	5.25
1996	35.38	21.06	6.53	5.97
1997	36.58	20.84	8.33	5.76
1998	35.25	20.33	10.39	2.74
1999	33.50	20.08	9.70	1.91
2000	25.88	17.50	5.72	1.08
2001	21.12	15.39	3.20	0.99
2002	18.77	13.31	3.14	0.98
2003	14.83	10.62	2.17	0.65
2004	15.47	11.18	2.19	0.72
2005	16.61	11.27	2.99	0.78
2006	16.55	11.06	3.14	0.88
2007	16.96	10.91	3.75	0.85
农普修订				
2007	17.92	11.50	3.95	0.98
2008	18.42	11.50	4.59	1.02
2009	21.55	12.05	6.25	1.73
2010	20.12	12.05	5.27	1.32
2011	20.83	11.86	6.29	1.36
2012	20.81	11.76	5.80	2.00
2013	19.05	11.48	4.66	1.80
2014	18.67	11.12	4.67	1.56
2015	18.13	11.02	4.73	1.33
2016	15.85	10.63	3.56	0.89
2017	13.31	10.41	2.10	0.31
2018	12.99	10.36	2.13	0.19
2019	11.74	10.37	1.00	0.09
2020	11.43	10.41	0.75	0.05
2021	11.74	10.38	1.09	0.09
2022	12.28	10.37	1.54	0.21

粮食作物播种面积构成(1978~2022)
Sown Areas Composition of Grain Crops

表 4-7

单位:%(Unit:%)

年 份 Year	粮 食 Grain Crops	#稻 谷 Rice	小 麦 Wheat	大 麦 Barley
1978	100.0	64.4	8.0	15.8
1980	100.0	61.7	10.2	14.6
1985	100.0	61.5	13.1	18.1
1986	100.0	63.8	16.3	12.9
1987	100.0	62.5	17.3	13.9
1988	100.0	61.2	16.6	16.9
1989	100.0	61.9	16.9	16.0
1990	100.0	60.7	18.5	15.9
1991	100.0	59.6	20.2	15.6
1992	100.0	59.8	19.8	16.0
1993	100.0	59.4	20.9	13.5
1994	100.0	60.1	17.8	15.8
1995	100.0	61.0	17.8	15.3
1996	100.0	59.5	18.5	16.9
1997	100.0	57.0	22.8	15.7
1998	100.0	57.7	29.5	7.8
1999	100.0	59.9	29.0	5.7
2000	100.0	67.6	22.1	4.2
2001	100.0	72.9	15.2	4.7
2002	100.0	70.9	16.7	5.2
2003	100.0	71.6	14.6	4.4
2004	100.0	72.3	14.2	4.7
2005	100.0	67.9	18.0	4.7
2006	100.0	66.8	19.0	5.3
2007	100.0	64.3	22.1	5.0
农普修订 2007	100.0	64.2	22.1	5.5
2008	100.0	62.4	24.9	5.5
2009	100.0	55.9	29.0	8.0
2010	100.0	59.9	26.2	6.6
2011	100.0	56.9	30.2	6.5
2012	100.0	56.5	27.9	9.6
2013	100.0	60.3	24.4	9.4
2014	100.0	59.6	25.0	8.4
2015	100.0	60.8	26.1	7.3
2016	100.0	67.1	22.5	5.6
2017	100.0	78.2	15.8	2.3
2018	100.0	79.8	16.4	1.5
2019	100.0	88.3	8.5	0.8
2020	100.0	91.1	6.6	0.5
2021	100.0	88.5	9.3	0.7
2022	100.0	84.4	12.5	1.7

粮食产量(1978~2022)
Output of Grain Crops

表 4-8　　单位:万吨(Unit:10 000 tons)

年　份 Year	粮　食 Grain Crops	#稻　谷 Rice	小　麦 Wheat	大　麦 Barley
1978	260.88	190.44	15.98	27.09
1980	186.85	116.51	20.63	24.74
1985	213.83	153.90	21.77	25.50
1986	236.88	174.58	30.19	18.90
1987	232.56	174.93	27.65	19.44
1988	237.54	173.21	28.25	26.57
1989	236.55	181.27	24.18	21.54
1990	244.36	181.40	30.11	23.26
1991	247.34	185.05	31.29	22.52
1992	234.65	171.59	31.10	23.58
1993	215.84	158.80	29.66	18.13
1994	215.06	165.52	21.74	17.68
1995	219.50	163.50	25.60	20.53
1996	234.82	171.82	29.25	25.42
1997	237.85	171.08	36.28	23.12
1998	212.58	162.85	31.13	7.77
1999	208.20	154.12	38.44	7.90
2000	174.00	137.05	24.70	4.61
2001	151.42	127.37	12.53	4.04
2002	130.46	109.24	10.37	3.58
2003	98.75	82.20	7.39	2.42
2004	106.29	89.46	7.95	2.85
2005	105.36	85.45	9.92	2.86
2006	111.30	89.70	11.34	3.48
2007	109.20	86.00	14.63	3.67
农普修订				
2007	115.33	90.66	15.42	4.24
2008	122.27	94.55	18.90	4.63
2009	135.39	99.95	23.98	6.43
2010	132.12	100.33	20.55	5.29
2011	136.16	99.35	25.36	5.81
2012	135.98	99.75	23.11	7.76
2013	128.65	97.85	18.51	7.24
2014	127.16	95.05	19.83	6.59
2015	125.41	94.71	20.71	5.78
2016	111.78	91.41	13.22	3.63
2017	99.78	85.60	10.18	1.37
2018	103.74	87.97	12.98	0.98
2019	95.90	88.04	5.80	0.45
2020	91.44	84.66	5.26	0.29
2021	93.96	85.15	7.35	0.50
2022	95.57	82.73	10.71	1.28

主要经济作物播种面积(1978~2022)
Sown Areas of Major Cash Crops

表 4-9 单位:万公顷(Unit:10 000 hectares)

年 份 Year	棉 花 Cotton	油菜籽 Rapeseeds	蔬 菜 Vegetables
1978	9.66	5.11	4.30
1980	10.37	5.20	5.41
1985	7.10	7.03	6.43
1986	3.23	7.81	7.09
1987	2.08	8.02	8.17
1988	1.65	8.53	7.94
1989	1.07	9.24	7.97
1990	1.30	9.29	7.76
1991	1.39	9.23	7.57
1992	1.49	9.44	7.01
1993	0.96	7.27	7.78
1994	0.49	6.85	8.20
1995	0.33	7.84	8.70
1996	0.31	6.95	10.80
1997	0.34	5.30	9.82
1998	0.45	5.66	10.70
1999	0.20	5.97	11.07
2000	0.10	7.01	14.04
2001	0.11	6.24	14.94
2002	0.08	5.18	16.07
2003	0.08	3.79	15.04
2004	0.11	3.02	13.99
2005	0.11	3.08	13.09
2006	0.12	2.26	13.62
2007	0.14	1.50	13.39
农普修订			
2007	0.14	1.52	13.26
2008	0.15	1.47	13.10
2009	0.13	1.49	12.45
2010	0.26	0.98	12.70
2011	0.26	0.81	12.98
2012	0.20	0.78	12.66
2013	0.21	0.65	12.35
2014	0.08	0.53	11.79
2015	0.04	0.47	10.47
2016	0.03	0.38	9.80
2017	0.04	0.22	9.29
2018	0.01	0.21	9.43
2019	0.01	0.22	8.68
2020	0.00	0.21	8.42
2021	0.00	0.14	8.52
2022	0.00	0.07	8.75

主要经济作物产量(1978~2022)
Output of Major Cash Crops

表 4-10

单位:万吨(Unit:10 000 tons)

年 份 Year	棉 花 Cotton	油菜籽 Rapeseeds	蔬 菜 Vegetables	食用菌 Edible Mushrooms	园林水果 Fruits
1978	12.10	11.63	145.45		2.99
1980	7.62	9.58	112.55		3.70
1985	4.88	15.53	152.26		4.06
1986	2.15	14.95	178.92		4.39
1987	1.52	16.20	182.18		4.66
1988	1.33	18.96	186.31		6.77
1989	0.77	15.00	193.72		8.80
1990	1.22	18.17	186.79		9.42
1991	1.62	19.94	169.15		8.69
1992	1.54	21.84	182.01		16.33
1993	0.80	12.98	193.49		16.36
1994	0.47	9.55	213.33		16.10
1995	0.36	15.49	244.33		21.71
1996	0.42	15.86	262.01		20.74
1997	0.38	10.35	300.58		23.92
1998	0.47	6.47	301.58		21.13
1999	0.22	12.98	336.97		25.11
2000	0.12	15.71	377.00		22.54
2001	0.14	12.31	424.04	2.09	26.74
2002	0.09	9.28	476.60	2.68	27.72
2003	0.11	5.92	460.54	3.28	33.31
2004	0.18	6.94	436.65	3.38	33.74
2005	0.18	6.51	409.03	5.00	33.63
2006	0.20	4.91	418.76	4.98	38.93
2007	0.25	3.28	413.49	6.08	43.93
农普修订 2007	0.25	3.32	409.49	6.08	43.07
2008	0.32	3.38	394.67	7.59	44.34
2009	0.27	3.21	374.55	8.46	42.58
2010	0.36	2.14	374.52	8.75	40.83
2011	0.50	1.75	380.97	8.32	36.47
2012	0.40	1.63	373.26	11.28	42.82
2013	0.41	1.40	360.02	13.08	32.27
2014	0.13	1.16	349.70	15.23	39.34
2015	0.05	1.08	320.12	15.12	27.46
2016	0.10	0.78	290.36	14.26	23.83
2017	0.00	0.48	281.89	11.61	24.57
2018	0.01	0.54	284.73	9.76	29.54
2019	0.01	0.63	259.15	8.96	28.08
2020	0.00	0.64	244.33	8.53	25.86
2021	0.00	0.44	244.66	3.98	17.34
2022	0.00	0.21	255.36	4.27	16.63

肉类总产量(1998~2022)
Output of Meat

表 4-11 单位:万吨(Unit:10 000 tons)

年 份 Year	肉类总产量 Output of Meat	#猪 Pork	羊 Mutton	家 禽 Meat of Poultry	兔 Rabbit Meat
1998	53.98	25.30	0.71	27.86	0.01
1999	54.12	25.85	0.70	27.51	0.01
2000	55.11	25.96	0.74	28.35	0.01
2001	55.71	26.40	0.85	28.31	0.08
2002	52.20	24.75	0.96	26.38	0.05
2003	50.78	24.60	0.92	25.20	0.10
2004	38.09	20.79	0.70	16.38	0.15
2005	31.31	18.02	0.61	12.54	0.10
2006	25.99	15.20	0.23	9.15	0.09
2007	25.43	15.15	0.23	8.52	0.09
农普修订					
2007	24.62	15.66	0.22	7.27	0.09
2008	26.35	17.38	0.48	7.12	0.09
2009	26.02	18.00	0.47	6.69	0.09
2010	26.38	18.34	0.43	6.75	0.02
2011	27.72	19.56	0.41	6.89	0.01
2012	27.04	20.30	0.41	5.49	0.02
2013	27.31	22.16	0.38	3.96	0.02
2014	27.20	23.01	0.34	3.22	0.02
2015	25.58	21.75	0.34	2.86	0.02
2016	22.47	18.88	0.28	2.47	0.01
2017	17.58	14.57	0.35	1.94	0.01
2018	13.45	11.27	0.26	1.49	0.01
2019	10.82	8.91	0.21	1.30	0.01
2020	9.26	7.16	0.24	1.21	0.01
2021	9.14	7.15	0.29	1.11	0.01
2022	9.54	8.27	0.24	0.71	0.00

渔业养殖面积和水产品产量(1992~2022)
Culture Areas of Fishery and Output of Aquatic Products

表 4-12

年 份 Year	渔业养殖面积 Fishery Culture Area		水产品产量 Aquatic Product Output		
	合计(公顷) Total(hectares)	#淡水(公顷) Freshwater Culturing (hectares)	合计(万吨) Total (10 000 tons)	海水(万吨) Seawater Aquatic Products (10 000 tons)	淡水(万吨) Freshwater Aquatic Products (10 000 tons)
1992	33 725	32 391	24.86	13.67	11.19
1993	33 304	32 006	23.67	12.42	11.25
1994	33 839	32 781	27.04	14.78	12.26
1995	32 943	32 080	29.07	16.21	12.86
1996	33 190	32 447	28.04	14.50	13.54
1997	32 970	32 364	30.20	16.18	14.02
1998	34 326	33 724	26.82	12.21	14.61
1999	35 392	34 687	27.67	12.28	15.39
2000	40 039	39 317	28.87	12.23	16.64
2001	44 733	44 002	29.77	10.49	19.28
2002	42 765	42 069	32.69	11.82	20.87
2003	45 447	44 982	35.48	13.35	22.13
2004	42 543	42 193	34.41	13.42	20.99
2005	41 110	41 026	35.35	15.03	20.32
2006	31 310	31 230	33.50	16.81	16.69
2007	30 263	30 250	32.00	15.56	16.44
农普修订					
2007	30 250	30 250	29.85	15.56	14.29
2008	29 176	29 176	34.68	19.15	15.52
2009	26 272	26 272	31.29	16.85	14.44
2010	25 250	25 250	27.28	12.15	15.13
2011	23 886	23 886	27.19	11.80	15.39
2012	22 027	22 027	28.40	13.21	15.19
2013	20 966	20 966	28.71	13.48	15.23
2014	20 461	20 461	32.75	17.88	14.88
2015	19 392	19 392	31.36	16.95	14.41
2016	18 641	18 641	28.68	14.29	14.39
2017	17 820	17 820	29.54	14.52	15.02
2018	16 577	16 577	30.85	16.84	14.01
2019	15 568	15 568	32.47	19.74	12.73
2020	14 007	14 007	28.29	16.40	11.89
2021	12 687	12 687	25.91	16.20	9.71
2022	13 503	13 503	25.89	14.23	11.66

年末自然村实有数(2012～2022)
Number of Villages at Year-end

表 4-13 单位：个(unit：unit)

年 份 Year	年末实有数 Numbers at Year-end	小型村 Small Village	中型村 Medium-Sized Village	大型村 Large Village
2012	37 884	16 439	12 554	8 891
2013	37 023	16 050	12 435	8 538
2014	36 344	15 790	12 208	8 346
2015	33 769	15 034	11 158	7 577
2016	32 225	14 501	10 367	7 357
2017	30 938	13 777	10 008	7 153
2018	30 131	13 360	9 705	7 066
2019	29 167	12 727	9 433	7 007
2020	28 627	12 421	9 325	6 881
2021	28 061	12 111	9 112	6 838
2022	27 923	12 089	9 075	6 759

注：小型村指住宅在 10 幢及以下的村，中型村指住宅在 11-30 幢的村，大型村指住宅在 31 幢及以上的村。

Note：Small village refers to the village in which number of dwelling houses is less than 10. Medium-sized village refers to the village in which number of dwelling houses is more than 11 and less than 30. Large village refers to the village in which number of dwelling houses is more than 31.

年末自然村归并数(2003～2022)
Merge Number of Villages at Year-end

表 4-14 单位：个(unit：unit)

年 份 Year	年末归并数 Merge Number at Year-end	小型村 Small Village	中型村 Medium-Sized Village	大型村 Large Village
2003	2 474	1 248	658	568
2004	2 630	1 022	934	674
2005	2 783	1 288	940	555
2006	2 710	1 007	934	769
2007	1 340	623	445	272
2008	749	336	243	170
2009	1 715	941	515	259
2010	1 121	558	366	197
2011	791	321	279	191
2012	528	258	189	81
2013	595	383	141	71
2014	721	306	258	157
2015	881	484	207	190
2016	417	136	206	75
2017	352	141	136	75
2018	267	99	62	106
2019	297	112	99	86
2020	399	227	91	81
2021	228	106	89	33
2022	113	57	30	26

农业机械年末拥有量(2007~2022)

表 4-15

指　标	Indicators	单位　Unit	2007 年	2008 年	2009 年	2010 年
农业机械总动力	**Total Power of Agricultural Machinery**	**万千瓦 10 000kw**	**97.68**	**94.51**	**99.26**	**104.15**
#大中型拖拉机	Large and Medium-sized Tractors	台 unit	4 584	4 796	5 394	5 796
		万千瓦 10 000kw	18.09	19.35	21.76	24.21
小型拖拉机	Small Tractors	台 unit	6 926	6 457	6 105	5 788
		万千瓦 10 000kw	6.36	5.93	5.68	5.34
联合收割机	Combine-Harvester	台 unit	1 934	1 914	2 113	2 230
		万千瓦 10 000kw	3.75	5.25	7.82	8.52
插秧机	Transplanter	台 unit	243	458	815	1 101
		万千瓦 10 000kw	0.24	0.55	0.91	1.21
机动喷雾(粉)器	Mobile Sprayer	万台 10 000 unit	1.84	1.83	1.83	2.11
		万千瓦 10 000kw	3.66	4.15	4.16	4.72
饲料粉碎机	Feed Grinder	台 unit	1 322	1 314	1 197	1 057
		万千瓦 10 000kw	1.81	1.40	1.27	1.15
渔用机动船	Motor Boat for Fishery	艘 unit	1 396	1 403	1 869	1 788
		万千瓦 10 000kw	17.99	17.51	18.60	18.74
增氧机	Aerator	万台 10 000unit	2.04	1.98	1.88	2.01
		万千瓦 10 000kw	4.62	4.87	4.73	5.16
机动运输船	Cargo Ship	艘 unit	283	282	267	250
		万千瓦 10 000kw	1.02	0.99	0.95	1.78

注：本表农业机械化统计范围 2018 年以前(含 2018 年)未包括上海光明食品(集团)有限公司所属的域外农场。
Note: The scope of agricultural mechanization statistics in this table before 2018(including 2018) does not include exclave farm belonging to Shanghai Bright Food(Group).

Agricultural Machinery at Year-end

2011 年	2012 年	2013 年	2014 年	2015 年	2016 年	2017 年	2018 年	2019 年	2020 年	2021 年	2022 年
105.58	**112.72**	**115.84**	**117.76**	**119.01**	**122.31**	**121.84**	**119.77**	**119.22**	**123.36**	**125.22**	**122.78**
6 412	6 431	6 897	7 177	7 468	7 720	7 728	7 466	7 625	7 431	7 299	7 132
25.31	27.81	29.89	31.43	33.44	35.30	36.36	37.36	40.68	40.77	40.79	40.34
5 245	4 514	3 597	3 279	2 999	2 766	2 317	2 554	2 350	2 214	2 089	1 851
4.85	4.12	3.27	2.96	2.63	2.47	2.21	2.93	2.52	2.42	2.34	1.99
2 380	2 557	2 927	2 778	2 746	2 654	2 240	2 177	2 245	2 193	2 083	2 009
9.56	11.38	13.26	13.16	13.93	14.01	12.80	12.61	14.15	14.29	13.58	13.27
1 309	1 425	1 616	1 714	1 900	1 958	1 497	1 671	1 802	1 767	1 885	1 851
1.24	1.30	1.48	1.60	2.18	2.27	1.85	2.20	2.43	2.38	2.55	2.54
2.25	2.29	2.23	2.22	2.26	2.25	2.13	2.04	2.02	1.98	2.02	1.91
5.14	5.13	5.46	5.10	5.18	5.15	5.08	5.06	5.13	5.97	5.95	5.82
1 189	948	809	793	785	780	772	949	939	950	947	939
1.09	0.95	0.88	0.84	0.85	0.82	0.79	0.95	0.95	0.97	0.96	1.00
1 644	1 477	1 477	1 329	1 209	941	871	856	563	537	481	453
18.96	19.08	18.91	19.27	16.23	17.84	17.19	16.21	15.58	15.12	14.16	14.09
2.12	2.30	2.47	2.78	3.07	3.10	3.11	2.68	2.67	2.54	2.59	2.62
5.30	5.80	6.21	6.73	7.27	7.23	6.94	6.29	6.40	5.83	5.95	6.08
195	173	171	157	163	163	156					
0.68	0.86	0.87	0.81	0.94	0.94	1.01					

农业产业化组织情况(2007~2022)

表 4-16

指　标	Indicators	单位　Unit	2007 年	2008 年	2009 年
总　计	**Total**	**个 unit**	**1 140**	**1 701**	**2 269**
按行业分	**Grouped by Sector**				
种植业	Farming	个 unit	618	952	1 308
畜牧业	Animal Husbandry	个 unit	177	250	307
水产业	Aquaculture	个 unit	121	197	277
林特产业	Forestry	个 unit	90	86	101
其　他	Others	个 unit	134	216	276
按带动形式分	**Grouped by Driving Form**				
龙头企业带动型	Drived by Leading Enterprise	个 unit	286	260	271
#销售收入 1 亿元以上的龙头企业	Leading Enterprise whose Sales Revenue is more than 100 million yuan	个 unit	38	44	49
专业市场带动型	Drived by Specialized Market	个 unit	56	45	45
#交易额 5000 万元以上的专业市场	Specialized Market Whose Trading Volume are more than 50 million yuan	个 unit	17	16	18
中介组织带动型	Drived by Intermediary Organization	个 unit	715	1 253	1 850
#专业合作经济组织带动	Drived by Professional Cooperative Organization	个 unit	705	1 253	1 850
其　他	Others	个 unit	83	143	103
按与农户联结方式分	**Grouped by Connection Modes**				
合同关系	Contractual Relationship	个 unit	199	163	162
#订单关系	Order Relationship	个 unit	131	84	94
年订单总额	Total Order	亿元 100 million yuan	42.89	63.23	72.82
年履约总额	Performance Amount	亿元 100 million yuan	40.49	61.99	72.35
实行利润返还	Return Profit	个 unit	242	519	959
股份分红	Share Dividend	个 unit	426	765	891
有稳定购销关系	Stable Purchase and Sale Relation	个 unit	201	191	197
其　他	Others	个 unit	72	63	60

Condition of Agricultural Industrialization Organization

2010年	2011年	2012年	2013年	2014年	2015年	2016年	2017年	2018年	2019年	2020年	2021年	2022年
2 979	**3 355**	**3 565**	**3 580**	**3 578**	**3 603**	**3 585**	**3 193**	**3 243**	**3 129**	**2 862**	**2 728**	**2 139**
1 799	2 081	2 278	2 336	2 330	2 424	2 475	2 185	2 215	2 251	1 977	1 993	1 738
349	370	344	341	336	258	205	176	174	120	117	98	80
360	404	427	426	430	403	372	351	365	303	299	249	149
121	119	129	115	92	104	119	109	108	91	85	85	30
350	381	387	362	390	414	414	372	381	364	384	303	142
263	266	267	288	265	312	364	364	363	358	347	181	197
49	61	61	85	84	91	93	101	102	106	98	93	96
52	50	49	21	29	19	19	16	15	14	9	9	7
18	18	20	14	16	11	9	9	10	10	9	9	7
2 577	2 950	3 177	3 200	3 192	3 216	3 202	2 813	2 865	2 757	2 506	2 538	1 935
2 577	2 950	3 177	3 200	3 192	3 216	3 202	2 813	2 865	2 757	2 506	2 538	1 935
87	89	72	71	92	56							
128	136	108	74	63	102	79	75	87	93	102	86	58
80	81	67	74	63	102	79	75	87	93	102	86	58
82.80	110.25	118.65	112.17	153.84	153.04	148.64	144.29	151.02	159.85	166.99	147.51	91.45
82.16	106.41	118.00	110.82	145.99	147.26	145.81	131.32	146.78	148.44	155.47	147.38	91.45
1 106	1 573	1 199	1 287	1 543	952	577	828	626	799	751	636	262
1 471	1 377	1 978	1 913	1 649	2 264	2 625	1 985	2 239	1 958	1 755	1 902	1 673
204	189	201	245	268	239	259	273	259	249	245	99	139
70	80	79	61	51	56	45	32	32	30	9	5	7

农业产业化组织生产经营情况(2007～2022)

表 4-17

指　标	Indicators	单位　Unit	2007 年	2008 年	2009 年
产业化组织生产情况	**Production Condition of Industrialization Organization**				
龙头企业销售收入	Sales Revenue of Leading Enterprise	亿元 100 million yuan	297.86	374.59	419.54
专业市场交易总额	Trading Volume of Specialized Market	亿元 100 million yuan	327.45	389.70	447.35
农业专业合作经济组织销售收入	Sales Revenue of Agricultural Professional Cooperative Organization	亿元 100 million yuan	37.77	35.77	43.26
其他组织经营总收入	Operating Revenue of Other Organization	亿元 100 million yuan	2.28	4.53	3.01
产业化组织生产经营效益情况	**Benefits of Production and Operation Condition of Industrialization Organization**				
利润总额	Total Profit	亿元 100 million yuan	21.50	18.80	23.02
实缴税金	Taxes Paid in	亿元 100 million yuan	12.92	15.68	16.82
出口创汇	Foreign Exchange Earning through Exports	万美元 10 thousand dollars	22 809	27 044	20 447
产业化组织带动农户情况	**Driving Condition of Industrialization Organization**				
带动农户户数	Numbers of Peasant Household Drived	万户 10 thousand households	57.96	59.58	64.94
#本市农户数	Local Peasant Household	万户 10 thousand households	28.85	29.64	33.90
农户从产业化经营中得到的总收入	Total Income Peasant Household Earn From Industrialized Operation	亿元 100 million yuan	67.54	83.12	87.02
#出售农产品收入	Income from the Sale of Agricultural Products	亿元 100 million yuan	59.62	73.41	76.44
利润返还收入	Income from Profit Return	亿元 100 million yuan	0.90	2.38	2.69
股份分红收入	Income from Share Dividend	亿元 100 million yuan	0.76	1.22	1.43
劳务性收入	Labour Income	亿元 100 million yuan	6.23	6.10	6.46
产业化组织税收减免情况	**Tax Deduction and Exemption of Industrialization Organization**				
税收减免额(不包括出口退税)	Tax Deduction and Exemption(Export Rebates are not Included)	亿元 100 million yuan	1.20	0.95	0.97
增值税	Value Added Tax	亿元 100 million yuan	0.47	0.64	0.70
所得税	Income Tax	亿元 100 million yuan	0.73	0.31	0.27

Production and Operation Condition of Agricultural Industrialization Organization

2010 年	2011 年	2012 年	2013 年	2014 年	2015 年	2016 年	2017 年	2018 年	2019 年	2020 年	2021 年	2022 年
518.11	665.54	746.84	932.58	1 059.68	1 241.20	1 241.50	1 365.30	1 266.15	1 278.44	1 314.65	858.88	755.34
602.01	720.72	786.94	813.14	824.94	728.97	628.21	595.06	755.57	913.92	1 041.47	1 175.66	1 006.80
61.60	73.95	86.46	90.46	85.07	86.04	81.41	84.19	78.79	82.67	79.59	74.37	88.71
2.55	3.44	2.83	3.32	1.93	2.46							
30.27	34.37	34.55	44.66	45.23	40.01	42.60	43.05	44.24	49.97	64.63	51.80	31.07
19.15	20.12	25.59	27.18	26.54	25.32	30.24	27.58	25.51	30.10	33.22	27.95	15.88
23 203	52 300	41 148	44 183	30 777	33 670	32 122	31 724	33 367	36 577	25 722	9 408	18 415
65.89	67.00	67.09	67.81	68.18	68.45	69.16	69.20	69.12	67.30	67.05	136.93	173.23
34.61	30.61	30.98	32.88	33.49	30.47	31.09	31.24	31.33	30.44	30.00	29.14	28.60
90.16	100.97	110.56	115.58	117.51								
77.58	82.89	88.90	98.46	99.85								
2.97	5.20	5.67	3.18	3.51								
2.42	4.83	5.81	1.61	1.69								
7.20	8.04	10.19	12.34	12.45								
1.51	1.94	3.42	3.33	4.55	5.74	5.88	5.61	3.50	8.26	3.05	6.87	7.16
1.20	1.09	1.97	2.03	1.90	3.52	4.13	4.02	2.87	5.63	2.17	3.50	3.60
0.31	0.85	1.45	1.30	2.64	2.22	1.75	1.59	0.63	2.63	0.88	3.30	3.53

分区分行业农业总产值(2022年，按现行价格计算)
Gross Output Value of Agricultural Output by District and Sector (Calculated at Current Prices)

表 4-18　　单位:亿元(Unit: 100 million yuan)

地　区	District	合　计 Total	种植业 Farming	林　业 Forestry	牧　业 Animal Husbandry	渔　业 Fishery	农林牧渔服务业 Services in Support of Agriculture, Forestry, Animal Husbandry and Fishery
浦东新区	Pudong New Area	43.18	32.46	0.53	1.55	3.92	4.72
闵 行 区	Minhang	3.22	2.54	0.10	0.02	0.03	0.53
宝 山 区	Baoshan	3.33	2.43	0.42	0.00	0.13	0.35
嘉 定 区	Jiading	9.73	7.36	0.42	0.80	0.21	0.94
金 山 区	Jinshan	28.58	21.27	0.41	3.31	2.06	1.53
松 江 区	Songjiang	18.32	9.00	2.77	3.37	0.70	2.48
青 浦 区	Qingpu	21.19	15.70	1.77	0.05	2.82	0.85
奉 贤 区	Fengxian	23.82	13.83	0.93	1.26	4.22	3.58
崇 明 区	Chongming	56.51	30.45	0.59	10.53	12.02	2.92

主要统计指标解释

■农业总产值

农业总产值是以货币表现的农、林、牧、渔业全部产品的总量和对农林牧渔生产活动进行的各种支持性服务活动的价值。它反映一定时期内农业生产的总规模和总成果。

农、林、牧、渔业的统计范围是:

(1)种植业 包括农作物种植业和其他农业。

农作物种植业包括谷物、豆类、薯类、棉、油料、糖料、麻类、烟叶、蔬菜、药材、瓜类和其他农作物的种植,以及茶园、桑园、果园的生产经营。

其他农业包括采集野生植物的果实、纤维、树胶、树脂、油料以及柴草、野生药材、菌类等及农民家庭兼营的商品性工业。

(2)林业 包括林木的栽培(不包括茶园、桑园和果园的栽培、管理和收获等活动)、林产品的采集和村及村以下合作经济组织和农户的竹木采伐。

(3)牧业 包括除渔业养殖以外的一切动物饲养和放牧,以及野生动物的捕猎和饲养。

(4)渔业 包括水生动物和海藻类植物的养殖和捕捞。

(5)农林牧渔服务业 包括农林牧渔业生产活动进行的各种支持性服务活动。但不包括各种科学技术和专业技术服务活动。

农业总产值的计算方法通常是按农林牧渔业产品及其副产品的产量分别乘以各自单位产品价格求得,少数生产周期较长、当年没有产品或产品产量不易统计的,则采用间接方法匡算其产值,然后将四业产品产值和服务业产值相加即为农业总产值。

1957年以前的农业总产值中包括了厩肥和农民自给性手工业(如农民自制衣服、鞋、袜,自己从事粮食初步加工等)。1958年及以后的农业总产值,林业中增加了村及村以下竹木采伐产值;牧业中取消了厩肥产值;副业中取消了农民自给性手工业产值,增加了村及村以下办的工业产值;渔业中增加了海洋捕捞水产品产值。1980年及以后的农业总产值,在副业中增加了农民家庭兼营工业商品部分的产值。从1984年起村及村以下办工业产值划归工业。从1993年起,取消副业。将野生动物的捕猎划入牧业,野生植物采集和农民家庭兼营商品性工业划归农业。从2003年起,农业总产值中包括了农林牧渔服务业产值。

■农作物播种面积

指报告期内收获农产品的作物的实际播种或移植有农作物的面积。凡是实际种植农作物的面积,不论种植在耕地上还是种植在非耕地上,均包括在农作物播种面积中。在播种季节基本结束后,因遭灾而重新改种和补种的农作物面积,也包括在内。

■粮食产量

指全社会的产量。包括国有经济经营的、集体统一经营的和农民家庭经营的粮食产量,还包括工矿企业办的农场和其他生产单位的产量。粮食除包括稻谷、小麦、玉米、高粱、谷子及其他杂粮外，还包括薯类和豆类。其产量计算方法，豆类按去豆荚后的干豆计算；薯类（包括甘薯和马铃薯，不包括芋头和木薯）1963年以前按每4公斤鲜薯折1公斤粮食计算，从1964年开始改为按5公斤鲜薯折1公斤粮食计算。城市郊区作为蔬菜的薯类（如马铃薯等）按鲜品计算，并且不作粮食统计。其他粮食一律按脱粒后的原粮计算。1989年以前粮食产量数据主要靠全面报表取得，1989年开始使用抽样调查数据。

■水产品产量

指人工养殖的水产品和天然生长的水产品的捕捞量。包括海水的鱼类、虾蟹类、贝类和藻类以及内陆水域的鱼类、虾蟹类和贝类，不包括淡水生植物。水产品产量是通过各级水产和统计部门逐级上报取得数据。1995年及以前，贝类中牡蛎按鲜肉计算；蚶、蛤、蛙按 5 斤鲜品折 1 斤计算。1996年以后则统一按鲜品计算。

■肉类总产量

指当年畜禽出栏并已屠宰、除去头和蹄及下水后带骨肉（即胴体重）的重量。包括全社会范围内的产量。1996年前为各级逐级上报数据。1996年第一次农业普查以后，由于畜牧业产品年报数据与普查数据之间存在一定的差距，国家统计局农调总队对畜牧业年报数据与普查数据进行衔接。1999年以后，国家统计局开展了猪、牛、羊、禽等主要畜禽品种的抽样调查，并用抽样数据作为国家定案数据使用。未开展抽样调查的品种，仍使用各级统计部门逐级上报数据。

Explanatory Notes on Main Statistical Indicators

■Gross Output Value of Agriculture

It refers to the total volume of products of farming, forestry, animal husbandry and fishery expressed in the monetary terms and output value of all kinds of service activities that support farming, forestry, animal husbandry and fishery production. It reflects the overall scale and achievements of agricultural production during a given period of time.

The scope of statistics on farming, forestry, animal husbandry, and fishery are as follows:

(1)Farming includes cultivation of farm crops and other agricultural activities.

Cultivation of farm crops include cultivation of grain crops, legume crops, tuber–crops, cotton, oil–bearing crops, sugar crops, bast fiber plants, tobacco, vegetables, medicinal herbs, melon crops, and cultivation and management of tea plantations, mulberry fields and orchards.

Other agricultural activities include harvesting wild fruits, fibber, tree gum, resin, oil–bearing plants, firewood, wild medicinal herbs, fungus, and rural–household commodity industries.

(2)Forestry refers to planting trees of various kinds (excluding tea plantations, mulberry fields and orchards), collection of forestry products and cutting and felling of bamboo and trees by villages and other cooperative organizations under village level.

(3)Animal husbandry refers to raising and grazing of all kinds of farm animals except fishing and aquatic cultivating, and hunting and rising of wild animals.

(4)Fishery refers to cultivation and catching of fish and other aquatic products and cultivation and collection of seaweed and other aquatic plants.

(5) Service Industry for Farming, Forestry, Animal Husbandry and Fishery refers to all kinds of service activities that support farming, forestry, animal husbandry and fishery production, whereas activities of science, technology and professional service are not included.

Gross output value of agriculture is obtained by first multiplying the output of products or by–products by their unit price. For a small number of products, annual output of which is not available or difficult to get due to the long production/growing process involved, the output value will be estimated through an indirect approach. The sum of output value of all products of farming, forestry, animal husbandry and fishery and output value of service activities will then and together to form gross output value of agriculture.

Before 1957, China' s gross agricultural output value included the value of barnyard manure and handicraft products for self–consumption (clothes, shoes, stockings, and initial grain processing under–taken by peasants). After 1958, the output value of cutting and felling of bamboo and trees by villages and other cooperative organizations under villages have been included in forestry; value of barnyard manure has been excluded from animal husbandry; the value of self–consumed handicrafts has been excluded from sideliner occupations, while output value of industries run by villages and cooperative organizations under village level has been included in sideliner occupations and output value of fish catches by motor fishing boats has been added to fishery. Since 1980, the output value of handicraft products made for sale by farmer households has been added to sideliner occupations, From 1984, industries run by villages and cooperative organizations under village level have been included in the sector of industry. After 1993, the category of sideliner occupations has been cancelled and hunting of wild animals has been classified into husbandry, and harvesting of wild vegetation and commodity industry run by rural households have been grouped into the category of agriculture. Since 2003, the output value of service industry for farming, forestry, animal husbandry and fishery is included in the gross output value of agriculture.

■Sown Area of Planting

It refers to area of land sown or transplanted with crops that have been harvested during report period, regardless of being in cultivated area or non–cultivated area. Area of land re–sown due to natural disasters is also included.

■Grain Output

It refers to the total output in the whole country including grains produced by state farms, collective units, rural households, as well as by farms affiliated to industrial and mining enterprises and other production units. Grain includes rice, wheat, corn, sorghum, millet and other miscellaneous grains as well as tubers and bean. Output of beans refers to dry beans without pods. The output of tubers (sweet potatoes and potatoes, not including taros and cassava) was converted into that of grain at the ratio 4:1, i.e. 4 kilograms of fresh tubers was equivalent to 1 kilogram of grain up to 1963. Since 1964 the ratio for conversion has been 5:1. Tubers supplied as vegetables (such as potatoes) in cities and suburbs are calculated as fresh vegetables and their output is not included in the output of grain. Output of all other grains refers to husked grain. Data on grain production before 1989 were obtained through Comprehensive Statistical Reporting System. Since 1989, data from sample surveys are used.

■Output of Aquatic Products

It refers to catches of both artificially cultured and naturally grown aquatic products, including fish, shrimps, crabs and shellfish in sea and inland water as well as seaweed. Freshwater plants are not included. Data on output of aquatic products are reported by aquatic product and statistical agencies level by level. Before 1995, among the shellfish, the oyster was counted as fresh meat; 5 kilograms of ark shell, clams and frogs are equivalent to 1 kilogram of fresh aquatic products; they are all counted as fresh aquatic products since 1996.

■Output of Meat

It refers to the meat of slaughtered hogs, cattle, sheep and goats with head, feet, and offal taken away. Data refers to the production of the whole country. The first agriculture census of China in 1996 revealed some discrepancy between the production of animal products from the annual reports and that from the census. Efforts were made by the Rural Socio-economic Survey Organization of NBS to adjust the output value of animal husbandry to make the figures from the annual reports consistent with the census data. Since 1999, NBS conducted sample survey for the major animal husbandry products, such as hogs, cattle, sheep and goats and fowls, and the data from sample surveys are used as national finalized data. Those products, which are not covered by the sample survey, are still reported by statistical agencies level by level.

Chapter 5

第五篇

全国及主要城市比较资料

COMPARATIVE INFORMATION OF THE NATION AND MAJOR CITIES

简要说明

一、本篇资料的主要内容

本篇为全国各省、自治区、直辖市及全国36个大中城市的部分数据资料,主要包括居民消费价格指数、商品零售价格指数以及工业生产者价格指数、固定资产投资价格指数等。

二、本篇的资料来源

本篇资料来自国家统计局以及部门省、自治区、直辖市和部分城市公布的数据资料。

三、本篇数据的调查方法

本篇数据采用的调查方法为国家统计局以及各省、自治区、直辖市制定的调查方法制度。

BRIEF INTRODUCTION

Ⅰ.Main Contents

This chapter lists price indices of the nation, other provinces (autonomous regions and municipalities) and 36 big and medium cities. Data in this chapter include consumer price indices, retail price indices, producer price indices and price index for investment in fixed assets.

Ⅱ.Sources of Data

Data in this chapter are from figures released by National Bureau of Statistics of China, provinces, autonomous regions and municipalities.

Ⅲ.Methodology of Data Collection

Methodology is enacted by National Bureau of Statistics of China and survey offices of the related provinces (autonomous regions and municipalities).

各省(区、市)居民消费价格指数(1981~2022，以上年价格为100)
Consumer Price Indices by Region (preceding year=100)

表5-1

省(区、市)	Region	1981	1982	1983	1984	1985	1986	1987	1988	1989	1990
全　国	**Nation**	**102.5**	**102.0**	**102.0**	**102.7**	**109.3**	**106.5**	**107.3**	**118.8**	**118.0**	**103.1**
北　京	Beijing	101.3	101.8	100.5	102.2	117.6	106.8	108.6	120.4	117.2	105.4
天　津	Tianjin	101.3	100.5	100.5	101.8	113.1	106.8	106.8	116.9	114.7	103.0
河　北	Hebei	103.2	100.9	102.0	103.1	108.1	105.7	107.8	118.0	118.7	100.6
山　西	Shanxi	102.5	102.3	101.5	103.0	108.5	105.6	107.4	120.9	119.5	102.2
内蒙古	Inner Mongolia	101.9	101.7	101.2	104.9	109.3	105.2	107.8	116.3	115.3	102.3
辽　宁	Liaoning	102.0	101.4	101.7	103.6	110.7	106.7	108.8	119.3	118.2	103.3
吉　林	Jilin	101.6	104.2	104.5	103.6	109.7	105.4	107.6	120.3	117.2	104.9
黑龙江	Heilongjiang	102.1	103.0	102.5	104.4	111.8	106.2	109.4	118.0	114.6	105.7
上　海	Shanghai	101.4	100.3	100.2	102.2	115.2	106.3	108.1	120.1	115.9	106.3
江　苏	Jiangsu	101.0	100.9	100.5	104.1	109.5	107.1	109.2	121.9	117.1	103.2
浙　江	Zhejiang	101.7	101.9	102.8	103.7	114.8	106.2	108.8	121.5	118.2	102.1
安　徽	Anhui	103.2	100.1	102.2	102.1	107.1	106.2	109.1	120.9	117.2	102.7
福　建	Fujian	103.8	103.1	102.0	102.8	111.3	106.5	109.4	126.5	118.9	99.3
江　西	Jiangxi	103.8	103.1	101.9	102.6	109.0	106.6	106.6	121.8	118.5	102.1
山　东	Shandong	101.8	100.9	102.4	101.6	108.7	104.8	108.3	118.7	117.3	103.4
河　南	Henan	102.4	101.8	102.9	102.2	105.4	105.3	106.3	119.4	118.7	100.7
湖　北	Hubei	102.1	100.9	101.7	102.9	108.4	105.5	107.5	119.0	116.3	104.2
湖　南	Hunan	101.8	101.6	102.7	103.4	110.9	105.3	109.8	125.6	118.2	100.4
广　东	Guangdong	106.3	102.6	102.8	101.9	114.8	104.9	111.1	129.4	122.1	97.5
广　西	Guangxi	102.7	104.1	103.0	104.6	113.0	106.2	108.2	120.8	121.1	101.1
海　南	Hainan								128.1	128.4	102.1
重　庆	Chongqing										
四　川	Sichuan	102.7	102.2	101.2	102.2	107.3	104.7	107.6	119.9	119.8	103.8
贵　州	Guizhou	103.1	103.6	101.6	102.8	107.7	105.4	107.1	119.8	118.3	101.8
云　南	Yunnan	100.8	101.7	100.6	101.9	108.2	106.1	107.0	119.8	118.6	102.8
西　藏	Tibet										
陕　西	Shaanxi	103.6	100.4	102.2	103.4	107.4	106.1	108.2	118.8	118.5	102.4
甘　肃	Gansu	102.7	102.2	100.6	103.3	109.2	106.6	107.6	119.1	117.9	103.2
青　海	Qinghai	101.3	101.8	100.7	103.4	110.7	106.2	107.2	118.0	117.5	105.1
宁　夏	Ningxia	102.1	102.8	101.6	103.3	108.6	105.8	107.3	117.1	117.2	107.1
新　疆	Xinjiang	102.4	100.1	102.2	102.4	107.8	107.3	107.2	114.7	116.0	105.0

表 5-1 续表 1　Continued

省(区、市)	Region	1991	1992	1993	1994	1995	1996	1997	1998	1999	2000
全　国	**Nation**	**103.4**	**106.4**	**114.7**	**124.1**	**117.1**	**108.3**	**102.8**	**99.2**	**98.6**	**100.4**
北　京	Beijing	111.9	109.9	119.0	124.9	117.3	111.6	105.3	102.4	100.6	103.5
天　津	Tianjin	110.2	111.4	117.6	124.0	115.3	109.0	103.1	99.5	98.9	99.6
河　北	Hebei	103.4	106.1	113.8	122.6	115.2	107.1	103.5	98.4	98.1	99.7
山　西	Shanxi	104.8	107.3	115.1	125.2	116.9	107.9	103.1	98.6	99.6	103.9
内蒙古	Inner Mongolia	104.6	107.4	114.1	122.9	117.5	107.6	104.5	99.3	99.8	101.3
辽　宁	Liaoning	105.6	106.7	115.2	124.3	116.1	107.9	103.1	99.3	98.6	99.9
吉　林	Jilin	106.8	108.0	112.6	120.6	115.2	107.2	103.7	99.2	98.0	98.6
黑龙江	Heilongjiang	107.4	109.2	114.8	121.9	116.1	107.1	104.4	100.4	96.8	98.3
上　海	Shanghai	110.5	110.0	120.2	123.9	118.7	109.2	102.8	100.0	101.5	102.5
江　苏	Jiangsu	104.9	106.6	118.2	123.2	115.8	109.3	101.7	99.4	98.7	100.1
浙　江	Zhejiang	103.5	107.5	119.8	124.8	116.6	107.9	102.8	99.7	98.8	101.0
安　徽	Anhui	106.1	108.2	114.7	126.9	114.8	109.9	101.3	100.0	97.8	100.7
福　建	Fujian	103.5	105.9	115.4	125.3	115.2	105.9	101.7	99.7	99.1	102.1
江　西	Jiangxi	102.8	105.7	114.6	126.9	116.9	108.4	102.0	101.0	98.6	100.3
山　东	Shandong	104.9	106.8	112.7	123.4	117.6	109.6	102.8	99.4	99.3	100.2
河　南	Henan	102.3	105.4	110.4	125.2	116.5	110.5	103.5	97.5	96.9	99.2
湖　北	Hubei	104.9	109.6	118.4	125.3	120.0	109.4	103.2	98.4	97.8	99.0
湖　南	Hunan	104.4	110.7	116.8	125.3	119.0	107.7	102.8	100.2	100.5	101.4
广　东	Guangdong	101.2	107.3	121.6	121.7	114.0	107.0	101.9	98.2	98.2	101.4
广　西	Guangxi	102.8	105.9	122.0	126.0	118.4	106.5	100.8	97.0	97.7	99.7
海　南	Hainan	103.9	108.7	123.3	126.7	113.5	104.3	100.8	97.3	98.3	101.1
重　庆	Chongqing							103.1	96.4	99.3	96.7
四　川	Sichuan	103.0	107.4	116.8	124.6	118.5	109.3	105.1	99.6	98.5	100.1
贵　州	Guizhou	104.4	107.8	116.0	122.8	121.4	109.1	103.4	100.1	99.2	99.5
云　南	Yunnan	103.1	108.9	121.3	119.2	121.3	108.7	104.3	101.7	99.7	97.9
西　藏	Tibet									100.0	99.9
陕　西	Shaanxi	106.6	110.3	113.1	126.7	119.0	109.7	104.8	98.4	97.8	99.5
甘　肃	Gansu	104.9	107.2	115.4	123.7	119.8	110.2	102.9	99.0	97.6	99.5
青　海	Qinghai	107.6	108.0	113.2	121.8	118.0	110.8	104.8	100.7	99.5	99.5
宁　夏	Ningxia	106.3	108.3	114.3	123.1	117.1	106.8	103.8	100.0	98.7	99.6
新　疆	Xinjiang	108.6	108.6	113.0	126.7	119.7	110.5	103.7	100.2	97.4	99.4

表 5-1 续表 2　Continued

省(区、市)	Region	2001	2002	2003	2004	2005	2006	2007	2008	2009	2010
全　国	**Nation**	**100.7**	**99.2**	**101.2**	**103.9**	**101.8**	**101.5**	**104.8**	**105.9**	**99.3**	**103.3**
北　京	Beijing	103.5	98.2	100.2	101.0	101.5	100.9	102.4	105.1	98.5	102.4
天　津	Tianjin	101.2	99.6	101.0	102.3	101.5	101.5	104.2	105.4	99.0	103.5
河　北	Hebei	100.5	99.0	102.2	104.3	101.8	101.7	104.7	106.2	99.3	103.1
山　西	Shanxi	99.8	98.4	101.8	104.1	102.3	102.0	104.6	107.2	99.6	103.0
内蒙古	Inner Mongolia	100.6	100.2	102.2	102.9	102.4	101.5	104.6	105.7	99.7	103.2
辽　宁	Liaoning	100.0	98.9	101.7	103.5	101.4	101.2	105.1	104.6	100.0	103.0
吉　林	Jilin	101.3	99.5	101.2	104.1	101.5	101.4	104.8	105.1	100.1	103.7
黑龙江	Heilongjiang	100.8	99.3	100.9	103.8	101.2	101.9	105.4	105.6	100.2	103.9
上　海	Shanghai	100.0	100.5	100.1	102.2	101.0	101.2	103.2	105.8	99.6	103.1
江　苏	Jiangsu	100.8	99.2	101.0	104.1	102.1	101.6	104.3	105.4	99.6	103.8
浙　江	Zhejiang	99.8	99.1	101.9	103.9	101.3	101.1	104.2	105.0	98.5	103.8
安　徽	Anhui	100.5	99.0	101.7	104.5	101.4	101.2	105.3	106.2	99.1	103.1
福　建	Fujian	98.7	99.5	100.8	104.0	102.2	100.8	105.2	104.6	98.2	103.2
江　西	Jiangxi	99.5	100.1	100.8	103.5	101.7	101.2	104.8	106.0	99.3	103.0
山　东	Shandong	101.8	99.3	101.1	103.6	101.7	101.0	104.4	105.3	100.0	102.9
河　南	Henan	100.7	100.1	101.6	105.4	102.1	101.3	105.4	107.0	99.4	103.5
湖　北	Hubei	100.3	99.6	102.2	104.9	102.9	101.6	104.8	106.3	99.6	102.9
湖　南	Hunan	99.1	99.5	102.4	105.1	102.3	101.4	105.6	106.0	99.6	103.1
广　东	Guangdong	99.3	98.6	100.6	103.0	102.3	101.8	103.7	105.6	97.7	103.1
广　西	Guangxi	100.6	99.1	101.1	104.4	102.4	101.3	106.1	107.8	97.9	103.0
海　南	Hainan	98.5	99.5	100.1	104.4	101.5	101.5	105.0	106.9	99.3	104.8
重　庆	Chongqing	101.7	99.6	100.6	103.7	100.8	102.4	104.7	105.6	98.4	103.2
四　川	Sichuan	102.1	99.7	101.7	104.9	101.7	102.3	105.9	105.1	100.8	103.2
贵　州	Guizhou	101.8	99.0	101.2	104.0	101.0	101.7	106.4	107.6	98.7	102.9
云　南	Yunnan	99.1	99.8	101.2	106.0	101.4	101.9	105.9	105.7	100.4	103.7
西　藏	Tibet	100.1	100.4	100.9	102.7	101.5	102.0	103.4	105.7	101.4	102.2
陕　西	Shaanxi	101.0	98.9	101.7	103.1	101.2	101.5	105.1	106.4	100.5	104.0
甘　肃	Gansu	104.0	100.0	101.1	102.3	101.7	101.3	105.5	108.2	101.3	104.1
青　海	Qinghai	102.6	102.3	102.0	103.2	100.8	101.6	106.6	110.1	102.6	105.4
宁　夏	Ningxia	101.6	99.4	101.7	103.7	101.5	101.9	105.4	108.5	100.7	104.1
新　疆	Xinjiang	104.0	99.4	100.4	102.7	100.7	101.3	105.5	108.1	100.7	104.3

表 5-1 续表 3　Continued

省(区、市)	Region	2011	2012	2013	2014	2015	2016	2017	2018	2019	2020	2021	2022
全　国	**Nation**	**105.4**	**102.6**	**102.6**	**102.0**	**101.4**	**102.0**	**101.6**	**102.1**	**102.9**	**102.5**	**100.9**	**102.0**
北　京	Beijing	105.6	103.3	103.3	101.6	101.8	101.4	101.9	102.5	102.3	101.7	101.1	101.8
天　津	Tianjin	104.9	102.7	103.1	101.9	101.7	102.1	102.1	102.0	102.7	102.0	101.3	101.9
河　北	Hebei	105.7	102.6	103.0	101.7	100.9	101.5	101.7	102.4	103.0	102.1	101.0	101.8
山　西	Shanxi	105.2	102.5	103.1	101.7	100.6	101.1	101.1	101.8	102.7	102.9	101.0	102.1
内蒙古	Inner Mongolia	105.6	103.1	103.2	101.6	101.1	101.2	101.7	101.8	102.4	101.9	100.9	101.8
辽　宁	Liaoning	105.2	102.8	102.4	101.7	101.4	101.6	101.4	102.5	102.4	102.4	101.1	102.0
吉　林	Jilin	105.2	102.5	102.9	102.0	101.7	101.6	101.6	102.1	103.0	102.3	100.6	102.1
黑龙江	Heilongjiang	105.8	103.2	102.2	101.5	101.1	101.5	101.3	102.0	102.8	102.3	100.6	101.9
上　海	Shanghai	105.2	102.8	102.3	102.7	102.4	103.2	101.7	101.6	102.5	101.7	101.2	102.5
江　苏	Jiangsu	105.3	102.6	102.3	102.2	101.7	102.3	101.7	102.3	103.1	102.5	101.6	102.2
浙　江	Zhejiang	105.4	102.2	102.3	102.1	101.4	101.9	102.1	102.3	102.9	102.3	101.5	102.2
安　徽	Anhui	105.6	102.3	102.4	101.6	101.3	101.8	101.2	102.0	102.7	102.7	100.9	102.0
福　建	Fujian	105.3	102.4	102.5	102.0	101.7	101.7	101.2	101.5	102.6	102.2	100.7	101.9
江　西	Jiangxi	105.2	102.7	102.5	102.3	101.5	102.0	102.0	102.1	102.9	102.6	100.9	102.0
山　东	Shandong	105.0	102.1	102.2	101.9	101.2	102.1	101.5	102.5	103.2	102.8	101.2	101.7
河　南	Henan	105.6	102.5	102.9	101.9	101.3	101.9	101.4	102.3	103.0	102.8	100.9	101.5
湖　北	Hubei	105.8	102.9	102.8	102.0	101.5	102.2	101.5	101.9	103.1	102.7	100.3	102.1
湖　南	Hunan	105.5	102.0	102.5	101.9	101.4	101.9	101.4	102.0	102.9	102.3	100.5	101.8
广　东	Guangdong	105.3	102.8	102.5	102.3	101.5	102.3	101.5	102.2	103.4	102.6	100.8	102.2
广　西	Guangxi	105.9	103.2	102.2	102.1	101.5	101.6	101.6	102.3	103.7	102.8	100.9	101.9
海　南	Hainan	106.1	103.2	102.8	102.4	101.0	102.8	102.8	102.5	103.4	102.3	100.3	101.6
重　庆	Chongqing	105.3	102.6	102.7	101.8	101.3	101.8	101.0	102.0	102.7	102.3	100.3	102.1
四　川	Sichuan	105.3	102.5	102.8	101.6	101.5	101.9	101.4	101.7	103.2	103.2	100.3	102.0
贵　州	Guizhou	105.1	102.7	102.5	102.4	101.8	101.4	100.9	101.8	102.4	102.6	100.1	101.6
云　南	Yunnan	104.9	102.7	103.1	102.4	101.9	101.5	100.9	101.6	102.5	103.6	100.2	101.6
西　藏	Tibet	105.0	103.5	103.6	102.9	102.0	102.5	101.6	101.7	102.3	102.2	100.9	101.5
陕　西	Shaanxi	105.7	102.8	103.0	101.6	101.0	101.3	101.6	102.1	102.9	102.5	101.5	102.1
甘　肃	Gansu	105.9	102.7	103.2	102.1	101.6	101.3	101.4	102.0	102.3	102.0	100.9	101.9
青　海	Qinghai	106.1	103.1	103.9	102.8	102.6	101.8	101.5	102.5	102.5	102.6	101.3	102.4
宁　夏	Ningxia	106.3	102.0	103.4	101.9	101.1	101.5	101.6	102.3	102.1	101.5	101.4	102.3
新　疆	Xinjiang	105.9	103.8	103.9	102.1	100.6	101.4	102.2	102.0	101.9	101.5	101.2	101.8

36个大中城市居民消费价格指数(2003~2022，以上年价格为100)
Consumer Price Indices in 36 Major Cities (preceding year=100)

表5-2

城 市	City	2003	2004	2005	2006	2007	2008	2009	2010	2011
36个城市平均	**Average**	**100.7**	**102.4**	**101.4**	**101.5**	**103.9**	**105.7**	**99.2**	**103.1**	**105.3**
北 京	Beijing	100.2	101.0	101.5	100.9	102.4	105.1	98.5	102.4	105.6
天 津	Tianjin	101.0	102.3	101.5	101.5	104.2	105.4	99.0	103.5	104.9
石家庄	Shijiazhuang	102.0	102.5	101.5	101.8	104.3	106.7	100.3	103.0	105.7
太 原	Taiyuan	101.9	103.9	101.1	101.6	104.1	107.4	99.9	103.0	105.4
呼和浩特	Hohhot	101.7	102.4	102.2	101.7	103.7	104.6	100.1	102.6	105.5
沈 阳	Shenyang	100.9	102.2	100.7	101.8	104.5	104.4	99.9	102.9	105.4
大 连	Dalian	100.6	102.6	101.4	101.4	104.0	104.4	100.2	102.7	105.4
长 春	Changchun	101.0	104.1	101.7	101.3	103.7	104.4	99.8	103.6	105.5
哈尔滨	Harbin	100.1	103.1	100.5	101.1	104.1	104.7	100.2	103.7	105.6
上 海	Shanghai	100.1	102.2	101.0	101.2	103.2	105.8	99.6	103.1	105.2
南 京	Nanjing	101.4	103.0	102.1	101.7	103.7	106.2	100.1	104.2	105.4
杭 州	Hangzhou	99.5	102.5	101.7	101.2	103.5	104.9	98.6	103.9	104.8
宁 波	Ningbo	101.2	102.7	102.0	101.9	103.9	105.0	99.4	103.7	105.3
合 肥	Hefei	101.2	102.2	100.9	100.9	105.6	106.4	99.1	102.7	105.7
福 州	Fuzhou	99.4	103.9	102.5	100.3	104.1	104.2	98.7	103.5	104.9
厦 门	Xiamen	101.0	103.1	101.0	100.8	104.6	104.9	97.3	103.0	105.2
南 昌	Nanchang	100.5	103.2	101.0	101.9	104.3	106.1	99.7	103.3	105.0
济 南	Jinan	99.9	102.5	101.1	100.9	103.9	105.7	100.3	102.1	105.4
青 岛	Qingdao	101.4	102.1	102.3	100.9	104.5	104.7	100.5	102.2	105.0
郑 州	Zhengzhou	102.0	105.7	102.4	101.4	105.6	106.1	99.8	103.0	104.9
武 汉	Wuhan	102.3	103.3	102.7	101.4	104.1	105.7	99.4	103.0	105.2
长 沙	Changsha	100.9	103.2	101.9	101.1	104.9	105.2	99.4	102.9	105.5
广 州	Guangzhou	100.1	101.7	101.5	102.3	103.4	105.9	97.5	103.2	105.5
深 圳	Shenzhen	100.7	101.3	101.6	102.2	104.1	105.9	98.7	103.5	105.4
南 宁	Nanning	100.8	104.2	101.1	102.5	104.4	108.4	98.2	102.5	105.7
海 口	Haikou	99.8	103.0	101.3	101.3	104.4	105.8	99.9	104.2	105.4
重 庆	Chongqing	100.6	103.7	100.8	102.4	104.7	105.6	98.4	103.2	105.3
成 都	Chengdu	102.1	103.9	102.3	101.8	105.2	104.3	100.3	103.0	105.4
贵 阳	Guiyang	100.8	102.1	100.7	101.1	105.1	107.0	97.7	102.9	105.5
昆 明	Kunming	101.6	106.5	102.0	101.6	105.8	105.8	100.8	104.2	104.9
拉 萨	Lhasa	100.4	101.8	101.3	100.6	103.2	106.4	101.7	102.2	105.0
西 安	Xi´an	100.5	102.3	100.3	101.6	104.7	106.0	99.7	103.5	105.6
兰 州	Lanzhou	100.9	101.1	100.6	101.7	105.3	107.2	99.6	103.8	105.4
西 宁	Xining	101.8	102.6	99.9	101.8	106.4	108.2	102.2	104.5	105.7
银 川	Yinchuan	101.7	103.2	101.7	101.6	105.3	107.6	99.7	103.8	105.5
乌鲁木齐	Urumqi	100.6	100.9	99.5	100.1	104.6	107.0	100.4	102.7	104.5

表 5-2 续表　Continued

城　市	City	2012	2013	2014	2015	2016	2017	2018	2019	2020	2021	2022
36 个城市平均	**Average**	**102.8**	**102.7**	**102.1**	**101.7**	**102.2**	**101.8**	**102.2**	**102.8**	**102.1**	**101.1**	**102.1**
北　京	Beijing	103.3	103.3	101.6	101.8	101.4	101.9	102.5	102.3	101.7	101.1	101.8
天　津	Tianjin	102.7	103.1	101.9	101.7	102.1	102.1	102.0	102.7	102.0	101.3	101.9
石家庄	Shijiazhuang	102.8	102.9	102.0	101.0	101.6	101.4	102.3	102.7	102.3	100.9	101.2
太　原	Taiyuan	102.1	103.1	102.2	100.4	101.2	101.8	101.8	102.7	102.6	101.0	102.1
呼和浩特	Hohhot	103.1	103.8	101.2	101.8	101.4	101.4	102.1	102.6	102.0	100.9	102.1
沈　阳	Shenyang	103.0	102.5	102.2	101.2	101.7	101.4	103.0	102.4	102.3	101.3	101.7
大　连	Dalian	103.4	102.5	102.0	101.6	101.9	102.1	103.0	102.4	102.1	101.4	102.2
长　春	Changchun	102.3	103.0	102.2	101.3	101.4	101.3	102.0	102.9	101.9	100.5	101.9
哈尔滨	Harbin	103.2	102.1	102.0	101.4	101.8	101.6	102.5	102.6	101.4	100.6	101.9
上　海	Shanghai	102.8	102.3	102.7	102.4	103.2	101.7	101.6	102.5	101.7	101.2	102.5
南　京	Nanjing	102.7	102.7	102.6	102.0	102.7	101.9	102.4	103.1	102.4	101.5	102.2
杭　州	Hangzhou	102.5	102.5	102.0	101.8	102.6	102.5	102.3	103.1	102.1	101.3	102.4
宁　波	Ningbo	101.7	102.2	101.9	101.8	102.1	101.8	102.2	103.0	101.9	102.1	102.3
合　肥	Hefei	102.2	102.7	102.0	101.6	102.6	101.4	102.0	102.9	102.3	101.7	102.4
福　州	Fuzhou	102.0	102.6	101.7	101.4	102.5	101.4	101.5	102.5	102.4	100.6	102.4
厦　门	Xiamen	102.1	102.3	102.2	101.7	101.7	102.0	101.8	103.0	102.5	101.2	101.8
南　昌	Nanchang	102.9	102.3	102.5	101.6	102.1	102.1	102.3	102.8	102.5	101.0	101.8
济　南	Jinan	102.4	102.8	102.2	101.9	102.7	102.0	102.6	103.3	102.4	101.5	101.4
青　岛	Qingdao	102.7	102.5	102.6	101.2	102.5	102.0	102.1	103.3	102.4	101.5	102.0
郑　州	Zhengzhou	102.7	102.8	102.0	101.1	102.3	101.8	102.4	103.1	102.3	101.1	101.2
武　汉	Wuhan	102.8	102.4	101.9	101.4	102.4	101.9	101.9	103.2	102.4	100.6	102.3
长　沙	Changsha	102.3	102.8	102.7	101.1	101.9	101.3	102.0	102.9	101.8	101.1	101.7
广　州	Guangzhou	103.0	102.6	102.3	101.7	102.7	102.3	102.4	103.0	102.6	101.1	102.4
深　圳	Shenzhen	102.8	102.7	102.0	102.2	102.4	101.4	102.8	103.4	102.3	100.9	102.3
南　宁	Nanning	102.9	102.1	101.6	101.9	101.4	102.3	102.5	103.4	102.3	101.4	101.7
海　口	Haikou	103.3	102.9	102.2	101.2	103.0	103.3	102.4	103.3	101.6	100.5	101.1
重　庆	Chongqing	102.6	102.7	101.8	101.3	101.8	101.0	102.0	102.7	102.3	100.3	102.1
成　都	Chengdu	103.0	103.1	101.3	101.1	102.2	102.0	101.4	102.8	102.5	100.5	102.4
贵　阳	Guiyang	102.6	103.2	102.7	102.3	101.1	101.0	101.7	102.7	102.4	100.5	101.9
昆　明	Kunming	103.1	103.9	103.1	102.4	101.7	100.5	101.7	102.3	103.1	100.2	101.7
拉　萨	Lhasa	103.2	103.4	103.0	102.2	102.6	101.4	101.1	102.2	102.0	100.5	101.8
西　安	Xi′an	102.8	102.7	101.4	100.7	100.9	102.0	101.9	102.7	102.1	101.7	102.2
兰　州	Lanzhou	102.4	103.5	102.2	101.3	100.8	101.5	101.7	102.2	102.0	101.3	102.3
西　宁	Xining	102.7	103.8	102.8	102.5	102.1	101.8	102.7	102.5	102.7	101.3	102.5
银　川	Yinchuan	102.6	103.5	102.1	101.6	101.7	101.7	102.2	102.2	101.8	101.4	102.0
乌鲁木齐	Urumqi	103.4	103.5	102.8	100.7	101.5	102.8	102.2	102.0	100.9	101.3	101.6

各省(区、市)商品零售价格指数(1981~2022，以上年价格为100)
Retail Price Indices by Region (preceding year=100)

表5-3

省(区、市)	Region	1981	1982	1983	1984	1985	1986	1987	1988	1989	1990
全　国	**Nation**	**102.4**	**101.9**	**101.5**	**102.8**	**108.8**	**106.0**	**107.3**	**118.5**	**117.8**	**102.1**
北　京	Beijing	101.4	102.0	100.6	102.1	118.6	106.7	108.7	121.9	118.5	104.1
天　津	Tianjin	101.5	100.5	100.5	101.8	113.9	107.2	106.9	117.7	115.1	102.7
河　北	Hebei	102.1	101.5	101.4	103.4	107.8	105.2	108.3	118.1	118.4	99.9
山　西	Shanxi	102.3	102.2	101.2	103.0	107.6	105.3	107.5	121.0	119.1	102.1
内蒙古	Inner Mongolia	101.8	101.7	101.0	104.4	108.5	105.0	108.1	116.3	115.9	102.9
辽　宁	Liaoning	101.6	101.2	101.5	103.9	110.0	106.0	109.0	119.3	118.4	102.7
吉　林	Jilin	101.7	103.0	102.6	104.2	109.7	105.4	107.5	119.9	116.9	103.9
黑龙江	Heilongjiang	102.1	102.8	102.2	104.4	111.7	105.9	109.6	117.8	114.0	104.9
上　海	Shanghai	101.5	100.3	100.1	102.2	116.4	106.7	108.8	121.3	116.7	104.8
江　苏	Jiangsu	101.6	101.1	100.8	103.5	109.2	106.5	109.3	121.7	118.0	102.3
浙　江	Zhejiang	101.5	100.9	102.0	103.4	114.0	106.0	109.5	122.1	117.8	101.6
安　徽	Anhui	101.7	101.0	101.1	102.0	106.4	105.2	109.7	121.8	117.1	101.9
福　建	Fujian	103.4	103.6	101.5	101.9	110.6	105.9	109.4	126.5	118.8	98.9
江　西	Jiangxi	104.6	102.9	101.4	102.5	108.3	105.8	106.9	121.8	118.6	101.3
山　东	Shandong	101.8	100.9	100.5	102.6	107.1	104.2	108.0	118.3	117.1	101.8
河　南	Henan	101.6	101.5	102.3	102.1	104.9	105.0	108.1	120.2	118.3	99.7
湖　北	Hubei	101.4	100.7	101.4	103.0	107.5	104.2	107.6	119.5	117.0	102.9
湖　南	Hunan	100.9	101.7	102.4	103.1	111.1	104.8	110.6	125.9	118.1	99.4
广　东	Guangdong	109.3	102.3	100.7	101.2	113.6	104.8	111.7	130.2	121.0	95.6
广　西	Guangxi	101.7	103.1	102.8	104.2	111.2	105.1	108.0	121.0	121.3	100.1
海　南	Hainan								127.8	126.8	100.6
重　庆	Chongqing										
四　川	Sichuan	101.8	102.3	100.7	102.3	106.8	103.9	107.5	120.0	118.3	103.1
贵　州	Guizhou	102.3	102.0	100.7	102.5	107.7	105.3	107.3	120.2	117.4	101.4
云　南	Yunnan	101.2	101.9	101.0	102.7	108.0	105.0	106.6	199.6	119.3	102.1
西　藏	Tibet										
陕　西	Shaanxi	103.0	101.0	101.5	103.9	106.5	105.2	108.6	119.0	118.8	101.6
甘　肃	Gansu	102.0	101.4	100.2	103.0	108.5	106.0	107.4	118.6	116.4	103.4
青　海	Qinghai	101.4	101.8	100.7	103.8	110.7	106.1	107.3	118.3	117.7	104.5
宁　夏	Ningxia	102.0	102.5	101.1	103.2	107.8	104.9	108.0	117.5	117.8	104.2
新　疆	Xinjiang	101.6	100.2	101.5	103.1	108.1	106.7	107.1	114.6	116.7	104.1

表 5-3 续表 1　Continued

省(区、市)	Region	1991	1992	1993	1994	1995	1996	1997	1998	1999	2000
全　国	**Nation**	**102.9**	**105.4**	**113.2**	**121.7**	**114.8**	**106.1**	**100.8**	**97.4**	**97.0**	**98.5**
北　京	Beijing	108.5	108.3	116.9	117.9	112.6	107.3	103.8	98.3	98.8	98.9
天　津	Tianjin	108.0	109.4	114.3	115.6	110.6	105.1	100.7	96.6	97.5	98.6
河　北	Hebei	102.8	105.2	110.5	121.4	115.8	106.2	102.1	97.7	97.8	99.1
山　西	Shanxi	103.9	106.3	113.1	121.6	115.6	106.2	101.3	97.0	96.8	97.1
内蒙古	Inner Mongolia	104.5	106.8	112.5	119.3	116.8	105.8	102.3	98.1	97.7	98.8
辽　宁	Liaoning	104.1	106.0	113.5	120.6	114.0	105.4	101.0	97.6	96.1	98.4
吉　林	Jilin	105.1	107.1	111.3	119.9	114.2	105.1	101.8	97.9	96.7	98.0
黑龙江	Heilongjiang	106.5	108.5	114.6	120.7	114.3	105.1	102.2	98.4	96.1	97.8
上　海	Shanghai	109.5	109.7	117.5	117.5	113.0	105.0	98.8	95.1	97.3	96.4
江　苏	Jiangsu	104.4	104.8	115.4	123.6	114.3	106.8	99.3	98.2	96.9	98.6
浙　江	Zhejiang	103.0	106.6	116.7	121.7	113.5	105.8	100.3	98.4	97.7	99.0
安　徽	Anhui	105.7	106.6	112.9	123.3	112.7	107.1	99.4	98.1	96.6	98.0
福　建	Fujian	103.6	105.0	113.4	123.0	114.4	104.5	99.8	98.5	96.5	98.9
江　西	Jiangxi	102.4	105.6	111.1	125.1	115.9	106.6	99.6	98.8	96.8	98.5
山　东	Shandong	104.7	105.9	110.7	120.3	114.2	107.0	100.8	97.1	97.1	98.6
河　南	Henan	101.7	101.4	108.4	120.6	114.9	107.9	100.5	96.6	96.2	98.5
湖　北	Hubei	104.3	107.0	115.0	124.9	116.6	106.5	101.5	97.1	95.9	97.8
湖　南	Hunan	104.1	109.5	115.1	125.3	115.5	105.2	100.3	97.9	97.6	99.3
广　东	Guangdong	100.6	105.8	118.2	118.9	111.6	104.4	99.8	97.0	96.7	99.9
广　西	Guangxi	102.5	104.6	118.9	124.4	116.4	104.5	99.6	96.3	97.2	98.6
海　南	Hainan	103.1	108.7	123.9	121.8	111.3	102.3	99.4	96.5	96.6	99.9
重　庆	Chongqing							101.6	94.5	96.5	95.5
四　川	Sichuan	102.3	106.4	113.9	123.9	117.0	107.7	102.9	97.7	97.3	97.7
贵　州	Guizhou	103.3	107.4	114.8	119.5	117.2	106.9	101.5	98.9	97.9	97.3
云　南	Yunnan	103.7	107.7	118.9	116.0	118.1	106.6	102.3	99.2	98.3	97.6
西　藏	Tibet									98.8	99.2
陕　西	Shaanxi	105.8	109.5	111.8	125.9	117.0	108.1	101.6	96.2	97.5	98.3
甘　肃	Gansu	104.6	105.8	113.0	122.5	116.5	106.6	101.6	98.1	97.2	99.1
青　海	Qinghai	106.3	106.4	112.5	123.2	116.3	107.8	103.0	99.6	98.5	99.0
宁　夏	Ningxia	105.7	107.4	112.8	120.1	115.3	106.7	102.2	97.5	97.9	97.6
新　疆	Xinjiang	108.0	108.1	112.6	125.7	116.7	108.8	101.8	99.7	96.2	98.3

表 5-3 续表 2 Continued

省(区、市)	Region	2001	2002	2003	2004	2005	2006	2007	2008	2009	2010
全 国	**Nation**	**99.2**	**98.7**	**99.9**	**102.8**	**100.8**	**101.0**	**103.8**	**105.9**	**98.8**	**103.1**
北 京	Beijing	98.8	98.4	98.2	99.2	99.7	100.2	100.8	104.4	97.8	100.4
天 津	Tianjin	98.6	97.4	97.4	100.8	99.9	100.4	103.2	105.1	98.9	103.4
河 北	Hebei	99.8	99.2	100.2	103.2	101.1	101.5	104.1	106.7	99.0	103.1
山 西	Shanxi	99.0	98.6	100.3	103.1	100.3	101.2	104.2	107.2	99.1	102.3
内蒙古	Inner Mongolia	100.0	99.4	99.6	102.7	101.5	101.4	103.6	104.7	99.5	103.0
辽 宁	Liaoning	99.4	97.4	98.9	101.9	100.1	101.3	104.4	105.3	99.8	103.2
吉 林	Jilin	100.9	99.0	100.5	103.5	101.1	101.5	103.3	106.2	99.3	104.1
黑龙江	Heilongjiang	100.4	98.5	99.7	102.8	100.4	101.5	105.6	105.8	98.9	103.1
上 海	Shanghai	98.6	98.7	99.0	100.9	99.4	100.2	102.4	105.3	99.4	101.7
江 苏	Jiangsu	98.9	98.4	99.8	102.2	100.3	100.8	102.9	104.9	98.9	103.2
浙 江	Zhejiang	98.1	98.7	99.6	102.7	100.9	100.8	103.8	106.3	98.8	103.9
安 徽	Anhui	99.6	99.2	101.3	102.7	100.6	100.8	104.5	106.3	99.0	103.2
福 建	Fujian	98.0	98.3	99.1	102.7	100.6	100.5	104.3	105.7	97.9	103.4
江 西	Jiangxi	98.4	100.2	100.1	103.0	100.9	101.2	104.0	106.1	99.1	102.7
山 东	Shandong	100.0	98.8	100.2	102.8	100.6	100.6	103.6	104.9	99.4	102.7
河 南	Henan	99.8	99.2	101.3	105.7	101.7	100.9	104.4	107.5	99.4	103.7
湖 北	Hubei	97.4	98.8	101.2	104.1	102.1	101.1	104.2	106.3	98.6	103.1
湖 南	Hunan	98.8	99.2	100.6	103.9	102.3	101.3	104.3	105.6	98.5	103.1
广 东	Guangdong	98.7	98.5	100.0	102.9	101.8	101.5	103.4	106.0	96.8	103.3
广 西	Guangxi	97.8	98.1	100.2	103.9	101.1	100.3	104.8	107.6	98.0	103.0
海 南	Hainan	97.7	98.4	100.4	103.4	100.9	101.3	103.8	106.7	98.5	104.6
重 庆	Chongqing	99.0	98.9	99.5	101.4	98.7	101.6	103.7	105.0	97.3	101.7
四 川	Sichuan	100.8	99.4	100.1	103.7	100.6	101.7	105.3	105.3	100.1	103.0
贵 州	Guizhou	98.4	99.3	100.0	103.2	101.3	100.9	104.2	107.2	97.6	103.0
云 南	Yunnan	98.4	98.1	99.9	104.7	100.1	100.8	104.4	106.1	100.1	103.6
西 藏	Tibet	99.6	99.5	99.4	100.7	100.8	100.2	101.7	103.9	99.5	101.0
陕 西	Shaanxi	99.1	98.6	100.5	102.5	100.1	101.8	105.0	106.9	99.9	103.6
甘 肃	Gansu	99.6	98.9	100.2	102.1	99.9	101.2	104.4	107.9	101.8	104.6
青 海	Qinghai	99.9	99.3	100.8	102.6	100.7	102.0	106.0	110.6	101.6	104.3
宁 夏	Ningxia	100.0	98.6	99.5	102.8	100.4	101.3	104.1	108.5	99.5	103.2
新 疆	Xinjiang	102.5	97.9	99.2	100.7	99.4	101.8	105.1	108.5	100.4	104.6

表 5-3 续表 3　Continued

省(区、市)	Region	2011	2012	2013	2014	2015	2016	2017	2018	2019	2020	2021	2022
全　国	**Nation**	**104.9**	**102.0**	**101.4**	**101.0**	**100.1**	**100.7**	**101.1**	**101.9**	**102.0**	**101.4**	**101.6**	**102.7**
北　京	Beijing	103.2	100.6	99.8	99.1	98.5	98.1	99.2	101.1	100.5	101.0	101.7	101.8
天　津	Tianjin	104.7	103.0	101.7	100.9	100.3	100.5	100.8	101.6	101.7	101.0	101.5	102.0
河　北	Hebei	105.0	102.2	102.2	101.0	100.2	101.2	101.4	102.2	101.8	101.4	101.9	102.5
山　西	Shanxi	104.9	101.8	101.8	100.6	99.3	100.5	101.3	101.7	101.8	100.9	102.7	103.7
内蒙古	Inner Mongolia	104.9	102.5	102.6	100.7	100.5	100.6	101.2	101.6	101.5	100.5	103.8	103.8
辽　宁	Liaoning	105.0	102.2	101.6	101.0	100.5	101.0	100.7	101.4	101.7	101.1	101.9	102.6
吉　林	Jilin	104.9	101.7	101.6	101.2	99.8	101.3	101.4	102.4	102.1	100.7	101.8	103.1
黑龙江	Heilongjiang	104.5	102.2	101.1	100.8	100.1	101.1	99.9	101.1	102.1	101.5	101.6	102.5
上　海	Shanghai	104.1	101.2	100.2	100.9	101.1	100.8	100.9	101.6	100.4	100.9	101.3	101.7
江　苏	Jiangsu	104.6	102.1	101.4	101.6	100.6	100.8	101.9	102.6	102.6	101.8	102.3	102.9
浙　江	Zhejiang	105.5	101.9	101.0	100.9	99.9	101.0	101.4	102.1	102.5	101.2	102.2	103.2
安　徽	Anhui	105.3	102.1	101.3	100.4	99.7	100.8	101.7	101.9	101.9	101.6	101.6	102.7
福　建	Fujian	104.8	101.8	101.1	101.1	99.9	100.7	100.6	101.5	101.9	101.3	101.1	102.7
江　西	Jiangxi	104.8	102.1	101.5	101.2	100.5	100.6	101.0	101.0	101.9	101.6	101.2	102.6
山　东	Shandong	104.7	101.6	101.4	101.0	100.2	101.3	100.8	102.2	102.2	102.0	101.4	102.3
河　南	Henan	105.7	102.3	101.9	101.0	99.8	100.3	101.3	102.9	102.4	100.9	101.5	102.7
湖　北	Hubei	105.6	102.6	101.8	100.9	100.5	100.8	100.3	101.2	102.6	102.2	101.2	102.8
湖　南	Hunan	105.5	101.7	101.7	101.2	99.9	101.0	101.3	102.3	102.3	101.3	101.6	103.2
广　东	Guangdong	105.1	102.2	101.0	101.4	99.6	100.8	101.6	102.1	101.4	100.8	101.4	102.5
广　西	Guangxi	106.0	102.3	101.2	101.4	100.1	100.4	101.2	101.6	103.2	101.4	101.1	102.2
海　南	Hainan	105.4	102.7	101.5	101.2	99.8	101.0	102.0	102.5	102.5	101.6	101.3	102.1
重　庆	Chongqing	104.7	101.6	101.8	100.9	100.2	101.3	100.8	101.2	101.6	102.2	101.4	102.5
四　川	Sichuan	104.6	101.6	101.7	100.6	100.2	100.8	100.5	101.4	102.7	102.7	101.4	102.9
贵　州	Guizhou	105.5	102.0	101.5	101.2	100.1	100.2	100.9	101.8	101.7	101.6	101.2	103.0
云　南	Yunnan	105.1	102.4	102.6	101.6	100.8	100.7	101.3	101.5	101.5	102.4	101.4	103.1
西　藏	Tibet	103.7	102.9	103.0	102.2	101.4	102.1	101.4	101.5	102.0	102.0	101.5	102.7
陕　西	Shaanxi	104.8	102.3	101.8	100.7	99.8	100.3	101.3	102.1	102.4	101.9	101.6	103.1
甘　肃	Gansu	105.4	102.6	102.6	101.7	101.0	100.9	101.4	101.7	101.9	101.3	102.0	103.7
青　海	Qinghai	105.4	102.1	102.7	101.5	101.0	100.4	101.2	102.1	102.0	102.4	101.5	103.2
宁　夏	Ningxia	105.3	101.0	102.4	100.9	100.1	100.7	101.8	102.9	101.1	100.6	102.0	102.4
新　疆	Xinjiang	105.1	103.3	103.3	101.7	99.6	100.5	100.9	100.9	101.3	100.6	102.0	102.8

36 个大中城市商品零售价格指数(2003~2022，以上年价格为 100)
Retail Price Indices in 36 Major Cities (preceding year=100)

表 5-4

城 市	City	2003	2004	2005	2006	2007	2008	2009	2010	2011
36 个城市平均	**Average**	**99.6**	**101.0**	**100.0**	**100.7**	**102.6**	**105.3**	**98.6**	**102.5**	**104.5**
北 京	Beijing	98.2	99.2	99.7	100.2	100.8	104.4	97.8	100.4	103.2
天 津	Tianjin	97.4	100.8	99.9	100.4	103.2	105.1	98.9	103.4	104.7
石家庄	Shijiazhuang	99.7	101.3	101.0	101.8	104.4	107.7	100.1	103.4	104.9
太 原	Taiyuan	100.9	102.0	100.2	100.6	102.9	107.9	99.1	102.6	104.8
呼和浩特	Hohhot	100.1	101.7	101.7	101.6	102.7	105.4	99.9	102.6	104.7
沈 阳	Shenyang	99.7	100.7	99.3	101.9	103.2	105.0	97.9	102.6	105.2
大 连	Dalian	99.4	101.5	99.5	101.4	101.9	106.0	99.4	104.0	104.4
长 春	Changchun	100.7	102.7	101.3	101.5	102.1	105.6	99.6	104.6	104.8
哈尔滨	Harbin	98.9	100.9	99.2	100.3	103.7	105.3	98.5	101.9	104.4
上 海	Shanghai	99.0	100.9	99.4	100.2	102.4	105.3	99.4	101.7	104.1
南 京	Nanjing	98.1	98.1	96.7	98.9	99.9	103.7	98.7	103.5	104.2
杭 州	Hangzhou	98.1	101.6	100.3	100.2	103.1	106.0	98.6	103.7	104.4
宁 波	Ningbo	101.6	102.0	101.1	101.8	103.3	107.1	98.8	103.9	105.7
合 肥	Hefei	101.4	100.8	99.7	100.6	104.6	106.3	99.8	102.1	105.1
福 州	Fuzhou	97.6	102.4	101.1	99.9	103.1	104.4	99.1	102.9	104.0
厦 门	Xiamen	99.0	100.8	99.0	100.3	103.9	104.5	97.8	102.8	104.7
南 昌	Nanchang	99.7	101.3	100.0	101.9	103.5	106.2	99.4	103.0	105.2
济 南	Jinan	98.0	100.6	100.4	100.3	102.2	104.5	98.7	101.3	104.6
青 岛	Qingdao	98.3	99.0	99.3	99.7	102.7	103.9	98.6	101.4	104.5
郑 州	Zhengzhou	101.5	105.6	101.2	100.9	102.7	106.0	100.3	102.7	104.9
武 汉	Wuhan	100.4	101.0	100.9	100.7	103.0	105.1	98.4	103.1	104.7
长 沙	Changsha	99.2	101.3	100.4	101.1	102.3	103.9	97.7	103.8	105.4
广 州	Guangzhou	99.1	102.1	101.6	101.2	102.9	105.7	96.8	103.2	105.1
深 圳	Shenzhen	100.0	100.7	101.2	101.8	103.5	106.5	97.5	103.2	105.3
南 宁	Nanning	99.5	102.7	100.3	101.0	103.1	107.9	98.5	102.3	104.9
海 口	Haikou	99.9	102.6	100.4	100.6	103.4	105.6	99.2	103.7	105.0
重 庆	Chongqing	99.5	101.4	98.7	101.6	103.7	105.0	97.3	101.7	104.7
成 都	Chengdu	100.2	101.4	99.8	101.2	104.2	104.5	99.0	102.4	104.3
贵 阳	Guiyang	97.6	100.4	100.2	100.3	102.8	105.4	98.2	103.2	105.0
昆 明	Kunming	100.7	104.6	100.5	99.7	103.4	105.4	100.0	103.6	104.9
拉 萨	Lhasa	99.9	100.0	100.4	99.6	101.2	104.6	100.1	101.2	103.9
西 安	Xi′an	100.0	101.9	99.7	101.5	103.7	105.4	99.5	102.7	104.4
兰 州	Lanzhou	99.2	101.0	98.8	100.3	103.1	107.2	100.5	103.9	105.4
西 宁	Xining	101.9	103.2	100.9	102.6	105.7	110.1	102.3	104.6	106.0
银 川	Yinchuan	99.8	102.0	100.6	101.3	103.6	105.9	98.5	102.5	104.2
乌鲁木齐	Urumqi	100.2	101.1	99.9	99.9	104.6	108.7	100.1	103.4	104.1

表 5-4 续表 Continued

城 市	City	2012	2013	2014	2015	2016	2017	2018	2019	2020	2021	2022
36个城市平均	**Average**	**101.8**	**101.0**	**100.8**	**99.8**	**100.7**	**100.9**	**101.7**	**101.6**	**101.2**	**101.6**	**102.5**
北 京	Beijing	100.6	99.8	99.1	98.5	98.1	99.2	101.1	100.5	101.0	101.7	101.8
天 津	Tianjin	103.0	101.7	100.9	100.3	100.5	100.8	101.6	101.7	101.0	101.5	102.0
石家庄	Shijiazhuang	101.9	102.1	101.2	100.2	101.7	100.9	101.9	101.6	101.3	101.7	101.9
太 原	Taiyuan	101.2	101.3	100.7	98.6	100.8	101.7	101.7	101.5	100.5	102.8	103.8
呼和浩特	Hohhot	101.5	101.9	98.6	99.5	101.1	101.2	101.6	101.3	99.9	105.3	103.6
沈 阳	Shenyang	102.4	101.6	101.3	100.0	100.6	101.0	101.7	101.4	100.8	102.5	102.6
大 连	Dalian	102.5	101.0	101.0	99.5	102.0	101.5	101.5	102.1	101.4	102.0	102.2
长 春	Changchun	101.8	101.3	101.2	99.1	101.2	101.2	102.9	102.2	100.0	101.8	103.1
哈尔滨	Harbin	102.5	101.2	101.5	100.2	101.6	99.7	100.7	102.2	101.5	101.8	102.2
上 海	Shanghai	101.2	100.2	100.9	101.1	100.8	100.9	101.6	100.4	100.9	101.3	101.7
南 京	Nanjing	101.4	101.2	102.0	100.6	100.5	101.6	102.8	102.1	101.4	102.1	102.6
杭 州	Hangzhou	101.9	101.5	100.8	100.2	101.5	101.0	102.0	103.1	100.9	101.6	102.9
宁 波	Ningbo	101.8	101.0	100.3	100.4	101.8	101.1	102.1	102.3	100.2	103.3	104.1
合 肥	Hefei	101.9	101.2	100.3	99.5	100.8	102.3	101.7	101.6	101.3	101.9	102.7
福 州	Fuzhou	101.1	101.0	100.6	99.4	100.7	100.3	101.5	101.8	100.8	100.9	103.1
厦 门	Xiamen	101.6	100.4	100.7	100.0	100.0	100.8	101.8	102.5	102.1	101.5	102.4
南 昌	Nanchang	102.4	101.3	101.1	100.5	100.4	101.0	100.8	101.3	101.5	101.6	102.8
济 南	Jinan	101.8	101.3	101.2	100.3	100.8	101.0	102.6	102.5	101.9	101.3	102.2
青 岛	Qingdao	101.7	101.4	102.3	100.0	102.0	100.8	101.8	102.4	101.5	101.4	102.8
郑 州	Zhengzhou	102.4	101.4	101.1	99.0	100.2	101.7	103.6	103.0	100.8	101.3	102.4
武 汉	Wuhan	102.3	100.9	100.5	100.0	101.3	100.1	101.4	102.5	102.2	101.3	102.8
长 沙	Changsha	101.5	101.2	101.7	99.6	100.9	101.4	102.5	102.2	100.8	102.0	103.3
广 州	Guangzhou	101.9	100.5	101.5	99.1	101.2	102.0	102.2	100.6	100.6	101.3	102.5
深 圳	Shenzhen	102.4	100.7	101.0	99.7	100.3	101.5	102.0	101.3	100.5	101.8	102.7
南 宁	Nanning	101.7	100.8	100.7	100.4	99.8	100.9	101.1	103.1	100.9	101.1	102.2
海 口	Haikou	102.8	101.6	101.2	100.2	100.9	101.7	102.4	102.4	101.3	101.4	101.8
重 庆	Chongqing	101.6	101.8	100.9	100.2	101.3	100.8	101.2	101.6	102.2	101.4	102.5
成 都	Chengdu	101.4	101.7	100.4	99.5	100.8	99.4	100.7	101.9	102.2	101.1	102.8
贵 阳	Guiyang	102.0	101.9	101.2	99.7	99.5	101.4	102.3	102.3	101.2	101.7	103.1
昆 明	Kunming	102.0	102.5	101.8	100.7	100.8	101.3	101.1	101.5	102.3	101.5	102.7
拉 萨	Lhasa	102.9	103.5	102.3	101.5	102.4	101.2	101.1	102.3	102.1	101.4	102.9
西 安	Xi'an	102.3	101.7	100.7	99.7	100.1	101.7	102.2	102.1	101.5	101.4	103.1
兰 州	Lanzhou	102.4	102.7	101.8	100.6	100.7	101.8	101.7	102.0	101.4	102.0	103.8
西 宁	Xining	102.3	102.5	101.2	100.2	100.6	101.4	102.0	101.9	102.4	101.3	103.0
银 川	Yinchuan	100.6	102.3	100.8	100.2	100.8	101.5	102.7	101.1	100.5	102.0	102.2
乌鲁木齐	Urumqi	102.9	103.5	102.4	99.4	100.6	100.7	100.5	101.2	100.7	102.2	103.1

各省(区、市)工业生产者出厂价格指数(1992~2022,以上年价格为100)
Producer Price Indices for Industrial Products by Region (preceding year=100)

表5-5

省(区、市)	Region	1992	1993	1994	1995	1996	1997	1998	1999	2000
全　国	**Nation**	**106.8**	**124.0**	**119.5**	**114.9**	**102.9**	**99.7**	**95.9**	**97.6**	**102.8**
北　京	Beijing	107.8	128.3	111.8	116.7	103.2	100.6	95.1	97.8	102.5
天　津	Tianjin	105.2	126.3	120.4	110.2	102.8	98.3	94.7	96.4	102.8
河　北	Hebei	108.6	129.1	119.1	111.4	101.1	98.8	94.4	95.9	105.3
山　西	Shanxi	114.2	132.5	120.1	113.5	106.4	102.2	97.5	95.3	100.9
内蒙古	Inner Mongolia	109.8	133.2	112.1	109.1	101.7	101.5	98.0	100.4	102.8
辽　宁	Liaoning	111.8	138.4	119.9	109.9	102.1	100.1	95.8	102.0	108.8
吉　林	Jilin	111.4	127.9	115.7	115.0	103.8	101.4	96.9	100.1	105.1
黑龙江	Heilongjiang	111.6	141.3	127.7	116.0	104.6	102.3	97.7	107.4	122.9
上　海	Shanghai	110.4	128.0	118.2	107.9	97.6	97.8	93.9	97.6	102.5
江　苏	Jiangsu	103.6	118.5	121.4	114.1	100.7	97.9	94.5	96.1	101.1
浙　江	Zhejiang	104.8	117.3	117.5	112.3	99.5	99.2	96.0	96.8	101.1
安　徽	Anhui	108.7	125.3	120.9	117.1	101.6	99.4	96.4	92.9	98.9
福　建	Fujian	102.7	117.1	116.9	115.7	101.8	100.3	95.7	96.6	100.5
江　西	Jiangxi		115.3	124.7	114.8	104.1	101.7	98.4	96.1	101.0
山　东	Shandong	109.5	123.0	124.2	117.0	104.2	101.1	96.0	97.2	105.9
河　南	Henan	106.2	118.1	124.1	115.0	104.1	100.6	95.3	95.4	104.0
湖　北	Hubei	111.0	126.3	126.2	113.1	102.7	98.6	96.2	97.8	101.7
湖　南	Hunan	111.1	128.9	117.6	121.4	105.7	99.2	95.9	98.5	102.9
广　东	Guangdong		124.1	126.0	112.3	101.8	100.1	94.8	97.7	103.4
广　西	Guangxi	112.5	121.1	118.8	117.2	102.6	97.7	95.4	95.6	105.5
海　南	Hainan									
重　庆	Chongqing	117.2	118.4	113.4	112.4	104.1	98.0	94.6	97.7	98.6
四　川	Sichuan	106.1	127.4	114.7	112.2	102.2	101.2	97.3	97.0	98.1
贵　州	Guizhou	101.6	118.1	113.3	113.1	104.9	101.2	98.2	99.7	100.4
云　南	Yunnan	105.3	125.0	116.7	110.2	101.4	100.7	97.2	98.2	101.2
西　藏	Tibet									
陕　西	Shaanxi	107.9	119.8	119.9	112.6	104.2	103.7	96.6	97.9	101.5
甘　肃	Gansu	112.1	125.3	121.2	114.9	104.4	104.9	95.2	98.1	107.2
青　海	Qinghai	102.6	124.4	124.9	114.6	106.7	104.3	100.7	102.8	108.1
宁　夏	Ningxia						100.3	97.7	98.4	103.6
新　疆	Xinjiang	107.5	126.2	118.4	117.2	104.9	104.9	95.8	100.2	129.4

表 5-5 续表 1 Continued

省(区、市)	Region	2001	2002	2003	2004	2005	2006	2007	2008	2009	2010
全 国	**Nation**	**98.7**	**97.8**	**102.3**	**106.1**	**104.9**	**103.0**	**103.1**	**106.9**	**101.7**	**105.9**
北 京	Beijing	99.4	96.6	101.5	103.0	101.3	99.1	99.7	103.3	100.1	101.8
天 津	Tianjin	95.9	95.9	102.5	104.1	100.1	100.6	101.5	104.1	101.6	105.1
河 北	Hebei	99.9	99.4	107.1	111.6	104.4	100.8	106.9	116.7	101.5	111.6
山 西	Shanxi	100.3	103.6	112.2	116.1	110.2	101.0	107.4	122.4	99.6	112.3
内蒙古	Inner Mongolia	100.1	99.3	103.2	105.1	105.1	103.0	105.7	112.5	100.9	108.8
辽 宁	Liaoning	98.6	97.8	103.6	107.1	105.1	104.1	104.4	110.9	104.2	106.6
吉 林	Jilin	100.3	98.6	102.5	105.0	104.3	101.7	102.7	104.9	105.1	104.3
黑龙江	Heilongjiang	95.9	97.8	111.9	113.1	116.7	109.9	105.3	114.0	121.2	106.8
上 海	Shanghai	96.7	96.4	101.4	103.6	101.7	100.6	101.2	102.2	93.8	102.3
江 苏	Jiangsu	99.1	97.6	102.3	106.5	102.6	101.5	102.6	104.6	102.7	108.8
浙 江	Zhejiang	98.3	96.9	100.6	105.0	102.3	103.8	102.4	104.3	102.0	106.4
安 徽	Anhui	98.6	99.8	103.5	108.2	103.3	103.1	103.6	108.4	103.7	111.2
福 建	Fujian	98.1	97.2	100.7	102.6	100.2	99.2	100.8	102.7	100.0	104.4
江 西	Jiangxi	98.1	98.5	104.0	109.7	108.8	109.7	106.2	106.4	118.1	112.2
山 东	Shandong	99.1	98.8	103.5	106.4	103.7	102.3	103.3	108.6	102.5	108.1
河 南	Henan	100.5	98.6	105.0	110.2	106.1	104.3	105.2	112.1	103.5	108.7
湖 北	Hubei	99.0	98.2	103.5	105.7	104.5	102.9	103.9	106.1	100.2	105.7
湖 南	Hunan	99.8	99.2	102.6	108.0	106.0	104.3	106.1	109.3	103.4	109.2
广 东	Guangdong	98.5	96.5	99.3	101.7	101.5	101.4	101.3	103.1	101.5	103.0
广 西	Guangxi	106.3	95.6	102.8	109.7	104.9	109.6	104.5	109.0	109.4	112.7
海 南	Hainan		98.7	99.5	100.0	99.5	100.8	102.7	104.5	97.6	106.9
重 庆	Chongqing	98.1	97.6	100.6	103.3	103.0	102.2	103.5	105.8	99.5	103.9
四 川	Sichuan	100.4	97.7	100.5	105.4	104.0	101.9	103.9	109.3	99.5	107.5
贵 州	Guizhou	102.2	98.9	103.4	108.0	107.2	104.3	105.0	112.4	99.6	105.5
云 南	Yunnan	99.9	98.2	101.4	108.8	104.5	104.6	105.7	105.8	106.8	105.6
西 藏	Tibet						106.0	101.1	105.6	99.2	107.2
陕 西	Shaanxi	100.4	100.7	105.7	107.3	110.4	109.6	102.9	108.4	103.7	107.1
甘 肃	Gansu	98.5	97.9	110.0	114.3	109.6	109.8	105.5	104.9	107.1	111.3
青 海	Qinghai	93.7	97.6	105.5	111.2	110.2	110.2	104.2	107.6	114.4	106.7
宁 夏	Ningxia	100.3	99.7	103.9	110.0	106.2	106.2	103.7	112.9	100.2	111.9
新 疆	Xinjiang	96.3	97.3	115.1	116.4	116.6	114.4	106.3	116.4	130.1	111.9

表 5-5 续表 2 Continued

省(区、市)	Region	2011	2012	2013	2014	2015	2016	2017	2018	2019	2020	2021	2022
全 国	**Nation**	**106.0**	**98.3**	**98.1**	**98.1**	**94.8**	**98.6**	**106.3**	**103.5**	**99.7**	**98.2**	**108.1**	**104.1**
北 京	Beijing	102.3	98.4	97.4	99.1	96.9	98.1	100.7	100.0	99.6	99.1	101.1	102.3
天 津	Tianjin	103.8	97.0	97.0	96.3	90.3	97.9	108.4	105.4	99.3	97.1	110.9	105.8
河 北	Hebei	107.7	94.7	96.6	95.2	89.1	99.9	115.0	106.2	100.2	98.5	116.4	100.5
山 西	Shanxi	107.5	94.5	90.7	91.4	87.7	96.8	119.4	106.7	99.7	96.7	130.2	111.4
内蒙古	Inner Mongolia	107.8	100.2	97.0	97.3	94.0	98.9	110.6	103.2	102.1	99.7	128.5	108.6
辽 宁	Liaoning	106.5	99.9	99.0	98.2	93.9	98.8	108.1	104.8	99.5	97.0	113.6	107.9
吉 林	Jilin	105.4	99.1	98.7	99.1	95.3	98.4	103.1	102.8	98.9	98.6	105.1	101.9
黑龙江	Heilongjiang	112.0	100.0	98.0	97.1	86.0	95.1	109.3	109.0	98.2	93.4	112.3	110.9
上 海	Shanghai	102.9	98.4	98.2	98.9	96.1	98.8	103.5	101.7	98.8	98.3	102.1	102.6
江 苏	Jiangsu	106.2	97.1	98.0	98.3	95.3	98.1	104.8	102.8	98.9	97.8	106.3	103.2
浙 江	Zhejiang	105.0	97.3	98.2	98.8	96.4	98.3	104.8	103.4	98.9	96.9	106.3	104.0
安 徽	Anhui	108.3	98.3	98.2	97.4	93.9	98.5	108.0	103.0	100.3	99.1	107.7	103.2
福 建	Fujian	103.9	98.7	98.4	98.6	97.0	99.1	104.1	102.8	100.6	98.4	104.9	102.9
江 西	Jiangxi	111.3	96.5	98.5	97.8	93.7	98.6	107.9	104.2	98.9	98.3	110.5	103.5
山 东	Shandong	106.0	98.4	98.4	98.4	95.2	98.5	105.5	103.7	99.7	98.1	110.3	105.1
河 南	Henan	107.2	99.4	98.5	98.1	95.4	99.0	106.8	103.6	100.2	99.2	107.8	105.0
湖 北	Hubei	106.6	100.3	99.2	98.4	96.7	99.0	105.6	104.2	100.2	99.1	104.1	103.4
湖 南	Hunan	108.5	99.1	98.5	98.4	96.3	98.9	105.8	103.2	99.6	99.0	105.9	102.0
广 东	Guangdong	103.7	99.5	98.8	98.9	96.8	99.4	103.3	101.8	100.2	99.0	103.4	103.0
广 西	Guangxi	108.5	97.8	98.2	98.4	97.0	99.1	107.6	103.2	99.3	99.4	108.9	102.5
海 南	Hainan	108.8	100.8	99.5	97.6	89.8	96.0	108.8	108.2	97.4	93.8	113.5	115.0
重 庆	Chongqing	103.8	99.9	98.0	98.3	97.2	98.6	104.1	102.1	99.8	99.1	103.2	102.3
四 川	Sichuan	107.3	98.6	98.7	98.7	96.4	98.9	106.5	103.6	100.4	98.8	105.9	102.8
贵 州	Guizhou	105.4	101.0	97.4	98.3	96.1	97.9	107.2	101.8	99.8	98.3	106.5	105.7
云 南	Yunnan	104.7	97.9	97.5	97.8	94.9	97.6	105.2	102.4	100.0	98.6	110.0	105.4
西 藏	Tibet	104.3	99.7	99.8	99.0	93.2	102.9	110.0	100.1	98.9	99.4	101.5	104.1
陕 西	Shaanxi	107.2	100.7	97.3	97.1	90.8	97.6	110.8	105.4	100.8	95.1	116.9	107.3
甘 肃	Gansu	111.0	96.8	96.9	96.7	87.0	94.9	114.5	109.5	98.3	93.9	116.4	110.9
青 海	Qinghai	107.4	96.9	97.0	96.1	93.1	98.5	116.7	104.8	98.5	96.6	114.5	112.2
宁 夏	Ningxia	109.5	97.4	96.0	96.3	93.7	99.1	112.1	107.3	99.4	96.9	119.9	111.1
新 疆	Xinjiang	114.8	96.9	96.5	96.2	82.4	94.5	113.7	111.2	98.5	91.6	119.4	112.3

各省(区、市)工业生产者购进价格指数(1992~2022，以上年价格为100)

Purchasing Price Indices for Industrial Producers by Region (preceding year=100)

表5-6

省(区、市)	Region	1992	1993	1994	1995	1996	1997	1998	1999	2000
全　国	**Nation**	**111.0**	**135.1**	**118.2**	**115.3**	**103.9**	**101.3**	**95.8**	**96.7**	**105.1**
北　京	Beijing	114.2	142.7	123.8	119.8	104.2	103.4	98.1	95.8	100.0
天　津	Tianjin	108.4	139.1	121.7	112.8	101.9	99.0	95.9	96.3	104.5
河　北	Hebei	111.4	134.9	119.9	110.9	106.3	102.0	96.2	95.4	103.3
山　西	Shanxi	111.9	135.9	115.1	113.1	104.8	102.0	97.3	97.0	102.0
内蒙古	Inner Mongolia	112.1	132.6	116.8	112.8	100.8	100.9	98.1	96.8	106.5
辽　宁	Liaoning	121.2	149.9	118.2	114.2	104.8	103.1	99.3	99.1	103.9
吉　林	Jilin	127.1	173.9	113.9	113.8	102.4	103.9	96.6	100.5	106.8
黑龙江	Heilongjiang	112.9	139.6	117.6	112.7	104.2	104.4	98.6	98.2	108.6
上　海	Shanghai	109.6	129.2	121.6	113.3	97.6	98.6	94.1	97.1	107.1
江　苏	Jiangsu	110.3	125.8	120.1	117.6	104.3	98.0	91.5	94.4	107.1
浙　江	Zhejiang	106.3	126.4	124.8	119.2	101.5	96.5	92.6	96.2	107.2
安　徽	Anhui	113.9	128.8	122.3	117.9	109.9	101.7	96.0	94.5	102.6
福　建	Fujian	109.3	129.6	115.2	119.6	104.3	98.6	92.5	97.9	112.4
江　西	Jiangxi		129.4	123.4	114.7	105.8	100.4	95.4	96.9	101.2
山　东	Shandong	111.0	134.7	120.1	113.2	105.7	100.6	93.4	93.4	104.7
河　南	Henan	110.0	133.0	122.0	114.1	105.3	100.7	94.8	94.3	105.1
湖　北	Hubei	110.2	135.5	116.6	118.2	108.4	101.5	95.2	95.6	105.6
湖　南	Hunan	116.2	139.7	119.6	117.6	105.9	100.1	94.8	96.2	106.7
广　东	Guangdong		134.3	121.1	118.7	104.6	97.3	91.4	97.8	110.9
广　西	Guangxi	105.2	141.7	117.8	112.9	103.4	99.3	95.3	93.6	100.9
海　南	Hainan									
重　庆	Chongqing	123.8	124.5	124.6	111.6	106.3	100.1	95.1	96.9	105.6
四　川	Sichuan	112.5	137.2	119.1	113.5	106.1	101.6	95.3	96.8	101.7
贵　州	Guizhou	113.5	144.6	115.0	114.9	108.1	101.9	95.7	97.0	102.9
云　南	Yunnan	115.2	138.1	110.3	113.2	110.3	102.9	100.7	98.8	101.5
西　藏	Tibet									
陕　西	Shaanxi	111.5	138.4	115.6	114.3	109.1	106.8	97.1	95.5	100.0
甘　肃	Gansu	122.2	139.4	118.3	113.7	107.4	102.2	96.4	98.3	111.8
青　海	Qinghai	105.3	138.9	112.3	110.2	108.3	110.7	101.3	99.1	98.9
宁　夏	Ningxia						103.5	101.1	97.0	105.8
新　疆	Xinjiang	121.1	136.4	110.9	116.8	107.0	104.5	95.6	98.2	115.2

表 5-6 续表 1　Continued

省(区、市)	Region	2001	2002	2003	2004	2005	2006	2007	2008	2009	2010
全　国	**Nation**	**99.8**	**97.7**	**104.8**	**111.4**	**108.3**	**106.0**	**104.4**	**110.5**	**103.0**	**109.5**
北　京	Beijing	100.5	97.1	104.7	114.2	111.4	105.5	105.0	115.8	107.5	106.8
天　津	Tianjin	98.8	95.9	108.7	115.4	104.9	104.7	105.7	112.9	102.3	112.3
河　北	Hebei	101.0	97.3	109.4	118.4	107.0	105.0	107.8	115.9	102.9	112.8
山　西	Shanxi	101.8	102.6	107.8	114.5	108.2	102.6	105.3	118.3	97.1	111.5
内蒙古	Inner Mongolia	101.3	99.9	102.9	109.2	109.9	105.9	104.8	111.7	99.6	106.4
辽　宁	Liaoning	99.9	98.3	105.1	112.1	108.1	104.2	104.8	111.5	100.2	109.9
吉　林	Jilin	101.8	97.8	104.8	110.5	107.0	103.8	105.2	111.3	103.1	107.7
黑龙江	Heilongjiang	99.5	99.3	107.6	115.2	111.8	105.6	105.0	114.1	105.6	108.2
上　海	Shanghai	98.7	97.7	106.4	116.4	106.8	104.8	104.1	110.3	89.8	111.2
江　苏	Jiangsu	99.5	98.6	106.5	116.3	107.6	106.4	105.0	115.0	104.4	112.1
浙　江	Zhejiang	99.6	97.5	105.8	113.4	105.4	105.6	105.3	110.6	103.9	110.9
安　徽	Anhui	101.2	98.2	106.7	115.0	107.1	103.9	105.1	112.4	101.1	113.3
福　建	Fujian	96.7	97.6	106.3	113.3	108.1	103.9	104.3	110.2	103.7	110.0
江　西	Jiangxi	99.3	98.6	106.5	114.5	110.0	108.6	107.9	114.2	100.5	114.2
山　东	Shandong	100.0	98.7	105.7	113.4	105.9	104.3	104.8	113.1	104.2	110.3
河　南	Henan	101.9	97.6	107.8	115.7	108.3	105.3	106.4	111.9	104.9	111.4
湖　北	Hubei	100.2	97.7	108.2	113.1	107.0	104.9	104.5	110.9	104.4	111.3
湖　南	Hunan	101.1	99.3	106.7	114.4	109.4	106.5	106.1	112.0	101.6	112.6
广　东	Guangdong	99.1	96.3	104.1	110.7	105.0	103.6	103.3	107.9	100.3	107.6
广　西	Guangxi	103.7	95.6	101.2	116.3	108.2	111.4	106.1	110.6	108.5	113.0
海　南	Hainan		101.5	102.2	105.9	104.2	101.5	105.0	111.6	94.3	113.1
重　庆	Chongqing	99.5	99.2	104.9	110.3	108.2	104.8	106.2	112.2	102.2	107.9
四　川	Sichuan	98.5	97.6	101.7	112.0	109.3	104.3	105.7	112.4	102.4	109.1
贵　州	Guizhou	100.2	97.6	106.0	109.6	107.4	107.3	107.5	112.5	100.1	111.7
云　南	Yunnan	99.4	99.1	102.7	113.0	106.5	107.6	108.2	111.6	101.5	109.0
西　藏	Tibet										
陕　西	Shaanxi	100.5	98.8	104.8	110.4	107.5	106.7	106.3	111.2	102.2	108.7
甘　肃	Gansu	101.4	98.4	105.6	112.5	109.9	108.8	104.3	110.2	104.0	110.3
青　海	Qinghai	99.1	102.8	101.8	108.5	105.3	102.8	104.4	110.4	100.5	109.5
宁　夏	Ningxia	102.5	97.8	106.8	117.3	109.7	108.5	107.1	121.8	100.0	117.5
新　疆	Xinjiang	98.9	94.9	114.8	118.2	110.7	111.1	103.8	117.8	115.1	116.3

表 5-6 续表 2 Continued

省(区、市)	Region	2011	2012	2013	2014	2015	2016	2017	2018	2019	2020	2021	2022
全 国	**Nation**	**106.0**	**98.2**	**98.0**	**97.8**	**93.9**	**98.0**	**108.1**	**104.1**	**99.3**	**97.7**	**111.0**	**106.1**
北 京	Beijing	102.3	98.7	97.8	98.8	93.7	98.5	104.4	100.8	99.6	99.5	103.7	106.2
天 津	Tianjin	103.8	97.1	97.4	97.1	92.4	98.3	111.1	106.2	98.8	96.9	114.7	104.4
河 北	Hebei	107.7	96.2	97.6	95.6	90.3	98.3	114.5	104.0	102.1	98.4	119.8	104.7
山 西	Shanxi	107.5	98.1	95.5	96.2	93.1	98.1	115.2	105.5	101.1	97.2	116.3	109.7
内蒙古	Inner Mongolia	107.8	102.0	99.3	98.4	95.9	97.4	106.3	102.4	101.1	99.5	128.0	111.2
辽 宁	Liaoning	106.5	99.0	98.5	98.0	93.5	97.9	108.0	104.5	100.8	98.2	115.0	110.1
吉 林	Jilin	105.4	99.3	99.4	99.2	96.6	97.8	103.4	103.5	99.2	98.7	106.2	104.6
黑龙江	Heilongjiang	112.0	98.8	98.7	97.6	88.2	96.0	110.2	109.0	100.3	95.1	110.5	110.0
上 海	Shanghai	107.5	94.7	96.5	95.9	90.6	97.7	108.9	105.2	98.7	96.9	107.3	104.9
江 苏	Jiangsu	106.2	95.8	97.1	97.0	92.1	98.0	109.7	104.6	97.2	96.5	113.8	105.8
浙 江	Zhejiang	105.0	96.7	97.7	98.2	94.5	97.8	109.6	105.1	97.1	95.9	114.5	106.1
安 徽	Anhui	108.3	98.2	96.9	97.2	93.5	98.4	109.2	105.3	99.9	98.5	111.5	104.0
福 建	Fujian	103.9	97.7	98.4	98.3	96.1	98.0	105.3	102.8	99.0	98.6	109.2	105.2
江 西	Jiangxi	111.3	98.3	98.4	98.4	93.6	97.7	107.2	103.2	98.2	97.0	112.3	109.4
山 东	Shandong	106.0	99.2	98.4	98.2	95.0	98.0	107.3	103.6	99.2	97.5	109.5	105.8
河 南	Henan	107.2	99.2	99.3	98.4	95.4	99.2	107.3	104.0	101.2	99.4	109.5	105.7
湖 北	Hubei	106.6	98.9	98.2	97.8	92.8	98.3	108.3	104.8	99.3	98.4	108.5	107.8
湖 南	Hunan	108.5	100.1	98.4	97.9	94.5	98.0	107.2	103.5	100.2	98.9	108.1	104.8
广 东	Guangdong	103.7	99.5	98.2	98.8	95.3	98.0	105.3	102.5	99.2	97.4	108.0	104.1
广 西	Guangxi	108.5	99.2	98.9	98.2	95.7	98.3	106.5	103.4	99.5	98.5	110.7	107.3
海 南	Hainan	108.8	99.6	97.0	99.0	88.5	94.8	112.4	110.8	103.1	92.0	116.5	119.8
重 庆	Chongqing	107.3	99.5	97.6	98.1	97.1	98.4	104.4	102.5	100.1	99.9	107.2	104.4
四 川	Sichuan	105.4	100.0	99.2	98.7	96.7	98.8	108.3	105.3	100.6	98.1	107.5	105.8
贵 州	Guizhou	104.7	102.3	96.4	98.6	97.5	98.5	109.7	103.4	99.4	98.6	112.0	111.2
云 南	Yunnan	104.3	99.3	98.8	99.0	96.9	95.9	106.2	104.4	99.0	97.3	108.9	107.9
西 藏	Tibet												
陕 西	Shaanxi	107.2	100.0	99.3	98.5	95.2	95.9	106.4	104.2	100.3	97.6	116.3	106.2
甘 肃	Gansu	111.0	98.7	97.8	97.6	87.0	94.6	115.5	109.8	99.0	94.1	118.1	113.5
青 海	Qinghai	107.4	98.6	98.8	97.6	97.7	96.2	108.0	104.5	98.2	96.1	111.5	114.0
宁 夏	Ningxia	109.5	99.5	97.0	97.0	92.1	96.9	112.9	106.5	97.5	94.7	120.8	117.6
新 疆	Xinjiang	114.8	97.9	97.8	97.5	84.3	95.5	112.8	109.2	100.0	93.4	115.0	114.6

主要统计指标解释

■居民消费价格指数

居民消费价格指数是度量一组代表性消费商品及服务项目价格水平随着时间而变动的相对数，反映居民家庭购买的消费品及服务价格水平的变动情况。它是宏观经济分析和决策、价格总水平监测和调控以及国民经济核算的重要指标。其按年度计算的变动率通常被用来作为反映通货膨胀或紧缩程度的指标。

■商品零售价格指数

商品零售价格指数是反映一定时期内城乡商品零售价格变动趋势和程度的相对数。商品零售价格的变动直接影响城乡居民的生活支出和国家的财政收入，影响居民购买力和市场供需的平衡，影响消费与积累的比例关系。因此，该指数可以从一个侧面对上述经济活动进行观察和分析。

■工业生产者出厂价格指数

是反映一定时期内全部工业产品出厂价格的变动趋势和程度的统计指标，包括工业企业售给本企业以外所有单位的各种产品和直接售给居民用于生活消费的产品，可用于扣除工业总产值及增加值中价格变动因素的影响。

■工业生产者购进价格指数

是反映工业企业作为生产投入，从物资交易市场和能源、原材料生产企业购买原材料、燃料和动力产品的价格变动趋势和程度的统计指标，可用于扣除工业企业物质消耗成本中价格变动因素的影响。

Explanatory Notes on Main Statistical Indicators

■Consumer Price Index

It is an index that reflects the time–based change of prices of a group of representative consumption commodities and services. It is an important reference factor for macro– economic analysis and strategy, monitoring and adjustment of overall price level and the national economic budgeting. The year–on–year change of the index is often a norm reflecting the inflation or deflation.

■Retail Price Index

It reflects the trend and degree of change in retail prices of commodities during a given period. The change in retail prices of commodities directly affect the living expenditure of urban and rural residents, government revenue, purchasing power of residents and the equilibrium of market supply and demand, and the ratio of consumption to accumulation. Therefore, the retail price indices are useful to analyse the changes of the above economic activities.

■Producer Price Index for Industrial Products

Producer Price Index for Industrial Products reflects the trend and degree of changes in general sales prices of all industrial products during a given period, including sales of industrial products by an industrial enterprise to all units outside this enterprise, as well as sales of consumer goods to residents. It can be used to remove the impact of price changes on gross output value and value– added of the industrial sector.

■Purchasing Price Index for Industrial Producers

Purchasing Price Index for Industrial Producers reflects the trend and degree of changes in prices paid by industrial enterprises when they purchase productive inputs such as raw materials, fuels and power from the market or from other enterprises during a given period. It can be used to measure the real consumption of inputs of industrial enterprises by removing the impact of price changes.

Chapter 6
第六篇

长三角主要经济发展指标

ECONOMIC DEVELOPMENT INDICATORS IN THREE PROVINCES AND ONE CITY OF THE YANGTZE RIVER DELTA

简要说明

本篇章主要内容和资料来源

一、本篇资料主要包括长三角三省一市主要经济发展指标、各项价格指数变动情况和居民收支调查等民生数据。

二、本篇资料数据主要由国家统计局；上海市统计局、江苏省统计局、浙江省统计局、安徽省统计局；国家统计局上海调查总队、国家统计局江苏调查总队、国家统计局浙江调查总队、国家统计局安徽调查总队提供。

BRIEF INTRODUCTION

Main Contents and Sources of Data

Ⅰ. This chapter consists of three indicators in three Provinces and one City of the Yangtze River Delta: statistics on economic development and price indices, statistics on income, expenditure and living conditions of residents survey and other people's livelihood surveys.

Ⅱ. Data in this chapter come from National Bureau of Statistics of China, National Bureau of Statistics of Shanghai, National Bureau of Statistics of Jiangsu, National Bureau of Statistics of Zhejiang, National Bureau of Statistics of Anhui, NBS Survey Office in Shanghai, NBS Survey Office in Jiangsu, NBS Survey Office in Zhejiang and NBS Survey Office in Anhui.

长三角地区行政区划
Administrative Districts of the Yangtze River Delta

表 6-1

省(市)名	Province (City)	个数 Number	辖市(区)名称 Administrative Districts
上海市	Shanghai	16	浦东新区、黄浦区、徐汇区、长宁区、静安区、普陀区、虹口区、杨浦区、闵行区、宝山区、嘉定区、金山区、松江区、青浦区、奉贤区、崇明区
江苏省	Jiangsu	13	南京市、无锡市、徐州市、常州市、苏州市、南通市、连云港市、淮安市、盐城市、扬州市、镇江市、泰州市、宿迁市
浙江省	Zhejiang	11	杭州市、宁波市、温州市、嘉兴市、湖州市、绍兴市、金华市、衢州市、舟山市、台州市、丽水市
安徽省	Anhui	16	合肥市、芜湖市、蚌埠市、淮南市、马鞍山市、淮北市、铜陵市、安庆市、黄山市、滁州市、阜阳市、宿州市、六安市、亳州市、池州市、宣城市

长三角三省一市主要指标(2019)

表 6-2

指　标	Indicators	单　位　Unit	上　海　Shanghai 绝对量 Absolute Value	增长(%) Growth Rate (%)
行政区域面积	Administrative Area	平方公里 square kilometer	6 341	
年末常住人口	Year-end Resident Population	万人 10 000 persons	2 428.14	0.2
地区生产总值	Gross Regional Product	亿元 100 million yuan	38 155.32	6.0
第一产业	Primary Industry	亿元 100 million yuan	103.88	-5.0
第二产业	Secondary Industry	亿元 100 million yuan	10 299.16	0.5
第三产业	Tertiary Industry	亿元 100 million yuan	27 752.28	8.2
规模以上工业增加值	Industrial Added Value above the Set Scale	亿元 100 million yuan		0.4
规模以上工业利润总额	Industrial Profit above the Set Scale	亿元 100 million yuan	2 906.25	-13.7
社会消费品零售总额	Total Retail Sales of Consumer Goods	亿元 100 million yuan	13 497.21	6.5
固定资产投资总额	Investment in Fixed Assets	亿元 100 million yuan		5.1
#工　业	Industry	亿元 100 million yuan		11.3
房地产开发	Investment in Real Estate	亿元 100 million yuan		4.9
地方一般公共预算收入	Local General Budgetary Revenue	亿元 100 million yuan	7 165.10	0.8
地方一般公共预算支出	Local General Budgetary Expenditure	亿元 100 million yuan	8 179.28	-2.1
进出口总额	Total Value of Foreign Trade Imports and Exports	亿元 100 million yuan	34 046.82	0.1
进　口	Imports	亿元 100 million yuan	20 325.91	-0.1
出　口	Exports	亿元 100 million yuan	13 720.91	0.4
全体居民人均可支配收入	Per Capita Annual Disposable Income of Residents	元 yuan	69 442	8.2
城镇常住居民人均可支配收入	Per Capita Annual Disposable Income of Urban Households	元 yuan	73 615	8.2
农村常住居民人均可支配收入	Per Capita Annual Disposable Income of Rural Household	元 yuan	33 195	9.3
全体居民人均消费支出	Per Capita Consumption Expenditure of Residents	元 yuan	45 605	5.2
城镇常住居民人均消费支出	Per Capita Consumption Expenditure of Urban Households	元 yuan	48 272	4.9
农村常住居民人均消费支出	Per Capita Consumption Expenditure of Rural Households	元 yuan	22 449	12.4
居民消费价格指数	Consumer Price Index	上年同期=100 preceding year=100	102.5	
商品零售价格指数	Retail Price Index	上年同期=100 preceding year=100	100.4	
工业生产者出厂价格指数	Producer Price Index for Industrial Products	上年同期=100 preceding year=100	98.8	
工业生产者购进价格指数	Purchasing Price Index for Industrial Producers	上年同期=100 preceding year=100	98.7	
全社会用电量	Electricity Power Consumption	亿千瓦时 100 million kW・h	1 568.58	0.1
#工　业	Industry	亿千瓦时 100 million kW・h	748.39	-4.1

Major Indicators in Three Provinces and One City of The Yangtze River Delta(2019)

江　苏 Jiangsu		浙　江 Zhejiang		安　徽 Anhui	
绝对量 Absolute Value	增长(%) Growth Rate (%)	绝对量 Absolute Value	增长(%) Growth Rate (%)	绝对量 Absolute Value	增长(%) Growth Rate (%)
107 217		105 585		140 100	
8 070.00	0.2	5 850.00	2.0	6 365.90	0.7
99 631.52	6.1	62 351.74	6.8	37 114.00	7.5
4 296.28	1.3	2 097.38	2.0	2 915.70	3.2
44 270.51	5.9	26 566.60	5.9	15 337.90	8.0
51 064.73	6.6	33 687.76	7.8	18 860.40	7.7
	6.2		6.6		7.3
6 733.77	-5.4	4 759.47	5.4	2 159.60	3.7
35 291.19	6.2	27 176.41	8.7	13 377.70	10.6
	5.1		10.1		9.2
	3.9		9.7		8.7
	9.4		7.4		11.7
8 802.36	2.0	7 048.00	6.8	3 182.50	4.4
12 573.62	7.9	10 052.99	16.5	7 391.00	12.5
43 379.73	-1.0	30 831.90	8.1	4 737.30	14.4
16 171.10	-5.7	7 762.13	5.8	1 952.75	11.2
27 208.63	2.1	23 069.77	9.0	2 784.55	16.7
41 400	8.7	49 899	8.9	26 415	10.1
51 056	8.2	60 182	8.3	37 540	9.1
22 675	8.8	29 876	9.4	15 416	10.1
26 697	6.8	32 026	8.7	19 137	12.3
31 329	6.3	37 508	8.4	23 782	10.5
17 716	6.9	21 352	8.3	14 546	14.1
103.1		102.9		102.7	
102.6		102.5		101.9	
98.9		98.9		100.3	
97.2		97.1		99.9	
6 264.36	2.2	4 706.22	3.8	2 300.70	7.8
4 453.35	1.3	3 243.50	2.1	1 459.60	6.4

长三角三省一市主要指标(2020)

表 6-3

指　标	Indicators	单　位 Unit	上　海 Shanghai 绝对量 Absolute Value	增长(%) Growth Rate (%)
行政区域面积	Administrative Area	平方公里 square kilometer	6 341	
年末常住人口	Year-end Resident Population	万人 10 000 persons	2 488.36	
地区生产总值	Gross Regional Product	亿元 100 million yuan	38 700.58	1.7
第一产业	Primary Industry	亿元 100 million yuan	103.57	-8.2
第二产业	Secondary Industry	亿元 100 million yuan	10 289.47	1.3
第三产业	Tertiary Industry	亿元 100 million yuan	28 307.54	1.8
规模以上工业增加值	Industrial Added Value above the Set Scale	亿元 100 million yuan		1.7
规模以上工业利润总额	Industrial Profit above the Set Scale	亿元 100 million yuan	2 831.81	-2.3
社会消费品零售总额	Total Retail Sales of Consumer Goods	亿元 100 million yuan	15 932.50	0.5
固定资产投资总额	Investment in Fixed Assets	亿元 100 million yuan		10.3
#工　业	Industry	亿元 100 million yuan		15.9
房地产开发	Investment in Real Estate	亿元 100 million yuan		11.0
地方一般公共预算收入	Local General Budgetary Revenue	亿元 100 million yuan	7 046.30	-1.7
地方一般公共预算支出	Local General Budgetary Expenditure	亿元 100 million yuan	8 102.11	-0.9
进出口总额	Total Value of Foreign Trade Imports and Exports	亿元 100 million yuan	34 828.47	2.3
进　口	Imports	亿元 100 million yuan	21 103.11	3.8
出　口	Exports	亿元 100 million yuan	13 725.36	0.0
全体居民人均可支配收入	Per Capita Annual Disposable Income of Residents	元 yuan	72 232	4.0
城镇常住居民人均可支配收入	Per Capita Annual Disposable Income of Urban Households	元 yuan	76 437	3.8
农村常住居民人均可支配收入	Per Capita Annual Disposable Income of Rural Household	元 yuan	34 911	5.2
全体居民人均消费支出	Per Capita Consumption Expenditure of Residents	元 yuan	42 536	-6.7
城镇常住居民人均消费支出	Per Capita Consumption Expenditure of Urban Households	元 yuan	44 839	-7.1
农村常住居民人均消费支出	Per Capita Consumption Expenditure of Rural Households	元 yuan	22 095	-1.6
居民消费价格指数	Consumer Price Index	上年同期=100 preceding year=100	101.7	
商品零售价格指数	Retail Price Index	上年同期=100 preceding year=100	100.9	
工业生产者出厂价格指数	Producer Price Index for Industrial Products	上年同期=100 preceding year=100	98.3	
工业生产者购进价格指数	Purchasing Price Index for Industrial Producers	上年同期=100 preceding year=100	96.9	
全社会用电量	Electricity Power Consumption	亿千瓦时 100 million kW·h	1 575.96	0.5
#工　业	Industry	亿千瓦时 100 million kW·h	769.46	2.8

Major Indicators in Three Provinces and One City of the Yangtze River Delta(2020)

江　苏 Jiangsu		浙　江 Zhejiang		安　徽 Anhui	
绝对量 Absolute Value	增长(%) Growth Rate (%)	绝对量 Absolute Value	增长(%) Growth Rate (%)	绝对量 Absolute Value	增长(%) Growth Rate (%)
107 217		105 585		140 140	
8 477.26		6 468.00		6 105.00	
102 718.98	3.7	64 613.34	3.6	38 680.63	3.9
4 536.72	1.7	2 169.23	1.3	3 184.68	2.2
44 226.43	3.7	26 413.95	3.1	15 671.69	5.2
53 955.83	3.8	36 031.16	4.1	19 824.26	2.8
	6.1		5.4		6.0
7 622.80	10.1	5 544.59	14.7	2 294.21	5.1
37 086.06	-1.6	26 629.81	-2.6	18 333.69	2.6
	0.3		5.4		5.1
	-5.2		6.7		-4.3
	9.7		6.8		5.6
9 058.99	2.9	7 248.00	2.8	3 215.96	1.0
13 682.47	8.8	10 081.87	0.3	7 470.96	1.1
44 500.50	2.6	33 807.99	9.6	5 406.37	14.1
17 056.21	5.5	8 627.85	11.2	2 245.09	15.0
27 444.30	0.9	25 180.14	9.1	3 161.28	13.5
43 390	4.8	52 397	5.0	28 103	6.4
53 102	4.0	62 699	4.2	39 442	5.1
24 198	6.7	31 930	6.9	16 620	7.8
26 225	-1.8	31 295	-2.3	18 877	-1.4
30 882	-1.4	36 197	-3.5	22 683	-4.6
17 022	-3.9	21 555	1.0	15 024	3.3
102.5		102.3		102.7	
101.8		101.2		101.6	
97.8		96.9		99.1	
96.5		95.9		98.5	
6 373.71	1.7	4 829.68	2.6	2 427.50	5.5
4 523.11	1.6	3 300.37	1.8	1 550.22	6.2

长三角三省一市主要指标(2021)

表 6-4

指 标	Indicators	单 位 Unit	上 海 Shanghai	
			绝对量 Absolute Value	增长(%) Growth Rate (%)
行政区域面积	Administrative Area	平方公里 square kilometer	6 341	
年末常住人口	Year-end Resident Population	万人 10 000 persons	2 489.43	
地区生产总值	Gross Regional Product	亿元 100 million yuan	43 214.85	8.1
第一产业	Primary Industry	亿元 100 million yuan	99.97	-6.5
第二产业	Secondary Industry	亿元 100 million yuan	11 449.32	9.4
第三产业	Tertiary Industry	亿元 100 million yuan	31 665.56	7.6
规模以上工业增加值	Industrial Added Value above the Set Scale	亿元 100 million yuan		11.0
规模以上工业利润总额	Industrial Profit above the Set Scale	亿元 100 million yuan	3 052.33	6.3
社会消费品零售总额	Total Retail Sales of Consumer Goods	亿元 100 million yuan	18 079.25	13.5
固定资产投资总额	Investment in Fixed Assets	亿元 100 million yuan		8.1
#工 业	Industry	亿元 100 million yuan		8.2
房地产开发	Investment in Real Estate	亿元 100 million yuan		7.2
地方一般公共预算收入	Local General Budgetary Revenue	亿元 100 million yuan	7 771.80	10.3
地方一般公共预算支出	Local General Budgetary Expenditure	亿元 100 million yuan	8 430.86	4.1
进出口总额	Total Value of Foreign Trade Imports and Exports	亿元 100 million yuan	40 610.35	16.5
进 口	Imports	亿元 100 million yuan	24 891.68	17.7
出 口	Exports	亿元 100 million yuan	15 718.67	14.6
全体居民人均可支配收入	Per Capita Annual Disposable Income of Residents	元 yuan	78 027	8.0
城镇常住居民人均可支配收入	Per Capita Annual Disposable Income of Urban Households	元 yuan	82 429	7.8
农村常住居民人均可支配收入	Per Capita Annual Disposable Income of Rural Household	元 yuan	38 521	10.3
全体居民人均消费支出	Per Capita Consumption Expenditure of Residents	元 yuan	48 879	14.9
城镇常住居民人均消费支出	Per Capita Consumption Expenditure of Urban Households	元 yuan	51 295	14.4
农村常住居民人均消费支出	Per Capita Consumption Expenditure of Rural Households	元 yuan	27 205	23.1
居民消费价格指数	Consumer Price Index	上年同期=100 preceding year=100	101.2	
商品零售价格指数	Retail Price Index	上年同期=100 preceding year=100	101.3	
工业生产者出厂价格指数	Producer Price Index for Industrial Products	上年同期=100 preceding year=100	102.1	
工业生产者购进价格指数	Purchasing Price Index for Industrial Producers	上年同期=100 preceding year=100	107.3	
全社会用电量	Electricity Power Consumption	亿千瓦时 100 million kW·h	1 749.62	11.0
#工 业	Industry	亿千瓦时 100 million kW·h	851.49	10.7

Major Indicators in Three Provinces and one City of the Yangtze River Delta(2021)

江 苏 Jiangsu		浙 江 Zhejiang		安 徽 Anhui	
绝对量 Absolute Value	增长(%) Growth Rate (%)	绝对量 Absolute Value	增长(%) Growth Rate (%)	绝对量 Absolute Value	增长(%) Growth Rate (%)
107 217		105 585		140 140	
8 505.40		6 540.00		6 113.00	
116 364.20	8.6	73 515.76	8.5	42 959.18	8.3
4 722.42	3.1	2 209.09	2.2	3 360.59	7.4
51 775.39	10.1	31 188.57	10.2	17 613.19	7.9
59 866.39	7.7	40 118.10	7.6	21 985.39	8.7
	12.8		12.9		8.9
9 358.13	25.7	6 789.00	21.0	2 669.89	13.6
42 702.65	15.1	29 210.54	9.7	21 471.16	17.1
	5.8		10.8		9.4
	12.1		17.8		13.5
	2.3		8.5		3.1
10 015.16	10.6	8 262.57	14.0	3 498.19	8.8
14 585.96	6.6	11 016.87	9.3	7 592.14	1.6
52 130.59	17.1	41 429.00	22.4	6 920.21	26.9
19 598.26	14.9	11 308.00	30.3	2 825.43	23.4
32 532.33	18.6	30 121.00	19.7	4 094.78	29.5
47 498	9.5	57 541	9.8	30 904	10.0
57 743	8.7	68 487	9.2	43 009	9.0
26 791	10.7	35 247	10.4	18 368	10.5
31 451	19.9	36 668	17.2	21 911	16.1
36 558	18.4	42 193	16.6	26 495	16.8
21 130	24.1	25 415	17.9	17 163	14.2
101.6		101.5		100.9	
102.3		102.2		101.6	
106.3		106.3		107.7	
113.8		114.5		111.5	
7 101.16	11.4	5 514.11	14.2	2 715.47	11.9
4 979.99	10.1	3 767.51	14.2	1 721.30	11.0

长三角三省一市主要指标(2022)

表 6-5

指 标	Indicators	单 位 Unit	上 海 Shanghai	
			绝对量 Absolute Value	增长(%) Growth Rate (%)
行政区域面积	Administrative Area	平方公里 square kilometer	6 341	
年末常住人口	Year-end Resident Population	万人 10 000 persons	2 475.89	
地区生产总值	Gross Regional Product	亿元 100 million yuan	44 652.80	-0.2
第一产业	Primary Industry	亿元 100 million yuan	96.95	-3.5
第二产业	Secondary Industry	亿元 100 million yuan	11 458.43	-1.6
第三产业	Tertiary Industry	亿元 100 million yuan	33 097.42	0.3
规模以上工业增加值	Industrial Added Value above the Set Scale	亿元 100 million yuan		-0.6
规模以上工业利润总额	Industrial Profit above the Set Scale	亿元 100 million yuan	2 788.19	-11.7
社会消费品零售总额	Total Retail Sales of Consumer Goods	亿元 100 million yuan	16 442.14	-9.1
固定资产投资总额	Investment in Fixed Assets	亿元 100 million yuan		-1.0
#工 业	Industry	亿元 100 million yuan		0.6
房地产开发	Investment in Real Estate	亿元 100 million yuan		-1.1
地方一般公共预算收入	Local General Budgetary Revenue	亿元 100 million yuan	7 608.19	-2.1
地方一般公共预算支出	Local General Budgetary Expenditure	亿元 100 million yuan	9 393.16	11.4
进出口总额	Total Value of Foreign Trade Imports and Exports	亿元 100 million yuan	41 902.75	3.2
进 口	Imports	亿元 100 million yuan	24 768.53	-0.5
出 口	Exports	亿元 100 million yuan	17 134.21	9.0
全体居民人均可支配收入	Per Capita Annual Disposable Income of Residents	元 yuan	79 610	2.0
城镇常住居民人均可支配收入	Per Capita Annual Disposable Income of Urban Households	元 yuan	84 034	1.9
农村常住居民人均可支配收入	Per Capita Annual Disposable Income of Rural Household	元 yuan	39 729	3.1
全体居民人均消费支出	Per Capita Consumption Expenditure of Residents	元 yuan	46 045	-5.8
城镇常住居民人均消费支出	Per Capita Consumption Expenditure of Urban Households	元 yuan	48111	-6.2
农村常住居民人均消费支出	Per Capita Consumption Expenditure of Rural Households	元 yuan	27 430	0.8
居民消费价格指数	Consumer Price Index	上年同期=100 preceding year=100	102.5	
商品零售价格指数	Retail Price Index	上年同期=100 preceding year=100	101.7	
工业生产者出厂价格指数	Producer Price Index for Industrial Products	上年同期=100 preceding year=100	102.6	
工业生产者购进价格指数	Purchasing Price Index for Industrial Producers	上年同期=100 preceding year=100	104.9	
全社会用电量	Electricity Power Consumption	亿千瓦时 (100 million kW·h)	1 745.55	-0.2
#工 业	Industry	亿千瓦时 (100 million kW·h)	809.84	-4.9

Major Indicators in Three Provinces and one City of the Yangtze River Delta(2022)

江 苏 Jiangsu		浙 江 Zhejiang		安 徽 Anhui	
绝对量 Absolute Value	增长(%) Growth Rate (%)	绝对量 Absolute Value	增长(%) Growth Rate (%)	绝对量 Absolute Value	增长(%) Growth Rate (%)
107 217		105 585		140 140	
8 515.00		6 577.00		6 127.00	
122 875.60	2.8	77 715.36	3.1	45 045.02	3.5
4 959.38	3.1	2 324.77	3.2	3 513.70	4.0
55 888.74	3.7	33 205.17	3.4	18 588.03	5.1
62 027.50	1.9	42 185.42	2.8	22 943.30	2.2
	5.1		4.2		6.1
9 061.9	-4.2	5 863.61	-14.9	2 449.71	-8.5
42 752.12	0.1	30 467.20	4.3	21 518.41	0.2
	3.8		9.1		9.0
	9.0		19.0		21.8
	-7.9		4.4		-6.2
9 258.88	-7.6	8 039.38	-2.7	3 589.05	2.6
		12 017.70	9.1	8 378.89	10.4
54 454.92	4.8	46 836.56	13.1	7 530.59	8.9
19 639.23	0.4	12 511.20	10.7	2 766.90	-1.9
34 815.68	7.5	34 325.37	14.0	4 763.69	16.4
49 862	5.0	60 302	4.8	32 745	6.0
60 178	4.2	71 268	4.1	45 133	4.9
28 486	6.3	37 565	6.6	19 575	6.5
32 848	4.4	38 971	6.3	22 542	2.9
37 796	3.4	44 511	5.5	26 832	1.3
22 597	6.9	27 483	8.1	17 980	4.8
102.2		102.2		102.0	
102.9		103.2		102.7	
103.2		104.0		103.2	
105.8		106.1		104.0	
7 399.55	4.2	5 799.35	5.2	2 993.22	10.2
5 063.19	1.7	3 800.30	0.9	1 830.72	6.4

主要统计指标解释

■人口数

人口数为每年12月31日的年末总人口。根据统计口径的不同，分为户籍人口和常住人口。户籍人口是指在公安部门办理了户籍登记的人口。常住人口是指实际上经常居住在一个地方(住所)的人口，一般都以在其住所居住半年以上者为常住人口。

■生产总值(原国内生产总值)

指按市场价格计算的一个国家(或地区)所有常住单位在一定时期内生产活动的最终成果。生产总值有三种表现形态，即价值形态、收入形态和产品形态。从价值形态看，它是所有常住单位在一定时期内所生产的全部货物和服务价值超过同期投入的全部非固定资产货物和服务价值的差额，即所有常住单位的增加值之和；从收入形态看，它是所有常住单位在一定时期内所创造并分配给常住单位和非常住单位的初次收入之和；从产品形态看，它是所有常住单位在一定时期内最终使用的货物和服务减去货物和服务的进口价值。在实际核算中，生产总值有三种计算方法，即生产法、收入法和支出法。三种方法分别从不同的方面反映生产总值及其构成。根据国务院和国家统计局有关我国GDP核算和数据发布制度的规定，上海国内生产总值自2004年起更名为“上海市生产总值”，简称“上海市GDP”。

■社会消费品零售总额

指企业(单位、个体户)通过交易直接售给个人、社会集团非生产、非经营用的实物商品金额，以及提供餐饮服务所取得的收入金额。个人包括城乡居民和入境人员，社会集团包括机关、社会团体、部队、学校、企事业单位、居委会或村委会等。

■全社会固定资产投资

固定资产投资是国民经济再生产活动的一个重要部分。固定资产投资额是以货币形式表现的在一定时期内建造和购置固定资产的工作量以及与此有关的费用总称。它是反映固定资产投资规模、结构和发展速度的综合性指标。按照现行国家统计制度，全社会固定资产投资包括建设项目投资、房地产开发投资和农户投资。

■一般公共预算收入

一般公共预算收入是指根据现行财政管理体制规定，划归地方财政的税收收入和非税收入。

■一般公共预算支出

一般公共预算支出是指按照现行中央政府与地方政府事权的划分，经地方人大批准，用于保障地方经济社会发展的各项财政支出。主要包括一般公共服务，公共安全，教育，科学技术，文化体育与传媒，社会保障和就业，卫生健康支出，环境保护，城乡社区，农林水事务，交通运输等支出。

■进出口总额

指海关统计中按经营单位即进出口企业在海关注册地的行政区域口径统计的数据,它反映的是行政辖区内各类具有进出口经营权企业(外贸企业)的进出口。

■居民可支配收入(城镇/农村常住居民)

指居民可用于最终消费支出和储蓄的总和,即居民可用于自由支配的收入。既包括现金收入,也包括实物收入。按照收入的来源,可支配收入包含四项,分别为:工资性收入、经营净收入、财产净收入和转移净收入。

■居民消费支出(城镇/农村常住居民)

指居民用于满足家庭日常生活消费需要的全部支出,既包括现金消费支出,也包括实物消费支出。消费支出可划分为食品烟酒、衣着、居住、生活用品及服务、交通通信、教育文化娱乐、医疗保健以及其他用品及服务八大类。

■居民消费价格指数

指度量一组代表性消费商品及服务项目价格水平随着时间而变动的相对数,反映居民家庭购买的消费品及服务价格水平的变动情况。它是宏观经济分析和决策、价格总水平监测和调控以及国民经济核算的重要指标。其按年度计算的变动率通常被用来作为反映通货膨胀或紧缩程度的指标。

现行的居民消费价格指数按用途分为八个大类,包括食品烟酒、衣着、居住、生活用品及服务、交通和通信、教育文化和娱乐、医疗保健、其他用品和服务。

■商品零售价格指数

是反映一定时期内城乡商品零售价格变动趋势和程度的相对数。商品零售价格的变动直接影响城乡居民的生活支出和国家的财政收入,影响居民购买力和市场供需的平衡,影响消费与积累的比例关系。因此,该指数可以从一个侧面对上述经济活动进行观察和分析。

■工业生产者出厂价格指数

是反映一定时期内全部工业产品出厂价格的变动趋势和程度的统计指标,包括工业企业售给本企业以外所有单位的各种产品和直接售给居民用于生活消费的产品,可用于扣除工业总产值及增加值中价格变动因素的影响。

■工业生产者购进价格指数

是反映工业企业作为生产投入,从物资交易市场和能源、原材料生产企业购买原材料、燃料和动力产品的价格变动趋势和程度的统计指标,可用于扣除工业企业物质消耗成本中价格变动因素的影响。

Explanatory Notes on Main Statistical Indicators

■Population

Population refers to the total population by December 31 every year. According to different statistical approaches, there are two definitions of population named as population with registered residence and population with permanent residence. The former refers to the population with registration in the police while the latter refers to the population that actually reside in a place (residence) permanently, usually longer than half a year.

■Gross Regional Product(former Gross Domestic Product)

Gross Regional Product refers to the final products at market prices by (of) all resident units of a country (or region) during a certain period of time. Gross product is expressed in three different forms, i.e value, income, and products respectively. The form of value refers to the total value of all products and services produced by all resident units during a certain period of time minus the total value of input of non-fixed-assets products and services or the summation of the value-added of all resident units; the form of income includes all the income items produced by all resident units and distributed primarily to all resident and non-resident units; the form of product refers to all final goods and services minus the value of imports of goods and services. In the practice of national accounting, it is calculated by three approaches, i.e. product approach, income approach, and expenditure approach, respectively, to reflect Gross Product and its composition of different aspects. According to the regulations of GDP national accounting and data release issued by the State Council and National Bureau of Statistics, since 2004 Shanghai Gross Domestic Product has been renamed as Shanghai Gross Product Value, for short Shanghai GDP.

■Total Retail Sales of Consumer Goods

Total Retail Sales of Consumer Goods refer to the revenue received by enterprises (units, self-employed individuals) through direct sales of non-production and non-business physical commodities to individuals and social institutions, and revenue from providing catering services. Individuals include rural and urban households, population from abroad, social institutions include government agencies, social organizations, military units, schools, institutions, neighbourhood (village) committees, etc.

■Total Investment in Fixed Assets

Investment in Fixed Assets constitutes an important portion of the national economic reproduction. Fixed assets investment is a general term for both the work volume of production and purchase of fixed assets and relevant expenditure, in the form of currency, during a certain period. It is a comprehensive indicator of scale, structure and development speed of fixed assets investment. As stipulated in the current national statistics regulations, the social fixed assets investment includes the investment into infrastructure and reformation, real estate development, urban and rural collective economic bodies, private house construction in urban and rural areas and other economic bodies.

■General Budgetary Revenue

General Budgetary Revenue refers to the tax revenue and non-tax revenue collected by the local government as defined by the finance management system.

■General Budgetary Expenditure

General Budgetary Expenditure refers to the fiscal expenditure demarcated on the basis of the classification of the affairs administration rights between the central government and local government. It is approved by the local people's congress and used for the development of local economy and society. Local fiscal expenditure mainly includes the expenditure for general public services, public security, education, science and technology, culture, sport and media, social safety and employment, health expenditure, environment protection, urban and rural community affairs, agriculture, forestry and water conservancy and transportation, etc.

■Total Value of Foreign Trade Imports and Exports

Total Value of Foreign Trade Imports and Exports is offered by Customs authorities, covering the operation units, or the enterprises involved in import and export, that have registered in the administrative regions where the Customs operate. It reflects the import and export of all the enterprises with import and export rights (foreign trade enterprises) under the administration Municipality.

■Disposable Income of Households (usual resident households in urban/rural areas)

It refers to the income of households for purpose of final expenditure and savings. It includes income both in cash and in kind. By sources of income, disposable income includes four categories: income from wages and salaries, net business income, net income from properties and net income from transfer.

■Consumption Expenditure of Households (usual resident households in urban/rural areas)

It refers to all expenditure of households for living expenditure to satisfy family daily living. It includes expenditure in cash and in kind. It includes eight categories: food, tobacco and liquor; clothing; residence; household facilities, articles and services; transportation and communications; education, culture and recreation; health care and medical services, and miscellaneous goods and services.

■Consumer Price Index

It is an index that reflects the time–based change of prices of a group of representative consumption commodities and services. It is an important reference factor for macro–economic analysis and strategy, monitoring and adjustment of overall price level and the national economic budgeting. The year–on–year change of the index is often a norm reflecting the inflation or deflation.

The current CPI covers eight categories of goods and services: food,tobacco and alcohol, clothing, residence, articles for daily use and services, transportation and communication, education, culture and recreation, health care, and other articles and services.

■Retail Price Index

It reflects the trend and degree of change in retail prices of commodities during a given period. The change in retail prices of commodities directly affect the living expenditure of urban and rural residents, government revenue, purchasing power of residents and the equilibrium of market supply and demand, and the ratio of consumption to accumulation. Therefore, the retail price indices are useful to analyze the changes of the above economic activities.

■Producer Price Index for Industrial Products

Producer Price Index for Industrial Products reflects the trend and degree of changes in general sales prices of all industrial products during a given period, including sales of industrial products by an industrial enterprise to all units outside this enterprise, as well as sales of consumer goods to residents. It can be used to remove the impact of price changes on gross output value and value– added of the industrial sector.

■Purchasing Price Index for Industrial Producers

Purchasing Price Index for Industrial Producers reflects the trend and degree of changes in prices paid by industrial enterprises when they purchase productive inputs such as raw materials, fuels and power from the market or from other enterprises during a given period. It can be used to measure the real consumption of inputs of industrial enterprises by removing the impact of price changes.

Chapter 7
第七篇

从“十八大”到“二十大”特篇

SPECIAL CHAPTER ON ECONOMIC AND LIVELIHOOD INDICATORS FROM THE 18TH CPC NATIONAL CONGRESS TO THE 20TH CPC NATIONAL CONGRESS

简要说明

本篇章主要内容和资料来源

一、本篇资料主要包括"十八大"到"二十大"期间的各项价格指数变动情况和居民收支调查等民生数据。

二、本篇资料数据主要由国家统计局上海调查总队消费价格调查处、生产价格调查处、农业农村调查处和居民收支调查处组织实施,依据国家统计局统一制定的统计调查制度,由上海调查总队直接以及通过区调查队从基层采集原始价格数据汇总后上报。

BRIEF INTRODUCTION

Main Contents and Sources of Data

Ⅰ. This article mainly includes various price index changes and livelihood data such as household income and expenditure surveys during the period from the 18th CPC National Congress to the 20th CPC National Congress.

Ⅱ. Data in this chapter are organized and compiled by NBS Survey Office in Shanghai, are collected from the grassroots units or survey offices in districts in accordance with the scheme of survey system stipulated by the National Bureau of Statistics.

主要价格指数(2012~2022，以上年价格为100)

表7-1

指　标	Indicators	2012年	2013年	2014年	2015年
居民消费价格指数	Consumer Price Index	102.8	102.3	102.7	102.4
商品零售价格指数	Retail Price Index	101.2	100.2	100.9	101.1
工业生产者出厂价格指数	Producer Price Index for Industrial Products	98.4	98.2	98.9	96.1
工业生产者购进价格指数	Purchasing Price Index for Industrial Producers	94.7	96.5	95.9	90.6
农产品生产者价格指数	Producer Price Index for Agriculture Products	101.4	104.1	99.5	102.4

主要价格指数(2012~2022，以2011年价格为100)
(2011=100)

表7-2

指　标	Indicators	2012年	2013年	2014年	2015年
居民消费价格指数	Consumer Price Index	102.8	105.2	108.0	110.6
商品零售价格指数	Retail Price Index	101.2	101.4	102.2	103.4
工业生产者出厂价格指数	Producer Price Index for Industrial Products	98.4	96.6	95.6	91.8
工业生产者购进价格指数	Purchasing Price Index for Industrial Producers	94.7	91.4	87.6	79.4

Price Indices(preceding year=100)

2016 年	2017 年	2018 年	2019 年	2020 年	2021 年	2022 年	2012~2022 年累计上涨(%) (Cumulative Growth Rate during the 2012-2022 Period)
103.2	101.7	101.6	102.5	101.7	101.2	102.5	27.5
100.8	100.9	101.6	100.4	100.9	101.3	101.7	11.5
98.8	103.5	101.7	98.8	98.3	102.1	102.6	-2.8
97.7	108.9	105.2	98.7	96.9	107.3	104.9	-4.3
106.6	98.4	100.5	105.6	106.7	104.4	102.6	36.8

Price Indices(2011=100)

2016 年	2017 年	2018 年	2019 年	2020 年	2021 年	2022 年	2012-2022 年均上涨(%) (Average Annual Growth Rate during the 2012-2022 Period)
114.2	116.1	117.9	120.8	122.9	124.4	127.5	2.2
104.2	105.1	106.8	107.2	108.2	109.6	111.5	1.0
90.7	93.9	95.5	94.4	92.8	94.7	97.2	-0.1
77.6	84.5	88.9	87.7	85.0	91.2	95.6	0.1

居民消费分类价格指数（2012～2015，以上年价格为100）
Consumer Price Indices by Category (preceding year=100)

表7-3

指　标	Indicators	2012年	2013年	2014年	2015年
居民消费价格指数	**Consumer Price Index**	**102.8**	**102.3**	**102.7**	**102.4**
食　品	Food	105.8	104.4	103.2	102.9
烟　酒	Tobacco and Liquors	101.4	100.1	101.0	104.2
衣　着	Clothing	103.0	100.0	103.7	107.8
家庭设备用品及维修服务	Household Facilities, Articles and Repair Services	103.5	101.3	101.8	102.9
医疗保健和个人用品	Health Care and Personal Articles	100.6	100.0	100.4	99.3
交通和通信	Transportation and Communication	100.8	100.4	100.1	97.6
娱乐教育文化用品及服务	Recreation, Education and Culture Articles and Services	99.3	100.1	101.8	100.3
居　住	Residence	102.8	103.9	104.6	104.6

居民消费分类价格指数(2016~2022，以上年价格为100)
Consumer Price Indices by Category(preceding year=100)

表 7-4

指 标	Indicators	2016 年	2017 年	2018 年	2019 年	2020 年	2021 年	2022 年
居民消费价格指数	**Consumer Price Index**	**103.2**	**101.7**	**101.6**	**102.5**	**101.7**	**101.2**	**102.5**
食品烟酒	Food,Tobacco and Alcohol	103.7	101.2	102.3	105.0	105.3	100.5	104.5
衣 着	Clothing	100.8	100.5	98.3	103.2	100.9	99.5	99.0
居 住	Residence	105.1	101.7	100.2	101.9	100.8	101.1	101.0
生活用品及服务	Articles for Daily Use and Services	101.2	101.5	101.4	100.9	99.8	100.7	102.0
交通通信	Transportation and Communication	97.0	100.7	104.0	97.8	96.6	104.0	104.4
教育文化娱乐	Education, Culture and Recreation	102.7	100.9	103.1	101.2	101.1	102.7	103.5
医疗保健	Health Care	109.0	106.6	102.4	103.3	101.2	98.9	102.1
其他用品及服务	Other Articles and Services	103.3	102.6	102.4	103.3	102.9	100.9	100.6

注：2021 年,交通通信、教育文化娱乐和其他用品及服务的中文表述有所调整。
Note: There are some minor adjustments in the Chinese expressions of Transportation and Communication,Education Culture and Recreation,Other Articles and Services in 2021.

居民消费分类价格指数(2012~2015，以2010年价格为100)
Consumer Price Indices by Category(2010=100)

表7-5

指　标	Indicators	2012年	2013年	2014年	2015年
居民消费价格指数	**Consumer Price Index**	**108.2**	**110.6**	**113.6**	**116.3**
食　品	Food	117.3	122.4	126.3	129.9
烟　酒	Tobacco and Liquors	102.8	102.9	103.9	108.3
衣　着	Clothing	107.4	107.3	111.3	120.0
家庭设备用品及维修服务	Household Facilities, Articles and Repair Services	110.8	112.2	114.2	117.5
医疗保健和个人用品	Health Care and Personal Articles	104.7	104.7	105.1	104.4
交通和通信	Transportation and Communication	101.0	101.3	101.4	98.9
娱乐教育文化用品及服务	Recreation, Education and Culture Articles and Services	98.5	98.6	100.4	100.8
居　住	Residence	108.4	112.6	117.8	123.2

居民消费分类价格指数(2016~2020，以2015年价格为100)
Consumer Price Indices by Category (2015=100)

表7-6

指　标	Indicators	2016年	2017年	2018年	2019年	2020年
居民消费价格指数	**Consumer Price Index**	**103.2**	**105.0**	**106.6**	**109.2**	**111.1**
食品烟酒	Food,Tobacco and Alcohol	103.7	105.0	107.4	112.8	118.7
衣　着	Clothing	100.8	101.3	99.6	102.8	103.7
居　住	Residence	105.1	106.9	107.2	109.2	110.1
生活用品及服务	Articles for Daily Use and Services	101.2	102.7	104.2	105.1	104.9
交通和通信	Transportation and Communication	97.0	97.7	101.6	99.3	95.9
教育文化和娱乐	Education, Culture and Recreation	102.7	103.6	106.8	108.2	109.4
医疗保健	Health Care	109.0	116.2	119.0	122.9	124.4
其他用品和服务	Other Articles and Services	103.3	106.0	108.5	112.1	115.4

居民消费分类价格指数(2021~2022，以2020年价格为100)
Consumer Price Indices by Category(2020=100)

表7-7

指　标	Indicators	2021年	2022年
居民消费价格指数	**Consumer Price Index**	**101.2**	**103.9**
食品烟酒	Food,Tobacco and Alcohol	100.5	105.1
衣　着	Clothing	99.5	99.0
居　住	Residence	101.1	102.0
生活用品及服务	Articles for Daily Use and Services	100.7	103.1
交通通信	Transportation and Communication	104.0	107.4
教育文化娱乐	Education, Culture and Recreation	102.7	107.6
医疗保健	Health Care	98.9	101.3
其他用品及服务	Other Articles and Services	100.9	102.9

商品零售价格指数(2012~2015，以上年价格为100)
Retail Price Indices by Category (preceding year=100)

表7-8

指 标	Indicators	2012年	2013年	2014年	2015年
商品零售价格指数	**Retail Price Index**	**101.2**	**100.2**	**100.9**	**101.1**
食 品	Food	105.9	104.5	103.2	102.8
粮 食	Grain	103.0	103.6	102.0	103.0
淀粉及制品	Starch and Derived Products	109.5	101.6	102.5	103.9
干豆类及豆制品	Beans and Bean Products	109.5	103.1	100.4	101.2
油 脂	Oil or Fat	103.8	97.5	95.0	98.0
肉禽及其制品	Meat Poultry and Processed Products	105.1	103.7	101.4	105.3
蛋	Eggs	98.2	102.2	106.0	98.0
水产品	Aquatic Products	105.8	105.0	102.7	101.3
菜	Vegetables	111.1	108.0	101.5	107.5
调味品	Flavouring	103.5	102.4	103.1	104.8
糖	Sugars	103.5	102.0	102.0	102.2
干鲜瓜果	Dried and Fresh Fruits	102.8	107.3	111.6	96.8
糕点饼干面包	Cakes, Biscuits and Bread	102.8	101.7	102.6	101.8
液体乳及乳制品	Milk and Dairy Products	103.8	108.1	110.1	99.2
在外用膳食品	Dining Out	107.8	103.3	101.9	104.1
其它食品	Other Foods	108.1	102.6	103.4	104.2
饮料、烟酒	Beverages, Tobacco and Liquors	102.1	100.1	101.4	103.9
服装、鞋帽	Garments, Shoes and Hats	102.9	99.9	103.6	107.9
纺织品	Textiles	99.5	100.6	99.1	104.1
家用电器及音像器材	Household Appliances and Audio-video Equipment	96.2	94.9	96.5	99.3
文化办公用品	Cultural and Office Articles	94.1	94.9	98.2	99.2
日用品	Articles for Daily Use	102.1	100.2	99.9	101.5
体育娱乐用品	Sports and Recreation Articles	100.0	98.6	98.6	99.4
交通、通信用品	Transportation and Communication Appliances	95.4	96.8	98.8	97.8
家 具	Furniture	103.3	99.7	102.6	101.8
化妆品	Cosmetics	101.1	100.8	102.3	100.1
金银珠宝	Gold and Silver Jewellery	99.2	93.7	93.7	95.2
中西药品及医疗保健用品	Traditional Chinese and Western Medicines and Health Care Articles	100.0	101.0	101.7	100.6
书报杂志及电子出版物	Books, Newspapers, Magazines and Electronic Publications	102.1	100.9	100.6	101.7
燃 料	Fuels	102.0	99.3	99.8	91.2
建筑材料及五金电料	Building Materials and Hardware	102.6	100.6	99.3	99.6

商品零售价格指数(2016~2022，以上年价格为100)

表 7-9

指　标	Indicators	2016 年	2017 年
商品零售价格指数	**Retail Price Index**	**100.8**	**100.9**
食　品	Food	104.1	101.1
粮　食	Grain	100.9	101.7
薯　类	Tubers	113.0	92.6
豆　类	Beans	100.4	100.1
食用油	Edible Oil and Fats	99.9	101.5
菜	Vegetables	110.6	94.9
畜肉类	Meat of Livestock	108.3	99.3
禽肉类	Meat of Poultry	101.6	102.1
水产品	Aquatic Products	107.8	103.5
蛋　类	Eggs	98.4	98.5
奶　类	Milk	101.4	99.7
干鲜瓜果类	Fruits and Nuts	101.8	104.0
糖果糕点类	Candy and Cake	102.3	103.3
调味品	Flavouring	104.8	105.2
其他食品类	Other Foods	102.3	100.7
在外餐饮	Dining Out	101.6	102.4
饮料烟酒	Beverages, Tobacco and Alcohol	102.0	102.0
服装鞋帽	Garments, Shoes and Hats	100.7	100.4
纺织品	Textiles	102.4	100.3
家用电器及音像器材	Household Appliances and Audio-video Equipment	99.2	99.6
文化办公用品	Cultural and Office Articles	103.2	100.1
日用品	Articles for Daily Use	100.4	101.0
体育娱乐用品	Sports and Recreation Articles	99.5	101.2
交通通信用品	Transportation and Communication Appliances	97.1	98.6
家　具	Furniture	100.1	101.2
化妆品	Cosmetics	99.4	100.4
金银饰品	Gold and Silver Ornaments	107.4	101.7
中西药品及医疗保健用品	Traditional Chinese and Western Medicines and Health Care Articles	111.0	102.2
书报杂志及电子出版物	Books, Newspapers, Magazines and Electronic Publications	101.1	99.7
燃　料	Fuels	95.6	108.2
建筑材料及五金电料	Building Materials and Hardware	99.6	100.7

Retail Price Indices by Category (preceding year = 100)

2018 年	2019 年	2020 年	2021 年	2022 年
101.6	**100.4**	**100.9**	**101.3**	**101.7**
102.3	105.2	105.9	100.5	104.7
100.3	100.7	101.5	99.1	103.4
105.7	109.6	108.4	100.9	106.0
105.4	111.3	99.9	117.3	103.1
100.2	100.6	106.6	107.4	110.7
107.1	103.5	105.9	105.2	111.6
98.8	118.7	131.0	86.2	98.3
106.3	111.3	99.9	89.7	109.2
101.3	100.3	100.6	105.4	106.8
108.6	105.2	96.7	104.5	116.0
101.3	101.6	100.7	103.7	98.1
102.9	107.4	94.4	105.6	111.2
101.9	100.7	101.9	102.5	103.3
100.4	100.2	103.6	100.9	105.8
103.7	102.3	100.4	100.4	105.5
101.9	102.8	103.6	101.8	102.4
101.6	101.0	102.6	103.2	101.8
98.0	103.1	100.8	99.4	98.8
99.2	99.1	100.1	98.3	98.8
97.9	99.5	97.7	101.9	100.6
100.4	97.8	101.4	101.6	100.9
101.0	101.4	100.7	100.6	101.4
101.3	99.5	100.4	100.3	102.2
100.4	95.6	98.5	101.2	98.6
103.2	100.9	99.3	101.9	103.3
100.4	101.7	100.9	98.9	101.4
100.6	109.6	117.1	102.8	102.0
101.2	103.1	102.4	94.4	97.3
106.0	105.8	106.5	99.9	98.0
110.9	94.5	88.2	112.9	115.9
105.3	102.3	101.8	104.4	101.6

商品零售价格指数(2016~2022，以2015年价格为100)

表 7-10

指 标	Indicators	2016年	2017年
商品零售价格指数	**Retail Price Index**	**100.8**	**101.7**
食 品	Food	104.1	105.2
粮 食	Grain	100.9	102.6
薯 类	Tubers	113.0	104.6
豆 类	Beans	100.4	100.5
食用油	Edible Oil and Fats	99.9	101.4
菜	Vegetables	110.6	105.0
畜肉类	Meat of Livestock	108.3	107.5
禽肉类	Meat of Poultry	101.6	103.7
水产品	Aquatic Products	107.8	111.6
蛋 类	Eggs	98.4	96.9
奶 类	Milk	101.4	101.1
干鲜瓜果类	Fruits and Nuts	101.8	105.9
糖果糕点类	Candy and Cake	102.3	105.6
调味品	Flavouring	104.8	110.2
其他食品类	Other Foods	102.3	103.0
在外餐饮	Dining Out	101.6	104.1
饮料、烟酒	Beverages, Tobacco and Alcohol	102.0	104.0
服装、鞋帽	Garments, Shoes and Hats	100.7	101.2
纺织品	Textiles	102.4	102.8
家用电器及音像器材	Household Appliances and Audio-video Equipment	99.2	98.8
文化办公用品	Cultural and Office Articles	103.2	103.3
日用品	Articles for Daily Use	100.4	101.4
体育娱乐用品	Sports and Recreation Articles	99.5	100.8
交通、通信用品	Transportation and Communication Appliances	97.1	95.7
家 具	Furniture	100.1	101.4
化妆品	Cosmetics	99.4	99.7
金银饰品	Gold and Silver Ornament	107.4	109.2
中西药品及医疗保健用品	Traditional Chinese and Western Medicines and Health Care Articles	111.0	113.4
书报杂志及电子出版物	Books, Newspapers, Magazines and Electronic Publications	101.1	100.8
燃 料	Fuels	95.6	103.5
建筑材料及五金电料	Building Materials and Hardware	99.6	100.3

Retail Price Indices by Category (2015=100)

2018 年	2019 年	2020 年	2021 年	2022 年
103.3	**103.7**	**104.7**	**106.1**	**107.9**
107.6	113.2	119.9	120.5	126.1
102.9	103.7	105.3	104.3	107.8
110.6	121.2	131.4	132.6	140.6
105.9	117.9	117.7	138.1	142.4
101.7	102.3	109.1	117.1	129.6
112.5	116.4	123.3	129.8	144.8
106.3	126.2	165.3	142.4	140.0
110.2	122.6	122.5	109.9	120.0
113.0	113.3	114.0	120.2	128.3
105.3	110.7	107.1	111.8	129.7
102.5	104.1	104.9	108.8	106.7
108.9	117.0	110.5	116.6	129.6
107.6	108.4	110.4	113.2	117.0
110.7	110.8	114.8	115.9	122.6
106.8	109.3	109.7	110.2	116.2
106.0	109.0	112.9	114.9	117.6
105.7	106.7	109.5	113.0	115.0
99.2	102.2	103.0	102.4	101.2
101.9	101.0	101.1	99.4	98.2
96.7	96.3	94.1	95.9	96.4
103.7	101.4	102.9	104.5	105.4
102.4	103.8	104.5	105.2	106.7
102.1	101.6	102.0	102.3	104.6
96.1	91.9	90.5	91.6	90.3
104.6	105.5	104.8	106.8	110.3
100.2	101.9	102.8	101.7	103.1
109.8	120.4	140.9	144.9	147.8
114.8	118.4	121.2	114.4	111.3
106.9	113.1	120.4	120.3	117.9
114.7	108.4	95.6	107.9	125.1
105.6	108.1	110.0	114.9	116.7

工业生产者出厂价格指数(以上年价格为100)

表7-11

指 标	Indicators	2012年	2013年	2014年
工业生产者出厂价格指数	**Producer Price Index for Industrial Products**	**98.4**	**98.2**	**98.9**
按轻重工业分	**Grouped by Light and Heavy Industries**			
轻工业	Light Industry	100.7	99.2	99.1
以农产品为原料	Using Farm Products as Raw Materials	101.8	99.9	99.8
以非农产品为原料	Using Non-farm Products as Raw Materials	99.8	98.5	98.6
重工业	Heavy Industry	97.9	98.0	98.8
采 掘	Mining and Quarrying	100.1	103.9	102.2
原 料	Raw Material	99.1	97.6	98.2
加 工	Processing	97.6	98.1	99.0
按用途分	**Grouped by Uses**			
生产资料	Means of Production	98.1	97.9	98.7
采 掘	Mining and Quarrying	100.1	103.9	102.2
原 料	Raw Material	99.1	97.6	98.1
加 工	Processing	97.8	98.0	98.9
生活资料	Consumer Goods	99.5	99.2	99.4
食 品	Food	103.3	99.9	100.4
衣 着	Clothing	99.6	100.2	100.4
一般日用品	Non-Durable Consumer Goods	100.9	97.5	99.2
耐用消费品	Durable Consumer Goods	96.2	99.7	98.9

Producer Price Indices for Industrial Products (preceding year = 100)

2015 年	2016 年	2017 年	2018 年	2019 年	2020 年	2021 年	2022 年	2012~2022 年累计上涨(%) (Cumulative Growth Rate during the 2012-2022 Period)
96.1	**98.8**	**103.5**	**101.7**	**98.8**	**98.3**	**102.1**	**102.6**	**-2.8**
98.6	99.8	101.2	100.5	101.3	101.4	100.8	101.1	3.7
98.8	100.4	101.1	101.9	101.7	101.6	102.3	101.7	11.5
98.5	99.2	101.4	99.2	101.0	101.2	99.8	100.6	-2.2
95.5	98.6	104.1	102.0	98.1	97.5	102.4	103.0	-4.4
85.2	92.8	110.7	116.4	98.2	83.7	97.6	100.7	-12.5
86.8	96.8	114.6	107.5	92.9	90.4	114.3	112.3	6.0
97.7	99.0	101.6	100.6	99.4	99.1	99.7	100.7	-7.3
95.1	98.5	104.9	102.3	98.1	98.1	104.8	103.6	-0.4
85.2	92.8	110.7	116.4	98.2	83.7	97.6	100.7	-12.5
86.6	97.3	113.0	107.4	92.4	89.7	114.1	112.1	2.9
97.4	98.8	102.8	100.9	99.6	100.3	102.2	101.2	-2.2
99.3	99.7	100.3	100.2	100.4	98.9	96.1	100.2	-6.7
99.3	100.3	100.7	101.0	101.9	102.7	103	102.8	16.3
100.0	101.2	98.1	100.2	103.4	99.1	98.8	100.1	1.0
98.7	100.9	104.3	100.9	103.7	103.9	99.7	100.2	10.1
99.6	98.6	98.3	99.4	97.6	94.3	92.2	99.3	-23.3

工业生产者出厂价格指数(以 2011 年价格为 100)

表 7-12

指 标	Indicators	2012 年	2013 年	2014 年
工业生产者出厂价格指数	**Producer Price Index for Industrial Products**	**98.4**	**96.6**	**95.6**
按轻重工业分	**Grouped by Light and Heavy Industries**			
轻工业	Light Industry	100.7	99.9	99.0
以农产品为原料	Using Farm Products as Raw Materials	101.8	101.7	101.5
以非农产品为原料	Using Non-farm Products as Raw Materials	99.8	98.3	96.9
重工业	Heavy Industry	97.9	95.9	94.8
采 掘	Mining and Quarrying	100.1	104.0	106.3
原 料	Raw Material	99.1	96.7	95.0
加 工	Processing	97.6	95.7	94.8
按用途分	**Grouped by Uses**			
生产资料	Means of Production	98.1	96.0	94.8
采 掘	Mining and Quarrying	100.1	104.0	106.3
原 料	Raw Material	99.1	96.7	94.9
加 工	Processing	97.8	95.8	94.8
生活资料	Consumer Goods	99.5	98.7	98.1
食 品	Food	103.3	103.2	103.6
衣 着	Clothing	99.6	99.8	100.2
一般日用品	Non-Durable Consumer Goods	100.9	98.4	97.6
耐用消费品	Durable Consumer Goods	96.2	95.9	94.9

Producer Price Indices for Industrial Products (2011 = 100)

2015 年	2016 年	2017 年	2018 年	2019 年	2020 年	2021 年	2022 年	2012~2022 年均上涨(%) (Average Annual Growth Rate during the 2012~2022 Period)
91.8	**90.7**	**93.9**	**95.5**	**94.4**	**92.8**	**94.7**	**97.2**	**-0.1**
97.6	97.4	98.6	99.1	100.4	101.8	102.6	103.7	0.3
100.3	100.7	101.8	103.7	105.5	107.2	109.6	111.5	0.9
95.5	94.7	96.0	95.3	96.2	97.4	97.2	97.8	-0.2
90.5	89.3	92.9	94.8	93.0	90.7	92.8	95.6	-0.2
90.6	84.0	93.0	108.3	106.3	89.0	86.9	87.5	-1.3
82.4	79.8	91.5	98.3	91.3	82.6	94.4	106.0	0.7
92.6	91.7	93.1	93.7	93.1	92.3	92.0	92.7	-0.5
90.1	88.8	93.1	95.3	93.5	91.7	96.1	99.6	0.2
90.6	84.0	93.0	108.3	106.3	89.0	86.9	87.5	-1.3
82.2	80.0	90.3	97.0	89.7	80.4	91.8	102.9	0.4
92.3	91.2	93.8	94.6	94.2	94.5	96.6	97.8	0.0
97.4	97.1	97.4	97.6	98.0	96.9	93.2	93.3	-0.6
102.9	103.2	103.9	105.0	106.9	109.8	113.1	116.3	1.2
100.2	101.4	99.5	99.7	103.1	102.1	100.9	101.0	0.1
96.3	97.2	101.4	102.3	106.1	110.2	109.9	110.1	0.9
94.5	93.2	91.6	91.0	88.8	83.8	77.2	76.7	-2.2

工业生产者购进价格指数(以上年价格为100)

表 7-13

指　标	Indicators	2012 年	2013 年	2014 年
工业生产者购进价格指数	**Purchasing Price Index for Industrial Producers**	**94.7**	**96.5**	**95.9**
燃料、动力类	Fuel and Power	98.9	90.4	93.9
黑色金属材料类	Ferrous Metals	85.2	96.3	89.7
有色金属材料类	Non-ferrous Metals	91.0	93.0	93.4
化工原料类	Chemical Raw Materials	96.4	97.2	96.8
木材及纸浆类	Timber and Paper Pulps	98.1	99.5	99.3
建筑材料类及非金属矿类	Building Materials and Non-metal Minerals	93.7	98.9	102.3
其它工业原材料及半成品类	Other Industrial Raw and Processed Materials	97.1	97.3	98.0
农副产品类	Agricultural Materials	102.5	99.5	97.1
纺织原料类	Textile Raw Materials	99.1	100.1	99.9

工业生产者购进价格指数(以2011年价格为100)

表 7-14

指　标	Indicators	2012 年	2013 年	2014 年
工业生产者购进价格指数	**Purchasing Price Index for Industrial Producers**	**94.7**	**91.4**	**87.6**
燃料、动力类	Fuel and Power	98.9	89.4	84.0
黑色金属材料类	Ferrous Metals	85.2	82.0	73.6
有色金属材料类	Non-ferrous Metals	91.0	84.6	79.0
化工原料类	Chemical Raw Materials	96.4	93.7	90.7
木材及纸浆类	Timber and Paper Pulps	98.1	97.6	96.9
建筑材料类及非金属矿类	Building Materials and Non-metal Minerals	93.7	92.7	94.8
其它工业原材料及半成品类	Other Industrial Raw and Processed Materials	97.1	94.5	92.6
农副产品类	Agricultural Materials	102.5	102.0	99.0
纺织原料类	Textile Raw Materials	99.1	99.2	99.1

Purchasing Price Indices for Industrial Producers (preceding year=100)

2015年	2016年	2017年	2018年	2019年	2020年	2021年	2022年	2012~2022年累计上涨(%)(Cumulative Growth Rate during the 2012-2022 Period)
90.6	**97.7**	**108.9**	**105.2**	**98.7**	**96.9**	**107.3**	**104.9**	**-4.3**
68.3	91.3	121.5	117.2	95.7	83.4	125.6	128.9	-3.7
81.7	101.1	117.7	103.2	101.1	101.9	116.2	96.7	-14.5
88.8	99.6	111.1	103.6	107.3	110.8	116.1	104.3	15.8
89.4	97.2	110.9	105.4	93.9	92.8	111.8	103.8	-6.8
99.3	98.3	104.9	103.7	96.8	98.1	105.9	105.0	8.7
94.2	98.1	111.5	109.2	102.0	98.7	109.4	94.5	11.0
97.0	99.0	102.2	101.2	99.0	99.5	99.8	101.2	-8.5
94.1	94.4	104.4	100.5	101.3	103.9	115.4	105.7	18.5
100.2	100.8	102.7	101.4	101.5	97.9	101.7	102.4	7.9

Purchasing Price Indices for Industrial Producers (2011=100)

2015年	2016年	2017年	2018年	2019年	2020年	2021年	2022年	2012~2022年均上涨(%)(Average Annual Growth Rate during the 2012~2022 Period)
79.4	**77.6**	**84.5**	**88.9**	**87.7**	**85.0**	**91.2**	**95.7**	**0.1**
57.3	52.4	63.6	74.5	71.3	59.5	74.7	96.3	-0.3
60.1	60.8	71.5	73.8	74.7	76.1	88.4	85.5	0.0
70.2	69.9	77.7	80.5	86.3	95.7	111.1	115.8	2.4
81.1	78.8	87.4	92.1	86.5	80.3	89.8	93.2	-0.3
96.2	94.6	99.2	102.9	99.6	97.7	103.5	108.7	1.0
89.3	87.6	97.7	106.7	108.8	107.4	117.5	111.0	1.7
89.8	88.9	90.9	92.0	91.0	90.6	90.4	91.5	-0.6
93.2	88.0	91.8	92.3	93.5	97.1	112.1	118.5	1.5
99.3	100.1	102.8	104.2	105.8	103.6	105.3	107.9	0.9

房地产价格指数(2012~2022)(以上年价格为100)

表 7-15

指　标	Indicators	2012 年	2013 年
新建商品住宅	**Newly Built Commodity Residential Housing**	**98.8**	**114.2**
#90 平方米以下	Below 90 sq. m	99.2	114.9
90~144 平方米	90-144 sq. m	98.7	113.5
144 平方米以上	Above 144 sq. m	98.7	114.5
二手住宅	**Existing Residential Housing**	**99.1**	**109.7**
#90 平方米以下	Below 90 sq. m	99.5	110.5
90~144 平方米	90-144 sq. m	99.6	109.2
144 平方米以上	Above 144 sq. m	97.5	108.6

农产品生产者价格指数(以上年价格为100)

表 7-16

指　标	Indicators	2012 年	2013 年	2014 年
总指数	**General Index**	**101.4**	**104.1**	**99.5**
#种植业	Planting Products	103.4	104.5	98.8
#粮　食	Grain	103.3	105.5	100.9
牧　业	Animal Husbandry Products	94.4	101.9	99.8
#生　猪	hogs	88.1	99.6	89.4
渔　业	Fishery Products	104.1	106.9	99.7

注：2012~2022 年累计上涨是以 2012~2022 年指数乘积方法获得。
Note: Cumulative Growth Rate during 2012 to 2022 is calculated by multiplying Producer Price Indices from 2012 to 2022.

House Price Indices (Preceding Year = 100)

2014 年	2015 年	2016 年	2017 年	2018 年	2019 年	2020 年	2021 年	2022 年
107.0	**103.5**	**132.8**	**110.2**	**99.8**	**102.0**	**103.6**	**104.5**	**103.8**
108.0	104.1	134.7	110.4	100.4	101.8	103.0	104.1	103.4
106.7	104.4	133.0	111.0	99.0	102.1	103.6	104.5	103.5
106.6	102.5	131.9	109.4	100.3	101.9	103.9	104.6	104.5
104.6	104.0	130.0	109.6	98.2	99.7	103.5	108.6	103.7
105.2	104.4	130.7	110.5	97.4	99.3	103.2	109.0	103.0
104.5	103.8	129.2	109.2	98.7	100.3	104.3	108.4	104.1
103.2	103.4	129.9	108.2	99.4	99.5	103.0	107.8	104.6

Producer Price Indices for Agriculture Products (preceding year = 100)

2015 年	2016 年	2017 年	2018 年	2019 年	2020 年	2021 年	2022 年	2012~2022 年 累计上涨(%) (Cumulative Growth Rate during the 2012-2022 Period)
102.4	**106.6**	**98.4**	**100.5**	**105.6**	**106.7**	**104.4**	**102.6**	**36.8**
102.4	105.3	95.6	102.8	102.8	101.5	108.3	103.4	32.2
99.8	98.4	99.2	99.9	102.3	101.0	101.8	99.9	12.4
103.6	110.1	91.0	93.0	126.7	129.1	87.9	93.5	24.6
112.7	121.0	85.7	84.8	150.2	161.3	63.7	85.7	2.8
100.9	106.4	115.6	102.5	96.7	103.2	109.0	107.0	64.3

居民收支主要指标增速

表 7-17

指 标	Indicators	比上年增长	
		2016 年	2017 年
全市居民人均可支配收入	**Per Capita Disposable Income of Citywide Households**	**8.9**	**8.6**
城镇常住居民人均可支配收入	Per Capita Disposable Income of Urban Households	8.9	8.5
农村常住居民人均可支配收入	Per Capita Disposable Income of Rural Households	10.0	9.0
全市居民人均消费支出	**Per Capita Consumption Expenditure of Citywide Households**	**7.7**	**6.2**
城镇常住居民人均消费支出	Per Capita Consumption Expenditure of Urban Households	7.9	6.1
农村常住居民人均消费支出	Per Capita Consumption Expenditure of Rural Households	5.7	6.0

全市居民收支结构指标增速

表 7-18

指 标	Indicatorss	比上年增长	
		2016 年	2017 年
可支配收入	**Per Capita Disposable Income**	**8.9**	**8.6**
工资性收入	Income from Wages and Salaries	7.3	5.0
经营净收入	Net Business Income	6.0	9.6
财产净收入	Net Income from Property	7.1	17.5
转移净收入	Net Income from Transfer	15.0	12.4
消费支出	**Per Capita Consumption Expenditure**	**7.7**	**6.2**
食品烟酒	Food, Tobacco and Liquor	3.2	4.6
衣 着	Clothing	6.9	平
居 住	Housing	8.5	11.8
生活用品及服务	Household Facilities, Articles and Services	18.2	4.0
交通通信	Transportation and Communication	0.5	-4.0
教育文化娱乐	Education, Culture and Recreation	12.3	12.2
医疗保健	Health Care and Medical Services	19.9	-4.4
其他用品及服务	Miscellaneous Goods and Services	12.5	15.3

Growth Rate of Main Indicators on Residents' Income and Expenditure

单位:%(Unit:%)

Growth Rates					2015~2022年累计上涨 Cumulative Growth Rate during the 2015-2022 Period	2015~2022年均上涨 Average Annual Growth Rate during the 2015-2022 Period
2018年	2019年	2020年	2021年	2022年		
8.8	**8.2**	**4.0**	**8.0**	**2.0**	**59.6**	**6.9**
8.7	8.2	3.8	7.8	1.9	58.7	6.8
9.2	9.3	5.2	10.3	3.1	71.2	8.0
8.9	**5.2**	**-6.7**	**14.9**	**-5.8**	**32.4**	**4.1**
8.8	4.9	-7.1	14.4	-6.2	30.2	3.8
10.4	12.4	-1.6	23.1	0.8	69.8	7.9

Growth Rate of Indicators on Citywide Residents' Income and Expenditure Structure

单位:%(Unit:%)

Growth Rates					2015~2022年累计上涨 Cumulative Growth Rate during the 2015-2022 Period	2015~2022年均上涨 Average Annual Growth Rate during the 2015-2022 Period
2018年	2019年	2020年	2021年	2022年		
8.8	**8.2**	**4.0**	**8.0**	**2.0**	**59.6**	**6.9**
8.1	7.8	3.7	8.9	0.2	60.5	7.0
18.8	21.3	-7.1	0.5	-26.1	15.6	2.1
7.0	4.0	-1.5	3.1	5.2	49.7	5.9
10.7	10.2	9.5	9.5	8.8	69.2	7.8
8.9	**5.2**	**-6.7**	**14.9**	**-5.8**	**32.4**	**4.1**
7.2	2.1	2.5	12.3	0.4	36.5	4.5
17.5	1.7	-18.2	23.2	-17.7	5.8	0.8
3.6	5.9	1.3	5.8	5.8	51.0	6.1
14.8	1.3	-1.5	7.5	-5.3	43.3	5.3
20.3	9.7	-14.9	23.4	-19.5	7.7	1.1
7.7	8.8	-33.3	28.6	-34.2	-16.6	-2.6
18.0	4.4	-5.4	27.9	-6.8	59.4	6.9
9.2	5.8	-24.4	55.0	-22.7	36.0	4.5

主要统计指标解释

■居民可支配收入(城镇/农村常住居民)

指居民可用于最终消费支出和储蓄的总和,即居民可用于自由支配的收入。既包括现金收入,也包括实物收入。按照收入的来源,可支配收入包含四项,分别为:工资性收入、经营净收入、财产净收入和转移净收入。

■居民消费支出(城镇/农村常住居民)

指居民用于满足家庭日常生活消费需要的全部支出,既包括现金消费支出,也包括实物消费支出。消费支出可划分为食品烟酒、衣着、居住、生活用品及服务、交通通信、教育文化娱乐、医疗保健以及其他用品及服务八大类。

■居民消费价格指数

是度量一组代表性消费商品及服务项目价格水平随着时间而变动的相对数,反映居民家庭购买的消费品及服务价格水平的变动情况。它是宏观经济分析和决策、价格总水平监测和调控以及国民经济核算的重要指标。其按年度计算的变动率通常被用来作为反映通货膨胀或紧缩程度的指标。

现行的居民消费价格指数按用途分为八个大类,包括食品烟酒、衣着、居住、生活用品及服务、交通和通信、教育文化和娱乐、医疗保健、其他用品和服务。

■商品零售价格指数

是反映一定时期内城乡商品零售价格变动趋势和程度的相对数。商品零售价格的变动直接影响城乡居民的生活支出和国家的财政收入,影响居民购买力和市场供需的平衡,影响消费与积累的比例关系。因此,该指数可以从一个侧面对上述经济活动进行观察和分析。

■工业生产者出厂价格指数

是反映一定时期内全部工业产品出厂价格的变动趋势和程度的统计指标,包括工业企业售给本企业以外所有单位的各种产品和直接售给居民用于生活消费的产品,可用于扣除工业总产值及增加值中价格变动因素的影响。

■工业生产者购进价格指数

是反映工业企业作为生产投入,从物资交易市场和能源、原材料生产企业购买原材料、燃料和动力产品的价格变动趋势和程度的统计指标,可用于扣除工业企业物质消耗成本中价格变动因素的影响。

■新建商品住宅销售价格指数

是反映工业企业作为生产投入,从物资交易市场和能源、原材料生产企业购买原材料、燃料和动力产品的价格变动趋势和程度的统计指标,可用于扣除工业企业物质消耗成本中价格变动因素的影响。

■二手住宅销售价格指数

是反映用于居住的进入房地产市场进行交易的房屋,再次进行产权登记时的实际交易价格的变动趋势和程度的统计指标。

■农产品生产者价格指数

是反映一定时期内,农产品生产者出售农产品价格水平变动趋势及幅度的相对数。该指数可以客观反映农产品生产价格水平和结构变动情况,满足农业与国民经济核算需要。其中某代表品生产价格指数是通过对全部有出售该产品行为的调查单位的个体指数进行几何平均求得的,类价格指数是通过对其所属的类(或代表品)的价格指数进行加权平均求得的。季度累计价格指数的计算方法与分季指数的计算方法相同。

Explanatory Notes on Main Statistical Indicators

■Disposable Income of Households (usual resident households in urban/rural areas)

It refers to the income of households for purpose of final expenditure and savings. It includes income both in cash and in kind. By sources of income, disposable income includes four categories: income from wages and salaries, net business income, net income from properties and net income from transfer.

■Consumption Expenditure of Households (usual resident households in urban/rural areas)

It refers to all expenditure of households for living expenditure to satisfy family daily living. It includes expenditure in cash and in kind. It includes eight categories: food, tobacco and liquor; clothing; housing; household facilities, articles and services; transportation and communications; education, culture and recreation; health care and medical services, and miscellaneous goods and services.

■Consumer Price Index

It is an index that reflects the time–based change of prices of a group of representative consumption commodities and services. It is an important reference factor for macro–economic analysis and strategy, monitoring and adjustment of overall price level and the national economic budgeting. The year–on–year change of the index is often a norm reflecting the inflation or deflation.

The current CPI covers eight categories of goods and services: food,tobacco and alcohol, clothing, residence, articles for daily use and services, transportation and communication, education, culture and recreation, health care, and other articles and services.

■Retail Price Index

It reflects the trend and degree of change in retail prices of commodities during a given period. The change in retail prices of commodities directly affect the living expenditure of urban and rural residents, government revenue, purchasing power of residents and the equilibrium of market supply and demand, and the ratio of consumption to accumulation. Therefore, the retail price indices are useful to analyze the changes of the above economic activities.

■Producer Price Index for Industrial Products

Producer Price Index for Industrial Products reflects the trend and degree of changes in general sales prices of all industrial products during a given period, including sales of industrial products by an industrial enterprise to all units outside this enterprise, as well as sales of consumer goods to residents. It can be used to remove the impact of price changes on gross output value and value–added of the industrial sector.

■Purchasing Price Index for Industrial Producers

Purchasing Price Index for Industrial Producers reflects the trend and degree of changes in prices paid by industrial enterprises when they purchase productive inputs such as raw materials, fuels and power from the market or from other enterprises during a given period. It can be used to measure the real consumption of inputs of industrial enterprises by removing the impact of price changes.

■Price Index for Newly Built Commodity Residential Housing

Price Index for Newly Built Commodity Residential Housing reflects the trend and degree of changes in the trade prices of newly built commodity housing for residential use at their first registration of property right , including costs, taxes and profits.

■Price Index for Existing Residential Housing

Price Index for Existing Residential Housing reflects the trend and degree of changes in the trade prices of existing housing for residential use at their successive registration of property right.

■Producer Price Index for Agriculture Products

It reflects the trend and degree of changes in producers' prices received by farmers when they sell farm products during a given period. These indices depict the change in the level and structure of producer prices for farm products of the country and meet the needs of agricultural statistics and national accounts statistics. The producer price index for a given product is calculated as the geometrical mean of individual indices for all surveyed units which sell such product, and the indices for a product category is obtained as the weighted mean of price indices for all products in the category. Method for calculating accumulative quarterly indices is the same as for calculating the individual quarterly indices.

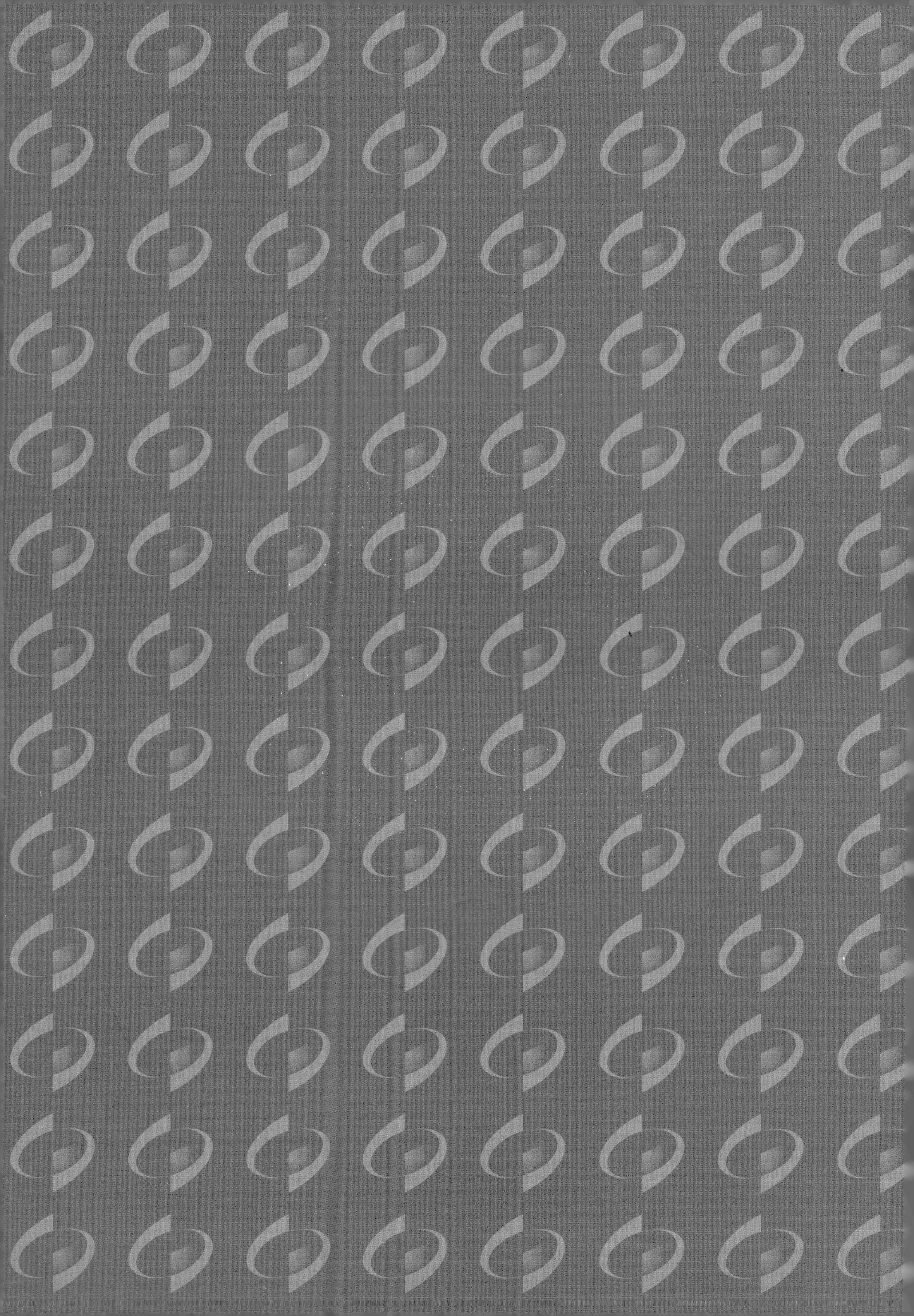